"十三五"江苏省高等学校重点教材

(编号:2016-1-046)

运动技能学导论

(第2版)

宋元平 ○ 主编

苏州大学出版社
Soochow University Press

图书在版编目(CIP)数据

运动技能学导论 / 宋元平主编. —2 版. —苏州：苏州大学出版社，2018.5（2021.12重印）
"十三五"江苏省高等学校重点教材
ISBN 978-7-5672-2393-6

Ⅰ.①运… Ⅱ.①宋… Ⅲ.①运动技术-高等学校-教材 Ⅳ.①G819

中国版本图书馆 CIP 数据核字(2018)第 092675 号

运动技能学导论（第 2 版）

宋元平　主编

责任编辑　施小占

苏州大学出版社出版发行
（地址：苏州市十梓街1号　邮编：215006）
镇江文苑制版印刷有限责任公司印装
（地址：镇江市黄山南路 18 号润州花园 6-1 号　邮编：212000）

开本 700 mm×1 000 mm　1/16　印张 19.5　字数 348 千
2018 年 5 月第 2 版　2021 年 12 月第 2 次印刷
ISBN 978-7-5672-2393-6　定价：58.00 元

苏州大学版图书若有印装错误，本社负责调换
苏州大学出版社营销部　电话：0512－67481020
苏州大学出版社网址　http://www.sudapress.com

再版说明

本书是2015版《运动技能学导论》的第2版。2015版《运动技能学导论》出版以来，不少同行和体育专业研究生、本科生对本书提出了许多宝贵的意见，为本书的修订提供了良好的基础。在此，我们表示最诚挚的感谢。此次修订，全书共分九章。以运动技能基础知识和实践性运动技能指导为核心，力求展示当代运动技能理论与实践研究的新成果、新进展。

《运动技能学导论》第2版各章节作者分别是：苏州大学宋元平教授第一章、第三章、第五章、第六章，苏州大学陆阿明教授第二章、第八章第五节，苏州大学王平副教授第七章、第八章第一节，上海外国语大学宋玉婷讲师第四章、第八章第二、三、四节、第九章。全书最后由宋元平教授统稿、定稿。

在本书的编写过程中，笔者力求科学性、前瞻性和先进性，在国内诸多前辈学者和同行专家的研究基础上，参阅、借鉴和引用了众多领导、专家、学者的学术论述、著作和相关文献，一并表示感谢！运动技能学习的实践与理论都在不断发展，书中若有不妥之处，真诚希望给予谅解和指正！

本书的顺利出版，得到了苏州大学体育学院江苏省高校品牌专业建设工程项目（体育教育专业）的基金支持，在此表示感谢。

宋元平

2017.10 于苏州大学

前 言

"运动技能学"是理论与实践相结合的一门体育学科,学习本课程,有助于学生了解和把握体育教学训练与运动技能发展的关系。在指导体育教育方面,对学生正确掌握动作要领,提高学生学习效率,具有积极的指导作用;在指导运动训练方面,可以根据运动技能形成的原理和方法,使运动员更快和更准确地掌握动作技巧,改正错误动作,并为从事教练工作奠定一定的理论基础。杨锡让教授说:"运动技能学在体育教育、运动训练、运动医学康复等领域都有着广泛的应用价值,毫不夸张地说,它是近代体育科学发展史进程中一朵亮丽的花朵,标志着体育科学的内涵更加充实。"目前,运动技能学在西方国家的大学体育专业,已经成为一门重要的必修课程。

为了深入贯彻党的十八大和十八届三中、四中全会精神,全面落实习近平总书记关于体育工作的有关指示精神,广大体育工作者要积极投身体育强国建设,在推动体育改革与发展中发挥主体作用。2014年10月,教育部体卫艺司司长王登峰教授在苏州大学体育学院所作的"中国学校体育的价值追求和实现路径"的学术报告中阐述了学校体育的三层目标。其中,第二层目标是要提高学生的运动技能,只有学生运动技能水平得到提高,才会成为学生热爱体育、热爱运动的内在动力。从事运动训练和传授技能,不但要讲艺术,也要讲科学,这就要求教练员和体育教师既擅长教学训练,又会科学应用相关理论知识。

对"技能(Skill)"基本含义的解释有几种代表性的观点。其中《辞海》(教育学·心理学分卷)的注解是:"运用知识和经验执行一定活动的能力叫'技能';通过反复练习达到迅速、精确、运用自如的技能则叫'熟练',也叫'技巧'。如刚刚学会写字的人只有写的技能,必须通过反复练习才能形成书法熟练。技能和熟练只有在实践活动中,通过勤学苦练,才能形成与发展。"《英汉双解教育辞典》对技能的定义是:"技能是通过练习、重复和反省习得的体能、心能或社会能力。个体对这种能力的提高也许总是无止境的。"

《本书》以运动技能基础知识和实践性运动技能指导为核心,全书共分九章,对运动技能基础知识、运动技能学习原理与形成过程、运动技能学习的相关理论、运动技能教学方法、运动技能与身体素质、运动技能学习曲线、运动技能学习与运动竞赛、运动项目的技能学习分析、不同运动项目基础动作技能发展水平与评价标准案例等实用性内容进行了详细说明。本书注重理论与实践的紧密结合,体现各章节内容的层次和特点;注重引进先进的理论、观点、方法及相关研究成果,努力创新运动技能学习与分析的内容,突出前瞻性和学术性,将对全民健身和青少年运动水平的提高,提供有益的参考和服务。

编者

目 录

第一部分　运动技能概况篇

第一章　运动技能基础知识 ... 3
第一节　运动技能的相关概念 ... 3
第二节　运动技能形成的生物学基础 ... 8
第三节　运动技能的分类 ... 14
第四节　我国运动技能学科研状况分析 ... 18
参考文献 ... 26

第二章　运动技能学习原理与形成过程 ... 27
第一节　运动技能的学习原理 ... 27
第二节　运动技能学习的形成过程 ... 32
参考文献 ... 51

第三章　运动技能学习的相关理论 ... 53
第一节　神经类型、信号系统与运动技能形成的关系 ... 53
第二节　目标、动机、行为与运动技能形成的关系 ... 56
第三节　注意在运动技能学习中的作用 ... 61
第四节　反馈在运动技能形成中的作用 ... 67
第五节　运动技能迁移在体育教学与训练中的应用 ... 71
参考文献 ... 80

第四章　运动技能教学方法 ················· 81

第一节　运动技能教学方法的发展进程 ················· 81

第二节　运动技能教学方法简介 ················· 85

第三节　运动技能教学方法的选择原则 ················· 101

第四节　运动技能教学方法案例 ················· 103

参考文献 ················· 128

第二部分　运动技能知识篇

第五章　运动技能与身体素质 ················· 131

第一节　运动技能与力量素质 ················· 132

第二节　运动技能与柔韧素质 ················· 136

第三节　运动技能与耐力素质 ················· 138

第四节　运动技能与速度素质 ················· 143

第五节　运动技能与灵敏素质 ················· 145

第六节　运动员身体素质练习方法 ················· 147

参考文献 ················· 157

第六章　运动技能学习曲线 ················· 158

第一节　运动技能学习曲线的类型 ················· 158

第二节　正确认识运动技能学习 ················· 162

参考文献 ················· 164

第七章　运动技能学习与运动竞赛 ················· 165

第一节　运动竞赛对运动技能学习过程的制约 ················· 165

第二节　运动技能学习过程中的运动竞赛安排 ················· 170

第三节　运动训练竞赛中意志努力和意志品质的培养 ················· 173

参考文献 ………………………………………………………… 179

第三部分 实践运动技能篇

第八章 运动项目的技能学习分析 ……………………………… 183

第一节 田径运动的技能学习分析 ……………………………… 183

第二节 篮球运动的技能学习分析 ……………………………… 191

第三节 排球运动的技能学习分析 ……………………………… 206

第四节 足球运动的技能学习分析 ……………………………… 223

第五节 乒乓球运动的技能学习分析 …………………………… 235

参考文献 ………………………………………………………… 245

第九章 其他 ………………………………………………………… 246

第一节 不同运动项目基础动作技能发展水平与评价标准案例
……………………………………………………………… 246

第二节 运动技能学名词汇 ……………………………………… 270

第三节 体育教师教学技能比赛说课(教案)内容及相关要求
……………………………………………………………… 279

参考文献 ………………………………………………………… 301

第一部分

运动技能概况篇

第一章 运动技能基础知识

【本章提要】 本章对运动技能的相关概念、运动技能形成的生物学基础、运动技能的分类、我国的运动技能学科研状况进行了介绍。通过本章的阅读,我们能够了解我国运动技能学科研现状,看到我国的运动技能学学科研究的不足以及发展的优势和潜力。

第一节 运动技能的相关概念

一、运动与技能

"运动(Sport)"的本意是指离开工作,是与工作相对应的概念。它在英语中没有固定的词义,通常包括:娱乐、消遣、游戏、玩耍、户外活动、比赛等。韩丹(1999)认为:运动是指专门的竞赛活动。在这一活动中,个人或集体为了充分发挥体能(具体表现为记录本人或对手的优胜)而紧张地从事各种身体练习。《牛津高级英汉双解词典》的解释是:运动是为了娱乐和健康的身体活动,是通常在户外进行的比赛。从上述对运动概念的界定中可以看出:广义的运动包括两个基本要素,一是娱乐,二是比赛。其中,运动的高级形式——竞技,它的本质属性应该是身体运动文化。狭义的运动是指人通过各种身体活动,对身心的生物化改造过程。它的本质功能是娱乐、消遣和健身。由此衍生出来的社会功能包含了文化、教育、政治和经济等诸多方面,这也进一步说明了运动在人类社会生活中的重要性。

"技能(Skill)"的基本含义有关词典做了解释。《心理学大词典》的注释是:"个体运用已有的知识经验,通过练习而形成的智力动作方式和肢体动作方式的复杂系统。"《辞海》(教育学·心理学分卷)的注解是:"运用知识和经验执行一定活动的能力叫'技能';技能包括在知识经验基础上,按一定的方式进行反复练习或由于模仿而形成的初级技能,也包括按一定的方式经多次练习使活动方式的基本成分达到自动化水平的高级阶段,即技巧。如刚刚学会写字的人只有写的技能,必须通过反复练习才能形成书法熟练。技能和熟练只有在实践活动中,通过勤学苦练,才能形成与发展。"《英汉双解教育辞典》对技能的定义是:"技能是通过练习、重复和反省习得的体能、心能或社会能力。个体对这种能力的提高也许总是无止境的。"另外,英国学者 Romiszowski 的观点具有代表性,他认为:技能是学习者为了达成某一目标用适当方式做出的行为表现,并随着学习者的经验和练习得以掌握和提高,包括认知技能(Cognitive Skill)、动作技能(Motor Skill)、反应技能(Reactive Skill)和交互技能(Interactive Skill)四种类型。在体育教学实践中,这些观点对运动技能的具体教学措施有一定的价值。

二、运动技能与运动技术

在体育教学领域,运动技术与运动技能是一对相联系又有一定区别的概念。一般认为运动技术是运动技能的基础,运动技能是运动技术发展的高级阶段。运动技术是一个运动项目在规则的许可下所特有的运作序列。运动技术的另一个特点是客观存在性,即它是不随人的意志为转移的,同时也不具备个人的特性。运动技能则不一样,它是人经过学习而掌握的具有个性化的自动化的行为方式,具有明显的个人特征。

近年来,关于运动技能的概念,不同学者的理解是不同的。李捷认为:"运动技能的学习过程是大脑的感知觉过程与人的主动目标导向行为的结合,是泛脑网络在目标导向下的多级网络自组织反应。"张洪谭认为:"运动技能,不是运动技术加能力,而是练习者对运动技术的掌握程度,即程序化知识的操作状态。"王建认为:"所谓运动技能,从狭义上讲是个体或群体通过反复练习从而对其从事体育运动行为的潜能进行整合的过程;从广义上讲是个体或群体从事各种身体活动的总称。换言之,运动技能是按照技能规律对运动行为的资源(运动项目与规则)进行整合或调控过程的总称,包含目标、知觉、动作和练习四个基本要素。"一些工具书和专著对运动技能概念的解释是:有特定操作目标,涉及自主身体或肢体运动的技能。在 2000 年中国体育科学学会和香港体育学院联合出版的《体育科学词典》中把运动技能定义为:"按照一定的技术要求,完成某种动作的能力,也称动作技能。"我国一些体育专业主干教材对运动技能的定义的表述各不相同。《运动生理学》认为:"运动技能是指人体在运动中掌握和有效地完成专门动作的能力,是在后天获得性基础上建立的复杂的、连锁的、本体感受性的运动条件反射。"《运动训练学》指出:"运动技能是指个体或群体在体育活动中,按照一定的技术规格,有效完成专门运动技术的能力。"《运动生物力学》则这样理解:"运动技能是练习者身体活动主要因素的合理组合和适宜匹配。"《体育运动心理学》的解读是:"运动技能包括书写、跑步、体操、骑车、操纵生产工具等,即是指在学习活动、体育活动、生产劳动中的各种行为操作。"这些教材对运动技能界定的外延涵盖范围相对较窄,对运动技能概念的描述比较偏重其发生过程的外在特征,但针对性和可操作性较强。国外的许多学者对运动技能都曾经进行了定义。希亚(Shea,1996)等把运动技能定义为:"作为练习功能和经验而发展的动作能力。"马吉尔(2001)认为:"运动技能是达到专门目的或任务而进行的高规格的动作表现。"克伦巴赫认为:"运动技能是习得的,能相当精确执行且对其组成的动作很少或不需要有意识的注意的一种操作。"伍尔福克等则把运动技能定义为:"完成动作所需要的一系列身体运动的知识和进行那些运动的能力。"

通过上述对运动技能定义研究的分析,可归纳出:(1)运动技能是通过后天学习而获得的,而不是先天固有的;(2)运动技能是在神经网络、内分泌和免疫系统控制下的一种习得行为,须通过重复练习、强化而改进;(3)运动技能是由知觉、动作、练习构成的一个完整的三维体系。

由此可见,运动技能的习得过程实际上是根据某种规则或要求对练习者所进行的生理、心理和社会的长期改造过程。因此,进一步了解运动技能的形成过程,探究运动技术的学习过程也是十分必要的。在体育教学中,无论学习何种类型运动技能,都要伴随着学习主体的感知和外显动作的不断改进,都要经过反复练习才能形成技能,进而达到强健体魄、愉悦身心、追求美感之目的。在这个过程中,运动技术的合理性和有效性会随着运动项目本身的发展、规则的变化、场地器材的更新,以及练习者运动能力的提高而发生变化。

运动技能与运动技术二者之间既有联系,又有区别。这里所讲技术和技能指学生参加身体活动或运动中的技术和技能。可以将"技术"理解为一个运动的某种方式,是一个客观和群体的概念,如"排球扣球技术";将"技能"理解为某个人进行运动的能力,是一个主观和个体的概念,如"小李的扣球技能"。二者之间的关系表现为:一个人因学习了某个运动的技术而具有了该运动技能;一个人因学习了合理的技术而具有了较好的运动技能。一个是学习的对象,一个是学习的结果,两者是一个学习过程的两个侧面。

三、运动行为

人类运动行为的种类繁多,表现形式多样。了解其机制可以为深入认识运动技能的执行、表现、学习和控制的基本特征,提供理论支持。运动行为(Motor Behavior)是研究人体遗传性和目标导向性动作表现的一门科学。它包括运动学习(Motor Learning)、运动控制(Motor Control)和运动发展(Motor Development)三个分支学科。其中,运动学习指人通过练习对技能性动作的掌握;运动控制以动作的产生、执行和控制过程及其影响该过程的各种变量为研究对象;运动发展指人的技能性动作表现随时间的变化和发展过程,它以人的机体生长发育与环境交互作用中所反映出的运动行为变化为研究对象。由此看出,三者研究的客体都是人的运动行为,但在发展方面各有侧重。

实际上要准确划分运动表现(Motor Performance)与运动学习二者之间的边界并不容易,因为它们之间的共同点较多,区别不明显。通常,运动表现是随意动作的外在形式,受动机、注意力、疲劳和身体状况等因素的影响;而运动学习是根据观察人相对稳定的运动表现水平而推断出来的。通过一定的运动学习能够影响运动表现的效果,而运动表现的效果又可以反过来影响运动学习的兴趣和持续强度,二者之间有着不可分割的关联,在运动技能的学习过程中一定要注意二者之间的相互影响和促进作用,合理运用彼此的相互促进因素,不断提高运动学习的兴趣,创造良好的运动表现。

四、运动技能与动作学习

美国心理学家 R. M. 加涅认为运动技能是人类学习的五类主要的习得能力之一。运动技能与一般的简单运动条件反射不同,它是在本能和简单运动条件反射的基础上建立起来的更复杂的、连锁的、本体感受性的条件反射。有些运动技能对于我们来说是与生俱来的,只需要一点成熟的经验就可以以近乎完美的形式表现出来,如咀嚼食物、对外界敏感刺激的反应,以及走、跳、跑、攀爬等都可以被看作人类的先天动作行为。可是,熟练地掌握其他动作技能则需要相当多的反复练习和专门训练,经过一定的努力和付出,才能更好地适应和利用生活、学习和工作环境,满足我们的多种需要。从这个意义上来说,我们的人生质量的一个重要标志,也是以能否对各种技能的顺利执行、表现、学习和控制为特征的,更不用说技艺精湛的高水平运动员,更需要特殊的专门技能。由此可见,运动技能是与我们日常生活息息相关的重要部分。

当然,人类运动技能的种类繁多,是以多种形式表现出来的,例如在排球运动技能学习中,有时需要对人体大关节和大肌肉群进行协调和控制,如跳发球和扣球动作;有时需要对人体的小肌肉群进行精细调节和把握,如传球时手指对球的弹拨,垫球时的压腕动作。排球运动本身就是以运动技能作为表现自身水平的载体的。排球运动中许多动作技能既具有共同的特点,也存在显著的差异,这也构成了我们在学习和控制动作过程中关注的重点。不同运动技能之间存在一定的迁移现象,运动迁移有正迁移和负迁移之分,所谓的正迁移就是已习得的运动技能对学习另一种运动技能具有促进的作用,如排球运动中扣球时的鞭打动作与羽毛球运动中的杀球动作和网球运动中的发球动作具有一定的相似性,在学习中具有一定的正迁移。所谓的负迁移就是已习得的运动技能对学习另一种技能具有阻碍的作用,如学会了打网球再学习打乒乓球,学习了羽毛球杀球再学习排球扣球等,两种技能看似同类或很相似,使用的运动程序差异也不大,但正是这种相似性使人具有很强的依赖性,很难形成新的运动程序,所以在练习时表现出明显的干扰现象。运动技能迁移是客观存在的,在运动技能教学和训练的过程中应合理地利用运动技能迁移规律,充分发挥运动技能迁移的积极作用,避免负迁移的影响,使学生更快更精准地掌握新的运动技能,以提高学习效率、教学和训练质量。

五、运动技能学研究的意义

在20世纪50年代后期,运动技能学才真正成为一门独立的学科进行研究,从那时起运动技能学像雨后春笋般地蓬勃发展起来,专门研究运动技能学的学者施密特(Schmidt)是具有代表性的人物之一,他带领他的博士生从事运动技能的实验性研究,开创出一套新的研究方法,对运动实践中存在的大量重要问题进行了探索。如人类动作技能表现的个体差异;学习运动技能过程中的表现曲线;疲劳对运动技能学习的影响;快速动作控制中的动作程序;在大型球类和体操比赛中干扰技能表现的因素;等等。他的艰苦努力和敬业精神,为运动技能学奠定了实验性学科的基础。20世纪70年代,在运动技能研究领域出现了"闭环控制系统"(Closed-Loop Control System)学说,这是运动控制研究的萌芽时期,它的特点是把神经生理学和心理学两个领域分开来研究,代表人物是杰克·亚当斯(Jack Adams)。他是该理论研究的开拓者,他还提出了"闭环控制系统"的理论,该理论已经成为我们了解和描写人类记忆的基础。20世纪80年代以后,随着运动科学的深入发展,运动技能研究的内容又得到了很大的丰富,使其更加接近体育教学和运动训练的实际需要。这时又出现了"开环控制系统"(Open-Loop Control System)学说,其代表人物是美国加州大学的理查德·A.施密特(Richard A. Schmidt)教授,施密特于1982年和1988年分别出版了《运动控制与学习》,1991年又出版了巨著《运动学习和技能表现》,使学习者对运动控制系统和运动技能的表现有了更加丰富和全面的了解。

"闭环控制系统"和"开环控制系统"理论,是运动技能学、运动控制学、运动发展学理论的两大主流,激发了运动员、教练员、体育教师在教学和训练中的浓厚兴趣,也使他们在运动实践中提高了体育教学和运动训练的质量。到目前为止,运动技能学"闭环控制系统"和"开环控制系统"的理论仍然是本学科理论体系的基础。

运动技能学在我国的发展比较晚,作为一个独立的理论学科,运动技能学在20世纪80年代初受到人们的关注,并且出现了许多相关的研究,主要集中在两个方面:一方面,在理论上进行了多角度的探讨,其中不仅有对动作学习理论的模式演变的分析(刘德,1999),也有借鉴心理学理论对动作技能学习进行的理论探讨,如《试论动作学习的性质及其同化模式——奥苏伯尔学习论之借鉴》(许崇高,1994),《动作学习认知理论探讨——对奥苏伯尔有意义学习论及动作学习定性之补正》(陈耕春,赵诚民,1997),《生成学习理论与运动技能教学初论》(肖克波,2003)和《内隐理论与运动技能学习的研究》(高鸿彬等,2003)。另一方面,对运动技能学习过程进行研究。研究既有对运动技能学习和掌握的心理过程的综合分析(高大光等,2003);也有对示范(田进,1998)、练习(张向群,1996)、迁移(邵丽君,2003)和反馈(金亚虹等,2001)的研究。其中,北京体育大学杨锡让教授的专著(《实用运动技能学》,2004),具有深厚的医学、体育学多学科知识,给读者开启了探究运动技能学习的一扇门。运动技能学的发展不仅有助于了解运动技能形成的科学依据,准确掌握动作技巧和改正错误的方法,以及对动作技能学习做出正确的评价,学习运动技能学也对提高教学质量,改进训练效果,为师生能正确按照科学规律教学起着积极的指导作用。因此,运动技能学是一门新兴的、实用价值很高的学科。目前,运动技能学在西方国家的大学体育专业已经成为一门重要的必修课程。近年来,在我国体育院校教学与训练中也日渐受到关注。

第二节　运动技能形成的生物学基础

从众多关于运动技能的文献资料中我们可以知道我国最早采用的关于运动技能的学说是巴甫洛夫理论中的条件反射理论。杨锡让教授对运动技能形成的生物学基础的最早研究认为:不管运动技能种类如何繁多,动作多么复杂,其形成的生物学基础,都是运动性条件反射。

（一）条件反射与非条件反射的概念

1. 条件反射

条件反射是个体在生活过程中,在一定条件下,在大脑皮层中形成暂时性联系的反射活动。例如吃过酸梅的人,一看见酸梅,乃至听到"酸梅"这个词而不吃酸梅就能引起唾液分泌。这就是个体在生活过程中吃过几次酸梅后,在大脑皮层的视觉中枢和食物中枢建立了暂时性的联系的结果。而从未吃过酸梅的小孩由于大脑皮层没有建立起这种暂时性联系,所以怎么看酸梅也不会引起唾液分泌。

2. 非条件反射

非条件反射是反射的低级形式,是外界刺激和机体反应之间的固有联系,是动物和人在种族发展中固定下来的,所以有固定的反射途径,不易受到外界条件的影响而变化。非条件反射对人的一生来说数量是有限的,总是先天固有的。例如,吸吮反射(婴儿吸吮乳头的动作)、防御反射(如火烫手,手缩回的动作)等,都是群体先天所固有的,无须学习就会。

手触到火马上缩回来的反射是在脊髓水平进行的,并不要高级中枢参与。高级中枢控制的是那些更为复杂的活动,如运动技能。一般来说,脊髓中的运动神经元(低位运动神经元)只能影响肌肉的收缩,而高级中枢(脑)内的高位运动神经元才能控制一系列活动。

3. 条件反射与非条件反射的区别

表1-1 条件反射与非条件反射的区别

条件反射	非条件反射
(1) 通过后天学习形成的个体反射活动	(1) 先天的、遗传的反射活动
(2) 需要一定的条件	(2) 不需要特殊的条件
(3) 必须有大脑皮层参与活动	(3) 没有大脑皮层参与活动也可实现
(4) 暂时性的神经联系	(4) 有固定的神经联系
(5) 数量多	(5) 数量很少

（二）条件反射形成的生理机制（以排球运动技能为例）

要理解排球运动技能条件反射形成的生理机制,必须先从条件反射形成的生理机制入手。那么条件反射形成的生理机制是什么呢?

先做个实验:

让一名学生用手指按住一个隐蔽的电极,要求亮红灯时,手指不能离开,亮绿灯时手指离开。实验开始,第一遍按要求去做。第二遍红灯亮(无关动因)后,给予电刺激(非条件刺激物)引起防御反射,手指离去。第三遍红灯一亮,虽未给予电刺激,但学生的手指立刻离开电极。此时,红灯已经由无关动因变成条件刺激物。换言之,条件反射已建成。

形成条件反射的关键在于大脑皮层同时出现两个兴奋灶。强的兴奋灶吸收弱兴奋灶传出的兴奋,通过多次的结合,二者形成了暂时性的联系。人的一切知识、经验、运动技能等都是条件反射。

从条件反射形成的生理机制出发,结合排球运动自身的特点,以及排球运动技能获得形式、所要达到的目的与任务和动作组成成分,来分析排球运动技能条件反射形成的生理机制。

排球运动技能是复杂的、连锁的、本体感受的运动性条件反射。

所谓复杂的,是指在完成某一排球技术动作时,有多种分析器参与活动。以起跳扣球为例:视觉,要对起跳点、击球点高度做出判断;听觉,对起跳的节奏做出分析;触觉,要对起跳脚部感知起跳的用力程度;本体感受器,感知身体各部分的协调用力;前庭分解器,要维持腾空后的身体平衡。

所谓连锁的,是指排球运动技能包括很多的技术环节,一环扣一环,前一个动作的结束,正好是下一个动作开始的条件刺激物。例如排球扣球:助跑→起跳→空中击球→击球后动作。

所谓本体感受的,是由于完成任何一个技术动作,都离不开肌肉活动。故排球运动技能也称为运动性条件反射。

排球运动技能的发生与形成是受意识支配的,是在后天生活中学习而形成发展起来的;每一个排球运动技能的获得和提高都需要一定的动作训练和经验积累。

(三)建立排球运动技能条件反射的条件

1. 条件刺激物必须在非条件刺激物之前出现

在排球运动技能形成的过程中,要让学生注意观察教师的示范动作,使其在大脑皮层建立正确的动作表象;而教师生动形象的技术讲解,同样具有促进学生积极建立运动表象和激发学习兴趣的作用。

2. 大脑皮层必须处于适宜的兴奋状态

所谓适宜的兴奋状态,就是兴奋性既不能太高,也不能太低。如果兴奋性太高,兴奋容易扩散,影响条件反射的建立。例如,在排球技能的教学中,刚做完游戏,学生由于激烈的争夺,兴奋异常,马上就转入学习新动作,效果就可能不好。应当安排适当的过渡,待学生的情绪稳定下来后,再进行技术动作的讲解、示范和组织学习新的动作,这样才能收到好的效果。如果兴奋太低,也不利于条件反射的建立。例如,学生情绪很低落时或者午睡之后,无精打采,兴奋性很低,此时学习技术动作,应当采取一些措施来提高学生兴奋性,如课前动员、组织学生做集中注意力的练习、做游戏、充分的准备活动等。

3. 要有适宜的刺激强度

刺激强度是否适宜,对形成条件反射的速度影响也很大。在一定范围内,条件刺激物和非条件刺激物的强度愈大,则越容易建立条件反射。但是如果刺激强度太大,就会成为劣性刺激,大脑皮层转为抑制。而刺激强度太小,则不能引起大脑皮层的适宜兴奋,也难以建立条件反射。为此,在排球技能教学中,教师要力求讲解生动形象,口令清晰洪亮,示范优美大方,练习的难度、进度、要求及负荷要注意区别对待,适合学生的实际水平。

4. 要尽量避免其他因素的干扰

在建立条件反射的过程中,要尽量避免其他因素的干扰,以免产生外抑制而影响条件反射的建立。为此,教师在排球技能教学中,一方面要尽可能地保持教学环境的相对安静,如有条件,在教学场所的安排上要避免相互干扰,注意讲解示范时学生的面向问题,等等;另一方面应教育学生提高学习的自觉性,提高自我控制能力,以减少外界额外刺激的干扰。

专栏1　鸡尾酒会效应和遮蔽效应

在大型会议的现场或宴会上,很多人在同时进行着各种交谈,但一个人在同一个时刻只能注意或参与其中的一个交谈,这就是注意分配的问题。在同一时刻只注意各个现时信息输入通道中的一个通道的现象叫作鸡尾酒会效应。鸡尾酒会效应其实就是一个信息的筛选、过滤和加工的过程。按照常理,在嘈杂的宴会上,声音分贝很低的交谈该早就淹没在周围的吵闹声中了,但为什么我们还能听见彼此的声音呢?这与我们大脑对周围事物的敏感程度有关。当在同一时刻大量的信息进入到大脑时,大脑会对进入的信息做一个筛选和过滤的工作,最终把最重要或是感兴趣的信息作为注意的对象。这就好像,即使在嘈杂的环境下,有人说起你的名字或有关你的谣言,我们还能够听到。当人们把注意的重点放在自己选择的注意对象上时,就会选择性地忽略周围环境的影响。

外界大量的信息同时进入我们的大脑,通过大脑对信息的重新选择,把一些自己不感兴趣或是不重要的信息就过滤出去了,同时我们注意的信息也会把周围一些无关紧要的信息给遮挡住,这就是人耳的遮蔽效应。当人们把注意的重心放在自己感兴趣或认为很重要的对象上时,就会有选择性地忽略周围环境的影响。

无论是鸡尾酒会效应还是遮蔽效应都与注意的活动机制有着密切的关联,可以通过分析注意的活动机制来阐明鸡尾酒会效应和遮蔽效应的作用机制。注意是心理活动对一定对象的指向和集中,具有指向性和集中性。注意的指向性是人的心理活动或意识在某一瞬间选择了某一个对象从而忽略了其他的对象。指向性不同,选择的对象也不相同。注意的集中性是指人的心理活动或意识在一定方向上的强度或紧张度。强度或紧张度越强,注意力越集中。指向性主要是对同一时间出现的大量刺激的选择,而集中性是对某一刺激的紧张强度。通常大量信息同时进入我们的大脑时,往往我们最先做出反应的信息总是与自身关联比较紧密的,其他信息容易被忽略。鸡尾酒会效应是在注意指向性和集中性的结合,在如此喧闹的环境中,我们能够准确获取我们感兴趣或认为重要的信息,并把它们区分出来,甚至可以通过声音准确知道说话者的具体位置,这是不可思议的,这也是注意的功劳。遮蔽效应是在注意指向性和集中性相互作用下,过滤了周围环境与自身关联甚微的各种刺激。通过注意的指向性和集中性作用,我们能够有效地筛选有用信息,过滤无关信息,从而准确地获取感兴趣或重要的信息。

(四) 运动技能形成的生物学基础的发展研究

经过几十年的发展,在前人研究的理论基础上,更多的学者对运动技能形成的生物学基础做了更深一步的研究,其中在 2009 年出版的《运动生理学》一书中,学者邓树勋、王健、乔德才对运动技能形成的生物学基础做了新的阐述。

运动技能形成是一个学习和记忆的过程,这一过程的发生和形成是受意识支配、服从于一定目的与任务的,是在大脑皮层指挥下由骨骼肌参与完成的。

学习的形式学习(learning)是指人和动物依赖于经验来改变自身行为以适应环境的神经活动过程。它可分为非联合型学习和联合型学习。非联合型学习不需要在刺激和反应之间形成某种明确的联系;联合型学习是在时间上很接近的两个事件重复地发生,最后在脑内逐渐形成联系,如条件反射的建立和消退。

巴甫洛夫把反射分为非条件反射和条件反射两类。非条件反射是指生来就有的、数量有限、比较固定和形式低级的反射活动,它是人和动物在长期的种系发展中形成的,对于个体和种系的生存具有重要意义;而条件反射则是通过后天学习和训练形成的高级反射活动,它是人和动物在个体生活过程中按照所处生活条件,在非条件反射的基础上不断建立起来的,其数量是无限的,可以建立也可以消退。人体或动物在建立条件反射过程中,在出现某种信号后,必须完成某种动作所建立起来的条件反射称为操作条件反射。

人类可以由具体的信号如光、声、触等第一信号感觉作为条件刺激,建立条件反射,也可以由抽象的语词即第二信号代替具体的信号,形成条件反射,生理学上将人类大脑皮层对第一信号发生反应的功能系统称为第一信号系统,对第二信号发生反应的功能系统称为第二信号系统。语词是对现实的概括和抽象化,人类可以借助语词来表达思维,并进行抽象的思维。

记忆的形式记忆是将学习到的信息进行储存和"读出"的神经活动过程。根据记忆的储存和回忆方式可将记忆分为陈述性记忆和非陈述性记忆两类。陈述性记忆与知觉或意识有关,依赖于记忆在海马、内侧颞叶及其他脑区内的滞留时间;非陈述性记忆与知觉或意识无关,也不涉及记忆在海马的滞留时间,如某些技巧性的动作、习惯性的行为等。

人类的记忆过程可以分为四个阶段,即感觉性记忆、第一级记忆、第二级记忆和第三级记忆。前两个阶段属短时性记忆,后两个阶段属长时性记忆。感觉性记忆是指通过感觉系统获得信息后,首先在脑的感觉区内储存的阶段,这个阶段一般不超过 1 秒,如果未经处理,就会很快消失。如果在这个阶段把那些不连续的、先后进入的信息整合成新的连续的印象,即可转入第一级记忆,信息在这一阶段的停留时间约几秒钟。通过反复学习运用,信息便在第一级记忆中循环,从而延长信息在第一级记忆中的停留时间,这样就使信息转入第二级记忆之中,第二级记忆是一个大而持久的储存系统。有些记忆的痕迹通过长年累月的运用而进入第三级记忆,这类记忆一般是不容易遗忘的。第三级记忆可能与脑的形态学改变有关,如动物出现敏感化后感觉末梢所含的激活区增多,长时性记忆出现后可能建立了新的突出联系。

运动技能学习与文化知识学习的本质区别就是有肌肉活动(或本体感受器)的参与,运动技能必须通过骨骼肌的活动来实现,如果没有骨骼肌的收缩,人体便无法进行任何运动。人体参与运动的骨骼肌有 600 多条,这些肌肉的工作并不是单独进行,而是互相配合的。这些肌肉的活动受中枢神经系统的调节,神经系统是运动器官的发动者,调节着各部位肌肉的活动。在建立运动技能过程中,大脑皮质运动中枢内支配肢体相关参与肌肉活动的神经元在机能上进行了排列组合,兴奋和抑制在运动中枢内有顺序地、有规律地和严格时间间隔地交替发生,逐渐形成了一个系统的形式格局,使条件反射趋于系统化,大脑皮质机能的这种系统性就称为运动动力定型。因此,可以认为运动技能的形成就是人体建立运动动力定型的结果。一切随意运动严格地讲都是反射。因此,从条件反射理论来看,运动技能的形成也是建立复杂的、连锁的、本体感受性运动条件反射的过程。

目前,国内以杨锡让教授为代表的众多的学者从不同的角度对运动技能的概念进行阐述,目前对运动技能的概念还没有形成一个统一的概念。对于运动技能形成的生物学基础,我国学者以巴甫洛夫的高级神经活动学说与学习和记忆等脑的高级机能是运动技能形成的生物学基础进行研究。但关于运动技能是如何形成的,即形成机制问题,到目前为止尚未获得完满解决,研究仍将继续进行下去。

第三节 运动技能的分类

在实用运动技能学一书中,杨锡让教授对运动技能的分类做了以下大致描述:

一、按技术特点分类

按技术特点,运动技能可以分为周期性技能、非周期性技能、周期性与非周期性混合型技能三种。

表1-2 运动技能按技术特点分类

周期性技能	混合型技能	非周期性技能
开放性技能		闭合性的技能
不可预测的环境	半可预测的环境	可预测的环境
球类项	跳跃项目	走、跑、游泳项目

(一)周期性运动技能特点

(1)完成动作不受外界环境的影响。

(2)基本动作环节是重复、千篇一律地完成相同动作。

(3)反馈信息主要来自本体感受器。

此类运动技能主要依据运动员本体感受器的反馈进行调节,而基本不受外界环境(场地、器材、对手)的影响,如游泳、跑步等项目。

（二）非周期性运动技能特点
（1）完成动作时，受外界环境的影响。
（2）基本动作环节是多种多样的。
（3）反馈信息来自多种感受器。

此类运动技能主要信息受到来自外界环境（场地、器材、对手等）的影响，据此决定采取动作的方式，如足球、排球、羽毛球、网球等项目。

（三）周期性与非周期性混合型技能
周期性与非周期性混合型技能具有二者共同的特点，如跳远等项目，前半程具有周期性项目的特点，后半程具有非周期性项目的特点。

二、按动作的连续性分类

根据运动技能的起点和终点，把运动技能分为不连续性、连续性和系列性三种运动技能。

表1-3 运动技能按动作的连续性分类

不连续性技能	系列性技能	连续性技能
动作有始有终的完整练习	由不连贯系列动作组成	不易区分动作开始和结束

（一）不连续性技能
不连续性技能是指该项运动技能有明显的起点和终点，有明显的开始和结束，动作流畅、不停顿、快速，在很短时间内完成，如篮球的传球、投篮、足球头球等动作。

（二）连续性技能
连续性技能是指该技能的每个动作没有明显的开始和结束，要多次重复相同的周期性动作，动作越熟练，在每个动作环节所用的时间及动作距离的差异就越小。连续性运动技能的开始和结束较为随意，通常由动作的执行者或其他外界因素决定，而不是动作技能本身特点决定技能的开始或结束。而且连续性运动技能是重复性的，要求人在完成这个技能时重复一些动作。像体育运动中的游泳和跑步都可以看作是连续性运动技能，因为动作的开始和结束由动作的完成者而不是由动作本身决定。连续性技能一般在较长的时间内完成，而且大部分项目可以用计时的方式做出评价，因此评分比较客观、准确。

（三）系列性技能
把不连续动作组合在一起，可以成为一系列运动技能，如开汽车是一个很好的例子，因为其中由一系列不连续的运动技能组成，如启动发动机、踩离合器、挂档，动作要按一定的顺序，把单个的不连续动作结合在一起准确地完成。

系列性技能介于不连续性和连续性技能之间,是由单个不连续动作组成连续的一套完整动作,如健美操的成套动作。

三、按身体的位置与物体的关系分类

根据身体的位置和体育器材的关系,把运动技能分为4类。

表1-4 运动技能按身体位置与物体的关系分类

身体静止 物体稳定	身体运动 物体稳定	身体静止 物体运动	身体运动 物体运动
例:射箭与靶心	足球的射门	棒球的击球	网球的抽球

四、按运动项目分类

(一)按完善技能的协调性和动作形式分类

例如,体操、跳水等项目。其特点是:

(1)运动成绩取决于动作的协调性、艺术性和动作的复杂程度。

(2)分数由裁判员主观评判。

(3)大部分动作属于非周期性动作。

(二)以时间评定运动成绩分类

例如,赛跑、竞走、自行车、游泳、滑冰等项目。其特点是:

(1)技术动作都以周期性运动完成。

(2)评定分数客观,由记录操作时间的仪器评判。

(3)运动员在单位时间内要发挥最快的速度。

(三)以发挥最大动作力量分类

例如,举重、投掷等项目。其特点是:

(1)在加速度不变的情况下增加重量,主要增大肌肉力量。

(2)在重量不变的情况下增加加速度,主要增大爆发力。

(四)按对抗技能分类

例如,拳击、柔道、击剑和对抗性的团体球类项目。其特点是:

(1)比赛环境千变万化。

(2)要求个体有良好的感觉、知觉和快速的应变能力。

(3)集体协作的能力。

(五)消耗神经能量大,身体能量消耗少

例如,射箭、射击、各种棋类项目。其特点是:

(1)在比赛和训练环境下,神经系统处于高度紧张状态。

(2）要求个体有良好的耐力，以及感觉、知觉和快速的应变能力。
(3）要求射箭、射击运动员上肢有强大的肌力。
(4）要求运动员有高度的自我控制能力。

（六）要求操纵工具完善的项目

例如，马术、帆船、滑雪、汽车拉力赛等项目。其特点是：
(1）决定胜负的往往是器械或工具。
(2）要求个体有良好的反应、平衡、耐力等特殊的素质。
(3）训练长时间的操纵能力。

（七）发展身体综合能力的项目

例如，男子十项全能、现代五项、女子七项全能等项目。其特点是：
(1）由于运动项目多样，训练方法困难。
(2）要求个体有良好的全面身体素质。
(3）注意发展多种运动技能的阳性迁移。

对以上项目的分类，可以了解各项运动之间的相关性，有助于训练计划的制订和训练工作的实施。

表1-5 运动技能按运动项目分类

类别	训练目的	举例	技术结构	运动强度	身体素质
1	完善技能协调性和动作形式	体操、跳水	非周期性运动	高低强度	协调性肌肉力量、速度
2	时间评定运动成绩的周期性运动	赛跑、自行车、滑冰	周期性运动	高低强度	速度耐力
3	发挥最大肌肉力量	举重、投掷	混合性运动	高低强度	肌肉力量、速度
4	对抗技能	拳击、球类、击剑	非周期性运动	高低强度	协调性、速度
5	消耗神经能量大，身体能量消耗少	射箭、射击、棋类	非周期性运动	低强度	协调性肌肉力量
6	完善操纵工具的项目	马术、帆船、滑雪	混合性运动	高低强度	反应平衡耐力
7	发展综合能力的项目	男子十项、现代五项	混合性运动	不同项目、不同强度	多种素质

五、按肌肉参与程度的大小分类

在体育运动中完成各种技能所需参与工作的肌肉群大小基本不同。根据完成动作时需要参与工作肌群的大小，可将动作技能分为小肌肉群动作技能和大肌肉群动作技能。

在完成大肌肉群动作技能任务时,人需要动用较大的肌肉系统才能完成动作。这类技能与小肌肉群动作技能相比,要求较低的动作精确度。例如,排球运动中扣球和鱼跃救球的腾空姿势等动作技能。

小肌肉群动作技能应该在分类连续区间与大肌肉群动作技能端相对应的另外一个端点上,这类技能要求小肌肉群的高度控制,尤其是指那些需要手眼配合和涉及高精确度手指、手腕动作的技能。例如,排球传球过程中手指对球的弹拨、扣球时的屈腕对球的推压。尽管有些小肌肉群动作技能中可能包含大肌肉群的参与,但只要在实现技能目标过程中小肌肉群的工作起主导作用,就可以把它归为小肌肉群动作技能。

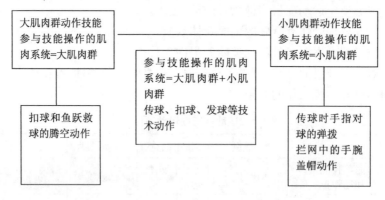

图1-1　参与技能操作的肌肉系统的特征和示例

有些动作技能需要大肌肉群和小肌肉群共同参与才能完成动作目标,这时我们不能把这些动作技能区分为大肌肉群或小肌肉群动作技能,但这些技能却能在分类连续体上表示出相应的位置,根据他们与两端的距离来判断其技能的类别。例如,排球运动中的传球、扣球时既需要手指和手腕的小肌肉群的精确控制,也需要手臂和肩部等大肌肉群参与工作。

第四节　我国运动技能学科研状况分析

近年来,在运动技能学学科发展的过程中,科学研究的成果与研究内容表现出什么样的特征?又存在什么样的问题和不足之处呢?系统查阅2001—2011年间34种文献资料(表1-6),并从运动技能学科学研究的数量、内容、作者职称、年龄、单位、基金项目、收发稿时间及研究成果8项进行剖析,以促进我国运动技能学科研整体水平进一步提高,为今后的研究提供借鉴。

检索中国学术期刊全文数据库(CNKI)、万方数据库在2001—2011年间发表的与运动技能学相关的论文,通过Excel对收集到的论文按上述8项进行了分类和常规统计处理,为本研究提供基本数据资料。

表1-6　2001—2011年间各期刊发表运动技能学论文的数量一览表

期刊名称	论文数量（篇）	期刊名称	论文数量（篇）
体育科学	14	哈尔滨体育学院学报	10
中国体育科技	5	吉林体育学院学报	6
体育学刊	10	解放军体育学院学报	1
体育与科学	5	广州大学学报	1
北京体育大学学报	14	河北体育学院学报	3
天津体育学院学报	11	山西师大体育学院学报	4
武汉体育学院学报	12	山东体育科技	5
上海体育学院学报	9	安徽体育科技	4
成都体育学院学报	6	福建体育科技	1
广州体育学院学报	15	湖北体育科技	3
西安体育学院学报	6	辽宁体育科技	3
山东体育学院学报	3	四川体育科学	8
南京体育学院学报	11	浙江体育科学	4
沈阳体育学院学报	16	体育科研	2
首都体育学院学报	4	体育成人教育学刊	8
体育文化导刊	2	体育科技	6
体育科技文献通报	10	体育教学	20

（一）2001—2011年期间运动技能学科研论文发表量分析

据统计(表1-6),2001—2011年间在上述34种国内期刊上公开发表的运动技能学科研论文242篇,年平均22篇。运动技能学作为一门独立的理论学科在我国起步较晚,但已有一批科研人员、教师、教练员辛勤耕耘在这块土地上。究其原因如下:(1)运动技能学具有广泛的应用价值,一方面表现在与其相关学科的关系十分密切,另一方面又是一门密切联系实际的应用学科。(2)运动技能学在我国起步较晚,有很大的研究价值和空间。(3)高校职称评定无疑会刺激广大教师在科研方面投入更多精力在新兴学科。

表1-7　2001—2011年间发表论文总体内容分布情况一览表

年份	学习运动技能	影响运动技能学习的因素	运动技能的迁移	运动技能形成的教学理论与方法	反馈与动作控制	运动技能的分类	运动技能评价	运动技能与智力潜能开发	运动技能的记忆与遗忘	其他	总计	%
2001	1	0	0	1	0	0	0	0	1	0	3	1.24
2002	5	1	2	2	0	0	0	4	0	1	15	6.20
2003	5	1	5	8	3	0	0	2	0	3	27	11.16
2004	8	1	2	4	2	0	0	0	0	1	18	7.43
2005	5	1	2	4	0	0	0	0	0	7	19	7.85
2006	5	7	1	6	1	0	1	2	0	4	28	11.57
2007	7	2	4	4	2	2	1	1	0	4	27	11.16
2008	4	3	3	9	1	0	4	0	0	1	25	10.33
2009	5	4	2	7	0	2	1	1	1	0	23	9.50
2010	11	2	0	7	1	4	3	0	0	0	27	11.16
2011	11	5	2	2	5	0	2	0	0	3	30	12.40
小计	67	27	23	54	15	8	10	10	3	25	242	100
%	27.69	11.16	9.50	22.31	6.20	3.31	4.13	4.13	1.24	10.33	100	

(二) 2001—2011年期间运动技能学科研论文内容分布情况的分析

这期间运动技能学科研论文内容的分布主要集中在学习运动技能、影响运动技能学习的因素、运动技能的迁移、运动技能形成的教学理论与方法、反馈与动作控制、运动技能的分类、运动技能评价、运动技能与智力潜能开发、运动技能的记忆与遗忘等方面。其中学习运动技能占27.69%,运动技能形成的教学理论与方法占22.31%,影响运动技能学习的因素占11.16%,其他占10.33%,运动技能的迁移占9.50%,反馈与动作控制占6.20%。究其原因:(1)学习运动技能包含运动技能形成的解剖学基础、学习运动技能的心理过程、学习运动技能的生理过程等。这些方面与运动技能的形成和掌握有很大的相关性。(2)根据我国体育课程改革的新理念,教学方法的改变可以更好地促进学生运动技能的学习,运动技能形成的教学理论与方法研究的较多也在情理之中。但是,这11年来关于运动技能的评价的研究较少,只占4.13%。在体育教学中科学地评价学生运动技能的学习过程与结果对其运动技能的学习起着至关重要的作用,因此制定科学的评价标准有利于激发学生参与体育锻炼的积极性,对学生掌握运动技能有积极的促进作用。运动技能的记忆与遗忘仅3篇,占1.24%。运动技能的保持在不同项目中有很大的区别,因此加强对运动技能的记忆与遗忘的研究可以为我们更好地理解运动技能的控制机制,练习的有效条件,以及考核评价方式等提供更为有效的理论和经验支撑。

(三) 2001—2011年期间运动技能学科研论文作者分析

1. 作者职称分析

在统计的242篇论文中,标明职称的有208人(只限第一作者)。由表1-8可知,208人中教授31人,占14.90%;副教授73人,占35.10%;讲师63人,占30.29%;其他41人,占19.71%。这说明运动技能学科研的主力军主要是副高职称人员。究其原因:(1)正高职称人员总体人数较少且年龄偏大。(2)副高职称人员大多处于中年,有时间和精力投入到新学科的研究,且需要向更高一级职称冲击,发表的文章多也属于正常。

表1-8 2001—2011年间运动技能学论文作者职称情况一览表

	教授	副教授	讲师	其他	总计
人数	31	73	63	41	208
比例(%)	14.90	35.10	30.29	19.71	100

2. 作者年龄分析

在有据可查的206位作者中,平均年龄39岁。由表1-9可知,35岁以下(不含35岁)的作者有58人,占28.16%;35-45岁(不含45岁)的有105人,占50.97%;45-55岁(不含55岁)的有37人,占17.96%;55岁以上的有6人,占2.91%。其中年龄最大的是北京体育大学的杨锡让教授,他在《北京体育大学学报》2005年第7期上发表《运动技能学学科现状与发展》一文时已经72岁。年龄最小的为24岁,共有8人。可见我国运动技能学科研工作者的年龄分布主要集中在35-45岁的中青年科研群体中。

表1-9 2001—2011年间运动技能学论文作者年龄情况一览表

	35岁以下	35-45岁	45-55岁	55岁以上	总计
人数	58	105	37	6	206
比例(%)	28.16	50.97	17.96	2.91	100

3. 作者单位的分析

我国运动技能学科研工作者呈现比较分散的状况。在242篇论文中,作者来自全国148个单位,其中师范类院校36所,发表论文61篇,占25.21%;体院类院校14所,发表论文63篇,占26.03%;体科所、训练基地共9个,中小学、幼儿园共14所,其他高校75所,共发表论文118篇,占48.76%。说明体院类院校是我国运动技能学科学研究的主力军,而师范类院校也是运动技能学科学研究的重要基地。

(四) 2001—2011年期间运动技能学科研项目与论文发表周期分析

1. 基金项目分析

在242篇论文中,有26篇是国家教育部、国家体育总局课题,有24篇是省课题,有5篇是院校课题,共计55篇,在统计的242篇论文中占22.73%。说明运动技能学科研在我国受到了国家教育部、国家体育总局和各省市的重视,但在各高校被忽视了。基金项目总数较多说明我国运动技能学作为一门新生的理论与实践相结合的应用学科的重要性受到了认同,并且此学科有良好的发展趋势,对其他体育学科有很好的促进作用。

2. 论文发表周期分析

对运动技能学科研论文从收稿到出版之间的时间(以月为单位)统计结果是:标明收稿到出版时间的192篇论文,平均出版周期为5.6个月。其中,出版周期超过12个月的论文有13篇,占6.77%;周期在7-12个月的论文有42篇,占21.88%。张珂的《运用不同频率语言KP反馈对艺术体操技能初学阶段学习效果影响的实验研究》(《北京体育大学学报》2006年第12期)一文,发表周期甚至为19个月。这些都说明我国体育期刊所发论文的周期偏长,影响了学术论文的交流和实效性。另一方面也说明,我国运动技能学科研论文的质量有待进一步的提高。

(五) 2001—2011年期间运动技能学主要研究成果分析

1. 学习运动技能方面

这期间共发表这方面论文67篇,占总量的27.69%。任杰的《运动技能获得中的内隐学习研究进展》,唐夏琳的《探析视频融合技术在运动技能学习中的应用》,夏娇阳的《运动技能学习过程的理论与特点研究》,毕桂凤的《体育师范生运动技能学习策略现状及提高途径研究》等论文都为我国运动技能学的发展提供了重要的参考价值。

2. 运动技能形成的教学理论与方法

这期间共发表这方面论文54篇,占总量的22.31%。季浏的《论新体育课程中运动技能教什么和如何教的问题》,李文柱的《不同学段男生足球运动技能习得过程的教学实验研究》,李年红的《内部和外部表象训练对篮球熟练者与初学者投篮技能学习的影响》,高学民的《智障学生全脑型体育教育模式的理论与实践研究》等论文为我们更好地认识运动技能包含的内容,开发和利用好运动技能课程资源,结合学生生活实践和经验、学生差异进行运动技能教学,提供了非常重要的参考。

3. 影响运动技能形成的因素

这期间共发表这方面论文 27 篇,占总量的 11.16%。王晓波的《学习型示范和熟练型示范对运动技能观察学习的影响》,张秀丽的《影响运动技能学习的内部因素研究》,冯传诚的《元认知能力对运动技能学习影响的研究》,喻伯海的《合作学习对大学生学习互动行为与技能掌握的影响研究》等论文使我们了解了影响运动技能的内外部因素,在体育教学中加以重视能有效地提高运动技能学习的效率。

4. 运动技能的迁移

这期间共发表这方面论文 23 篇,占总量的 9.50%。谢红光的《认知结构的迁移观与运动技能学习》,刘江南的《运动技能两侧性迁移认知事件相关电位(ERP)实验研究》,周平的《对舞蹈与艺术体操运动技能迁移的研究》,刘琼的《技能迁移规律在体育教学中的运用》等论文为我们科学地将迁移理论用于教学实践提供了坚实的理论依据。

5. 反馈与动作控制

这期间共发表这方面论文 15 篇,占总量的 6.20%。周亚琴的《国内运动技能学习中反馈研究的文献分析》,金亚虹的《延迟结果反馈对复杂追踪任务运动技能学习的影响》及《任务性质、结果反馈时机与运动技能的学习》,刘晓茹的《运动技能学习与控制的闭环控制模式》等论文探讨了反馈的频率和时机及其对运动技能学习的影响,可以为我们在运动技能教学中更好地利用反馈来提高运动技能学习的效率。

6. 运动技能评价

这期间共发表论文 10 篇,占总量的 4.13%。车晓波的《中学生全面运动技能发展的要素结构与教学聚类手段模型评价》,王崇喜的《"体育、艺术 2+1 项目"实验中球类运动技能评价存在的问题与对策》等论文提出了体育教学中科学地评价学生运动技能的学习过程与结果对运动技能的掌握起着至关重要的作用,对我们提出发展全面运动技能的方法、手段及相关内容、方法和标准有着积极的推动作用。

7. 运动技能与智力潜能开发

这期间共发表这方面论文 10 篇,占总量的 4.13%。徐本力的《开发儿童运动和智力潜能的实验研究》,周俊芬的《右脑运动潜能开发与排球扣球技能习得关系的实验研究》等论文认为强化左侧肢体的体育训练,不但对运动技能的全面、协调的提高有着明显的促进作用,而且对全面提高心理、智力潜能和文化课学习成绩也有着明显的促进作用。这些研究对我国运动技能学在学校体育教学中的推广起到了巨大的推动作用。

8. 运动技能的分类

这期间共发表这方面论文 8 篇,占总量的 3.31%。侯占营的《对运动技能学习分类层次的研究》,董文梅的《对运动技能进行分类的新视角及"运动技能会能度"的调查》等论文主要以董文梅关于"会能度"的分类为代表,这个分类的思想和视角为进一步认识运动技能的学习过程和根据运动特点优选教法奠定了新的理论基础。

9. 运动技能的记忆与遗忘

这期间共发表这方面论文 3 篇,占总量的 1.24%。杨国庆的《体育系学生篮球和太极拳动作技能保持的比较研究》,黄志剑的《不同类型运动技能保持特征的比较研究》等论文重点阐述了不同运动技能保持的特征不同,因此加强对运动技能的记忆与遗忘的研究可以为我们更好地理解运动技能的控制机制,练习的有效条件,以及考核评价方式等,提供更为有效的理论支撑。

10. 其他

这期间吴晓阳的《不同运动技能职业运动员人力资本价值测度模式的探讨》,于善旭的《体育市场中运动技能的法律保护》,邵伟德的《学习体育学科中运动技术、运动技能和终身体育习惯等概念之关系探讨》等研究涉足了运动技能学科研中较冷门的领域,这些领域的研究可以更好地促进和完善运动技能学的发展。

(六)我国运动技能学研究存在的问题

1. 研究群体缺少稳定性

表 1-10 2001—2011 年间运动技能学科研发表论文数量的第一作者情况一览表

发表篇数	1	2	3	4	6	8	总计
人数	171	19	5	1	1	1	198
比例(%)	86.36	9.59	2.52	0.51	0.51	0.51	100

由表 1-10 可以看出,发表论文数量为 1 篇的作者有 171 人,占全部作者的 86.36%;发表 2 篇论文的作者有 19 人,占全部作者的 9.59%;发表 3 篇及 3 篇以上论文的作者有 8 人,仅占 4.05%。这说明"游兵散勇"式的论文占据了绝大部分,研究群体具有不稳定性,核心作者群尚未形成。对发表多篇论文的作者进行研究发现,相关论文多为高级别课题的研究成果,如董文梅主持的国家哲学社会科学"十五"规划基金课题(教育类)一般课题——中国特色体育教学理论研究及北京市 2006 年度"十一五"

教育规划课题发表相关研究成果8篇;金亚虹主持的国家教育部科技支撑计划重点项目及国家体育总局重点实验室资助项目发表相关成果6篇。由此可见,以高级别课题为统领,对于引导我国体育科学研究朝着科学、稳定的方向迈进,培养稳定的作者群体,具有重要的现实意义。

2. 研究内容具有不平衡性

从整体上进行分析,发现研究内容的分布具有不平衡性,具体表现为:(1)学习运动技能中,关于内隐学习的相关论文较多,而运动技能形成的科学原理和解剖学基础的研究较少。这使科学研究在引导学习运动技能学发展实践中存在偏颇,不利于运动技能学整体学科的发展。(2)在运动技能形成的教学理论与方法中,注重表象和情境教学法,而其他一些教学法如仿生教学法、念动教学法等几乎没有研究成果。这使在运动技能的教学过程中容易忽视对其他教学方法的运用,不利于教学活动更好地进行。说明我国运动技能学科学研究尚不成熟,致使理论研究在指导工作实践的过程中显得捉襟见肘。

3. 研究存在滞后性

科学研究与实践之间的关系,应该是相互依存、相互促进的关系,但分析发现,运动技能学科学研究具有严重的滞后性。如运动技能的评价是运动技能学习的重要环节,是促进运动技能学习的关键要素,而我国运动技能学科学研究在运动技能的评价方面存在明显不足。理论研究的滞后性在一定程度上说明运动技能学研究缺少预见性,致使理论不能有效地指导实践,潜在价值的研究内容不能得到挖掘。

(七)运动技能学研究建议

(1)加大对运动技能学科研工作者的科学思维教育和创新思维教育。研究者自身要不断充实自己,提高科研能力,既要勇于开拓新的研究领域,又要对自己现在从事的研究领域进行深入、持续的研究。

(2)创造条件,调动具有较高知识层次的科研人员、教师和教练员进行运动技能学的科学研究,鼓励高职称的科研人员多进行高水平研究成果的交流。

(3)增加运动技能学的课题立项,加大对运动技能学科研的人力、物力、财力投入,确保运动技能学科研顺利、健康、有序地发展。加强新兴理论在运动技能学中的应用,不断使该学科研究内容分布均衡。

(4)科研工作者和基层教师要保持沟通,以便理论更好地应用于实践,形成理论与实践互相推动、共同提高的良性循环。

(八)运动技能学发展趋势研究

北京体育大学资深教授杨锡让先生认为:运动技能学习将纳入全民

健身规划中去;运动技能将列为高等学校体育教育专业课程;要提高运动技能学在竞技运动训练中的地位;运动技能学应当渗透到运动康复医学的领域为特殊人群掌握运动技能服务;我国体育科研机构应当建立专门的运动技能实验室,配备相应的仪器和研究人员,并在相关体育科学杂志上开辟专栏,介绍和探讨一些运动技能学习的问题。

参考文献:

[1] 韩丹.国际规范性体育与运动的基本概念解说[M].北京:商务印书馆,1997.

[2] 李北达.牛津高级英汉双解词典[M].北京:商务印书馆,1997.

[3] 辞海编委会.《辞海》教育学·心理学分册[M].上海:上海辞书出版社,1987.

[4] Derek Rowntree. A Dictionary of Education[M].赵宝恒,等译.北京:教育科学出版社,1992.

[5] 李捷.运动技能形成自组织理论的建构及其实证研究[M].北京:北京体育大学出版社,2006.

[6] 中国体育科学学会,香港体育学院.体育科学词典[M].北京:高等教育出版社,2000.

[7] 张英波.运动学习与控制[M].北京:北京体育大学出版社,2003.

[8] 邓树勋,王健,杨锡让,张禹.运动技能学学科现状与发展[J].北京体育大学学报,2005(7).

[9] 乔德才.运动生理学[M].北京:高等教育出版社,2009.

[10] 黄志剑,邵国华.不同类型运动技能保持特征的比较研究[J].体育科学,2008,28(9).

[11] 董文梅,毛振明.对运动技能进行分类的新视角及"运动技能会能度"的调查[J].广州体育学院学报,2006,26(4):5-8.

[12] 陈巧萍.运动技能学习文献综述[J].商情,2008,5(5):422.

[13] 丁俊武.动作技能学习理论的演变及发展展望[J].北京体育大学学报,2007(3).

[14] 郑彩壮.运动学习学科中关于运动技能分类的理论阐释[J].广东药学院学报,2008,24(4).

[15] 宋元平,齐爽等.2001—2011年我国运动技能学科研现状分析[J].运动.2012(5).

第二章 运动技能学习原理与形成过程

【本章提要】 本章对运动技能的学习原理、运动技能学习的形成过程进行了介绍。通过本章的阅读，我们能够了解运动技能形成的过程是一个连续的、渐进的过程。根据条件反射学说，将运动技能形成过程分为泛化、分化、巩固和自动化四个阶段。

第一节 运动技能的学习原理

运动技能的形成机制一直是运动科学领域高度关注、积极研究的重要课题。随着认知心理学对认知技能、知识结构、生态心理学和动力学系统理论的不断探索，运动技能学习理论和研究取得了卓越的发展。心理学家对动作技能的学习也提出了多种解释，在众多的解释中，可分为强调行为的、强调认知的和强调生态的三种基本不同的观点。

一、习惯论

动作技能是由一系列动作构成的。那么，这些动作是如何联系起来而形成连续的动作系列的呢？习惯论主张用习惯来解释。习惯论认为，一种运动成分所产生的反应刺激，通过习惯的形成而与下一个运动成分联系起来。当习惯联结形成时，一旦开始某一动作，那么这种反应所产生的刺激就引发了另一个行为成分，从而使一系列动作得以流畅地执行。习惯在这里所起的作用不仅是将外部的刺激与一种反应联系起来，而且还将一种动作成分与另一种动作成分联系起来。习惯的形成遵从桑代克提出的效果律，即通过奖励和惩罚来增强或减弱习惯的强度。

二、认知观

20世纪六七十年代以后，许多心理学家偏向于用认知的理论来解释动作技能的学习。在这些理论解释中，比较突出的是闭环理论和开环理论。

（一）闭环理论

闭环理论是由加拿大心理学家亚当斯（Jack·Adams）提出的。他认为，人的动作技能的学习是对反馈信息进行加工并减少错误的过程，并不是习惯强度的增强，换句话说，动作行为是由反馈机制控制的。当我们执行动作行为时，可以从肌肉与关节的感受器以及前庭器官中得到一些来自内部的反馈，此外还可以从视听渠道获得一些来自外部的反馈。接下来，我们会把这些反馈信息与头脑中表征的预想达到的状态进行比较，当觉察到不一致时，便对当前的动作行为进行修改，以便达到或维持预想的状态。闭环理论强调反馈的作用，尤其适合解释相对缓慢或连续的动作行为（如开车之类的追踪任务）的习得与控制。

（二）开环理论

开环理论认为我们的动作行为受头脑中的动作程序控制，不涉及反馈信息的加工和使用，因而也没有觉察和纠正错误的机制。这一理论适合解释那些要作为整体而快速执行的动作技能的习得和控制。美国心理学家施密特（Richard·A. Schmidt）提出的图式理论是开环理论的重要代表。在他的理论中，动作行为不是由具体的动作程序控制的，而是由一般化的动作程序（即图式）控制。一般化的动作程序是在一类动作的许多具体例子基础上经概括而形成的，它有一些固定不变的成分，如运动的顺序，也有一些参数或变量需要在动作行为执行之前或之中得到满足，如动作的执行要使用哪些肌肉。

三、生态观

生态观点强调在动作的控制中动作执行者与动作发生的环境之间的相互作用，倾向于在自然的研究场景中研究动作行为。该理论认为，知觉和动作在机能上是密不可分的，由一些肌肉、关节和动作单元组成的动作系统调适于并直接受知觉状态的影响，而不是受计算性的、类似于小人的中枢脑结构所控制。

四、动作技能形成的阶段与习得的指标

费茨（T. M. Fitts）和波斯纳（M. I. Posner）概括了较为成熟的人类学习动作技能的一般过程。他们的分析为进一步详细研究动作技能提供了基础。他们把动作技能的学习分为三个阶段。

（一）认知阶段

认知阶段也称知觉阶段。这一阶段主要是理解学习任务，并形成目标意象和目标期望。目标意象主要是指学习者对自己解决问题的目标模

式反应和动作型式,在头脑中形成一个表象,即明确解决问题的目标模式。而目标期望则是对自己的作业水平的估价,即明确自己能做得如何。这两种期望都起着学习定向作用。

学习者在学习的起始阶段,首先要通过对示范动作的观察,对刺激情境的知觉,来形成一个内部的动作意象,以作为实际操作时的参照。而要形成这样一个意象,则需对线索和有关信息进行适当的编码。线索和信息的编码,可以是形象的,也可以是抽象的;可以是视觉的,也可以是语词的;可以是有意义的,也可能是孤立的。为了有利于形成目标意象,学习者通常用自己擅长的方式来对线索进行编码,也就是说,不同的学习者编码的策略与方式是不同的。儿童通常利用视觉表象进行编码,而成人则能够将视觉表象和语词联系起来,共同编码。在形成目标意象过程中,学习者不仅借助对现有任务的知觉和有关线索的编码,也借助先前的有关经验,这就是说,学习者通常还从长时记忆中激活有关信息,并有效地检索、提取出来。

在认知阶段,学习者不仅形成目标意象,而且还根据自己以往成功或失败的经验,依据自己的能力和目前任务的难易,形成自己作业水平的期望。这一期望既表现在质的方面,即动作质量的好坏上,也表现在量和范围方面,即能完成动作的多寡上。一般来说,有明确目标期望的学习,较之于目标期望模糊的学习更有效。

(二) 联系形成阶段

在这一阶段,重点是使适当的刺激与反应形成联系。由于即使是一个简单的动作所包含的刺激和反应也非常复杂,所以联系的形成比想象的要复杂得多。例如,用英文打字机打出 man 这个词,学习者必须知道并打出每个字母,而且打第一个字母的反应又必须成为打第二个字母的刺激。用加涅的话来说,就是必须建立动作连锁。

在这一阶段,必须排除过去经验中习惯的干扰。例如,已经学会开汽车的人,在学习开飞机时,因为飞机的转弯是用脚操纵的,所以他必须排除用手转动控制盘的习惯。学会了简化太极拳的人,在学习打杨氏太极拳时,常常把简化太极拳中后坐的蹩脚的动作带到杨氏太极拳里来,而在杨氏太极拳中是没有这个动作的,因此他必须努力去纠正这些习惯性动作。

(三) 自动化阶段

技能学习进入这一阶段时,一长串的动作系列似乎是自动流出来的,无需特殊的注意和纠正。技能逐步由脑的较低级中枢控制。人们可以一面从事熟练的活动,一面考虑其他的事情。例如,有经验的司机,在正常开车时,可以顺利地与别人交谈。上面所论述的熟练操作的特征就是动作技能的学习进入第三阶段的特征。

研究表明,任何动作技能的掌握都是相对的。例如,有人对工业中的生产技能进行了长期的研究,发现雪茄生产工人的动作技能在四年多的时间内都在进步。这些工人要掌握一定水平的技能,必须经过大量的实践。例如,第一年工人生产一支雪茄需用12分钟,第二年降至10分钟,第三年降至9分钟。在第四年以后,工人的技能仍有缓慢的改进。许多体育技能的训练表明,一个运动员,要达到自己的最高水平,需要多年的练习。而要保持这一最高水平,同样需要大量的练习。此外,诱因的大小对技能的改进有很大的影响。国外对明星运动员给以重奖或高报酬,就是为了促使他们不断研究新技术,不断创造新的运动记录。

专栏2 体育运动与运动知觉测试方法

体育运动与运动知觉是分不开的,对运动知觉的综合、选择与理解,直接决定着人体运动的能力与效果。当学生观察到的都是正确的示范动作,并感知了动作的连贯意义时,就将发生"移情效果"。所以,运动知觉能力发展较好者,在学习动作时效果会好得多。相反,体育老师如果不能正确感知自身的动作,只是笼统地进行示范动作,在教学实践中就不能正确指导学生训练。因此,体育教师应根据各项运动的需要,有计划地培养学生各种运动知觉界限,这对促进学生动作技巧的形成是非常重要的,能使其尽快掌握控制动作的感知能力,从而提高教学、训练的质量。

运动知觉测试方法:

本测验为一组合,每个受试者需完成四个测验,现将测试方法介绍如下:

1. 上肢定位测验

场地器材:如图2-1,在光滑的墙壁上固定以cm为单位的垂直标尺(约50cm),遮眼部。

方法与要求:受试者面对墙壁而立,使一侧臂(左右臂均可)正对标尺前平举,这时中指尖不应触及标尺,记录中指尖所指标尺高度。

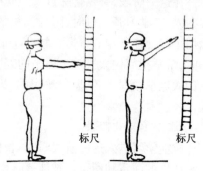

图2-1 上肢定位测验

然后令受试者将臂抬高30cm,这样反复练习数次,体会肌肉感觉。再将双眼用遮眼布蒙住,重新做上述动作,并以厘米为单位记录误差值(以抬高30cm时中指指尖所应指的标尺高度为准),不足1cm不计。共测三次求平均值测定成绩。

2. 感知滑木盘距离测验

场地器材:木盘直径15cm,厚3cm,皮尺、遮眼布、场地图(见图2-2)。

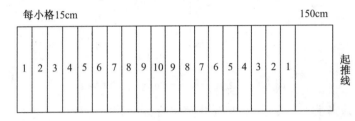

图2-2 滑木盘场地示意图

方法与要求:测验前让受试者在测验场地不蒙眼试推三次,以熟悉推木盘的动作和掌握木盘滑行的性能。然后,正式测验时,用布蒙上眼睛在起推点,将木盘推至10分区内,连续推10次。每次测验应向受试者报出所推木盘最后停在哪一区,如"前8区""后9区"等,以便使受试者得到信息反馈调节自己的动作。测验场地应平坦、光滑。

评分:记录下受试者每次试推时,木盘前缘停下来的得分区,即为得分数值。测试共试推10次,累计总分即为受试者最后的成绩。

3. 感知跳跃距离测验

场地器材:皮尺、遮眼布、粉笔、场地规格如图2-3。

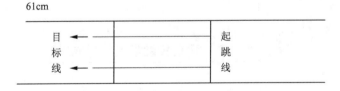

图2-3 感知跳跃距离测验场地地图

方法与要求:测试前,受试者在不蒙眼的情况下,以脚尖紧贴起跳线后延向目标线跳过,落地是两脚跟离目标线越近越好(踏在目标线上作废),先练习2-3次,以感知两线之间的空间距离和应当用力的程度。然后用布蒙眼,排除视觉信息,用同样的方法跳10次,每次试跳后允许受试者看自己足跟落地点与目标线的距离。

成绩评定:用皮尺丈量每次试跳落地时,足跟与目标线之间最远点的距离,以 cm 计算,10 次试跳测量值之总和作为受试者的成绩。

4. "选择—反应—动作"测验

场地器材:秒表、皮尺、场地见图 2-4。

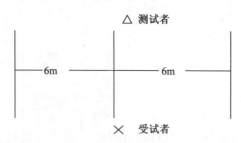

图 2-4 "选择—反应—动作"测验场地图

方法与要求:令受试者面对测试者站立(在场地两边等距离的位置),这时受试者应取准备向两侧移动的姿势,测试者一手握秒表上举。然后突然向左或向右摆臂指示移动方向,同时开秒表。受试者两眼注视测试者手臂摆动的方向,并迅速准确地跑到边线,当受试者跑过边线,并做一个下蹲手触地动作时,即可停秒表。如果受试者跑错方向时,不可停秒表,直至回到原位再向正确方向跑道边线做完规定动作,方可停表。测验 10 次,两边各 5 次,但要随意排列移动方向的顺序,两次之间间隔 20 秒。测验前要求受试者先练习 2-3 次,熟悉测试过程;受试者移动方向由测试者决定,以免受试者猜到方向抢跑;预备口令之间应保持 1.5-2.0 秒的间隔。

成绩评定:按 10 次测试的平均时间测试成绩。

第二节 运动技能学习的形成过程

动作的学习过程是从不会到会,再到熟练,作为体育教师和教练员应当掌握在动作学习过程中各阶段的特点及表现形式,在教学中才能有针对性的实施教法,从而提高运动技能的教学效果。

目前,关于运动技能形成过程的阶段划分还不统一,造成这种状况的主要原因是不同学科研究视角下有着各自的划分原则和标准,我们知道,运动技能是人脑支配下的一种运动行为,对它的研究涉及众多学科。

一、四个时相划分及各阶段教学建议

目前,在体育院校所使用的运动生理教科书中,当写到运动技能形成的时相时,一直沿用苏联运动生理学家巴甫洛夫的高级神经活动学说,即认为运动技能形成过程分为泛化、分化、巩固提高与自动化四个阶段。运动技能从开始学习到形成熟练技巧,整个过程所分的时相,每个时相不能严格划分开,而是相互联系相互交错,是一个完整的过程。

谢切诺夫曾提出"一切随意运动,严格地讲,都是反射。脑活动一切外部表现,都归结为肌肉运动"。其生理机理被认为人的随意运动是从感觉开始,以心理活动为中继,以肌肉的效应活动而告终的一种反射。

人的随意运动是一种受意志所控制的躯体运动形式,是以条件反射为基础且受到整个大脑贮存信息所发动和控制的,有各种眼前的、过去的传入信息进入大脑综合分析而实现的。因此,条件反射学说认为运动技能的学习过程是建立复杂的、连锁的、本体感觉性的运动条件反射的过程,运动技能的形成是通过建立操作性条件反射来实现的。

巴甫洛夫在《所谓随意运动的生理机制》一文中,从理论上阐明随意运动的生理机理是暂时性神经联系,所以,运动技能的形成过程,其生理本质就是建立运动条件反射的过程,这一过程是由简单到复杂的过程,并有其建立、形成、巩固和发展的阶段性变化和生理规律,只是每一阶段的长短随动作的复杂程度而不同。根据条件反射学说,将运动技能形成过程分为泛化、分化、巩固和自动化四个相互联系的时相。

(一)泛化相

运动技能形成的开始阶段。学习任何一个动作的初期都只能获得一种感性认识,而对运动技能的内在规律并不完全理解。由于人体内外界的刺激,通过感受器(特别是本体感觉)传到大脑皮质,引起大脑皮质细胞强烈兴奋,另外,因为皮质内抑制尚未确立,所以大脑皮质中的兴奋与抑制都呈现扩散状态,使条件反射暂时联系不稳定,出现泛化现象。技能操作时不该收缩的肌肉也收缩,表现出动作僵硬、不协调、有多余动作、动作不连贯、能量消耗多等;学习者动作概念模糊,在模仿联系中,通过反馈逐步建立肌肉活动的本体感觉。

此阶段组织教法应注意以下几方面:(1)讲解要精明扼要,重点突出,建立粗糙分化。例如,跑的重点是途中跑,而途中跑的重点是后蹬,教师就应着重讲解后蹬技术,概括出动作的要领,即积极前摆,高抬大腿扒地,用力后蹬,三关节充分蹬直,这就点出了技术的关键,使学生建立正确的动作表象和完整的动作概念。(2)示范要正确,力求熟练准确,轻快优美,让学生一开始就对所学动作有一个正确的完美形象,从而受到动员鼓舞,以至于跃跃欲试。(3)重复练习适量,运动负荷适宜。这个阶段讲解示范和纠正错误的时间相对要多些,但也要保证学生有一定练习时间和重复的次数,才能形成动作技能,此外,还要有适宜的运动负荷,让量与强度很好地结合,以便有效地促进学生身体发展,增强体质。(4)简化动作要求,让学生神经兴奋不过于扩散。如跨栏跑,可降低栏高;纵向分腿腾跃,可降低纵峰。投掷可减轻器械的重量,篮球原地单手肩上投篮可采取一对一的对面投篮。(5)采用各种诱导性练习,让学生体会动作的关键。如学生学习挺身式跳远的空中动作时,可在起跳处加一个弹板,帮助学生增加腾空高度,在空中有更多的时间完成动作,加强保护与帮助,消除防御性反射。

在这个阶段教学中,应以讲解示范法为主,伴以练习,让学生体会动作的过程和要领,初步建立动作的概念。

(二) 分化相

在不断练习的过程中,随着初学者对该运动技能的内在规律有了初步的理解,正确动作概念的建立和本体感觉的不断准确,大脑皮质的兴奋和抑制在时间、空间上日趋完善和精确。由于抑制过程加强,特别是分化抑制得到发展,大脑皮质的活动由泛化阶段进入了分化阶段。因此,练习过程中的大部分错误动作得到纠正,一些不协调和多余的动作也逐渐消除,能比较顺利地和连贯地完成整套技术动作。这时初步形成了运动技能操作模式,建立了动力定型。但定型尚不巩固,遇到新异刺激(如有外人参观或大型比赛等),多余动作和错误动作可能会重新出现。

此阶段中教师最好做到以下三方面。首先,精讲。一是利用直观教具辅助讲解;二是编出口诀扼要讲解;三是抓住关键强调讲解,如在教篮球原地单手肩上投篮时,学生做推球动作,教师应抓住全身动作协调用力和屈腕拨指这个关键讲解;四是利用力学原理指导讲解,如教单杠骑撑前回环动作时,结合学生已学过的转动动能原理,精讲骑撑前回环要领;五是运用比喻启发讲解。其次,多练。在相对固定的条件下,根据完成动作的基本要求进行反复练习,在保证动作质量的前提下,要适当地加大运动负荷,加量时一定要注意先增加重复练习的次数和时间,然后逐步加大练习的强度。再次,采用正误动作示范。用正误两种鲜明动作形象,引起大脑皮层进行分化作用,取消错误部分,巩固正确部分。

这个阶段教学应精讲多练,以练为主,纠正错误,伴以正误比较法,让学生通过反复练习、思考,并在及时细致的帮助指导下,逐步消除动作的紧张及牵强、多余、错误的动作,从而形成正确的动力定型。

(三) 巩固相

通过进一步反复练习，运动条件反射系统已经巩固，达到形成巩固性运动技能操作模式，建立巩固的动力定型阶段，大脑皮质的兴奋和抑制过程在时间和空间上更加集中和精确。此时，不仅动作准确、协调、优美，动作的细节准确无误，而且某些环节的动作还可出现自动化，即不必有意识地去控制而能完成动作。在环境条件改变和其他干扰刺激出现时，动作也不易受到破坏。同时，自主神经活动与躯体运动型神经活动的协调配合已成为运动技能的组成部分，完成练习时也感到省力和轻松自如。

此阶段中，教师应该积极变换练习法，变换动作的某些技术特征，如变速度、变速率、变换动作的形式。再者，教师应强化动作细节，进行精细分化。如学生做低单杠翻身上动作而分腿，做单腿摆越而屈膝勾脚面，做转体90度下而屈髋等，在学生练习时，教师应多次强化这些动作细节，如垂腿、直脚绷脚面、伸髋，这样做才会使动作巩固，趋向完善优美。增强学生身体素质，提高身体训练水平。不断巩固动作技能，身体素质练习一定要安排合理。

在这个阶段的教学中，应以变换练习法为主，并把动作技能的教学与增强学生身体素质，提高身体训练水平有机的结合起来。伴以语言直观法，指出缺点，改进细节，通过反复练习，不断改进和提高动作质量，让动作技能不断完善，牢固掌握。

(四) 自动化相

随着运动技能的巩固和发展，动作会更加熟练自如，暂时联系达到非常巩固的程度以后，可在"低意识控制"下完成运动技能，即出现自动化现象。但当环境变化使自动化过程受到阻碍时，动作又会成为有意识的参与动作过程。例如，排球运动员起跳扣球到拦网时的击球方式的选择。

此阶段，在教学训练中应注意充分利用第二信号进行强化刺激，在动作自动化后，第一信号系统的活动经常不反映到第二信号系统中来，做动作往往是无意识的活动。所以教师对正在练习的学生可采用语言、信号等有意识地强化刺激，使之成为有意识的动作，从而进一步改变动作质量。在练习中，对正确优美的动作用正确、好、很好等简单的语言给予肯定，促使学生大脑皮层正确动作条件反射活动更强化，从而使其动作技术更完善巩固。还可以运用循环练习法，加大练习密度和运动量，不断巩固运动技能，发展身体素质和增强体质。循环练习的内容选择要服从教学任务，为了发展某项身体素质，加强主教材的作用，可选择与主教材性质相同的练习；为了帮助巩固主教材的基本技术，可选择与该技术有关的练习，或直接用该教材组成循环练习。循环练习在教学顺序上安排要合理，要合乎人体机能逐步上升—稳定—下降的规律。如以巩固某些运动技能技术为目的,可安排在技能、技术教学过程中进行;如果有一半是以发展身体素质为目的,可安排在主教材完成以后进行;循环练习的选编要注意原则。强度小的动作结构简单的安排在前,强度大的动作结构复杂的安排在后;动作外形相似,但实质不同的两个动作不要编排在一起;一堂课有两个教材,都安排了一些诱导性和辅助性练习,这样应分别进行两个小循环,避免大脑皮层兴奋性互相干扰,有利于技能的巩固。亦可采用竞赛法,激发学生的学习兴趣,调动学生的自觉性和积极性,进一步巩固技能。运用竞赛法的形式是多种多样的,如教学比赛、测验比赛等,运用竞赛法,组织工作要严密而竞赛规则要简单。

这个阶段的教学,应以循环练习法和竞赛法为主,并充分发挥第二信号系统作用。通过反复练习,不断发掘学生身体素质潜能,提高动作技术、技能水平,以及在复杂的比赛条件和相互竞争的情况下,合理运用动作技术、技能的能力,并培养学生坚韧不拔、勇敢顽强、克服困难和自制能力及集体主义精神等优良品质。

运动技能形成过程的四个时相是一个连续的过程,各时相之间并无明显界限。在体育运动实践中,运动技能形成过程并不是截然划分的,而是逐渐过渡的,每一时相出现和持续时间也无固定的长短,在许多情况下,某个时相可能不存在。技能形成过程的时间长短,受许多因素的影响,如动作的复杂程度、身体机能水平、已有运动技能数量、教学方法和训练水平等因素有关,又与学习者的学习的积极性和目的性有密切关系。因此,这种阶段划分的指导意义不强,缺陷表现日益明显。

**专栏3　女子儿童体操运动员
启蒙训练阶段的兴趣培养**

女子儿童体操启蒙阶段的主要任务是进行基础技能的训练,内容比较单一枯燥、系统的训练要求高、周期长、技术复杂,这些都使年幼的运动员不易产生持久的兴趣。同时由于运动员年龄小、独生子女多等特点,使参与这项既苦又累的训练人数不断减少。因此,必须重视和加强对她们的兴趣培养。这对是否较好地完成启蒙阶段基础训练的任务是十分关键的。

女子儿童体操训练,根据国家规定大纲的要求,8—9岁要完成乙级动作。要完成这一教学任务,至少要经过 2-3 年以上的训练时间。所以启蒙运动的年龄应在 5 岁左右,也就是学龄前儿童,而这时期的儿童的心理特点是注意力不易集中、好动、好奇、恋母性强,适应新环境较慢。要进行训练必须先稳定情绪,而稳定情绪只有通过培养兴趣,才能使之喜欢新的环境,才能进行训练,才能使训练课充满活力,促使队员注意力集中,提高参加训练的自觉性和积极性。培养兴趣,主要是从训练方面着手。要围绕技能训练进行,使技能和培养兴趣有机地结合在一起,随着技能的不断提高,兴趣也随之增强。

兴趣培养是根据技能训练的几个阶段,即泛化相阶段、分化相阶段、巩固相阶段、动作自动化相阶段,采用相应的训练方法。启蒙阶段由于队员的年龄小,身体条件不同和体操动作的复杂和繁多,根据大纲规定,在此年龄阶段要求掌握以下内容:

技巧:前滚翻、后滚翻、倒立前滚翻、连续侧手翻、双腿前后软翻、单腿前手翻、双腿前手翻、原地团身后空翻、腱子、腱子后手翻两次及挺身跳等动作。

平衡木:要掌握倒立、前软反侧手翻、分腿支撑慢起成分腿倒立,原地后手翻,木端后翻下,以及舞蹈动作的转体、跳马、波浪等动作。

跳马:助跑、上板、起跳、团身前空翻。

高低杠:跳在悬垂前摆屈身上并腿后摆成手倒立,向后大回环两次,直体后空翻下。

泛化相阶段与分化相阶段的时间比较长,一般要经过半年以上的时间训练才能进入巩固相阶段,在此阶段也是培养兴趣的关键阶段,因此必须注意以下四方面的内容。

1. 创造情境,以诱其兴趣

对刚来训练的儿童,用平坦的训练场地,富有弹性的跳板和教练的仪表、形态、精神面貌来吸引运动员,以教练优美动听、风趣幽默的语言,和蔼可亲、平易近人的态度等感染运动员。这样的情态和环境,就能有效地诱发儿童对体操的兴趣。

2. 先易后难,以引其兴趣

知识从浅入深,技能训练应先易后难。儿童都有不同程度的表现欲,在训练一阶段后,能掌握几个简单的动作,如能侧手翻,前后滚翻,以及下下腰、踢踢腿等。虽然动作质量不好,但是能满足儿童的表现欲,来增加儿童对体操的兴趣。

3. 及时评价,以增其兴趣

正确及时的评价,适当的表扬是对儿童训练效果的态度的肯定和鼓励。教练及时的评价,能使她们尽快了解自身的学习成效与运动技能掌握的好坏,激发起运动员进一步努力训练的动机。在训练过程中,要根据儿童的心理特点,多采用鼓励、肯定的词语,例如:"好""不错""有进步""加油"等,同时,在肯定其进步的一面时,指出不足之处,以调动训练的主动性。

4. 展开竞争,以激发兴趣

竞争是激发训练积极性的有效手段。可以充分利用儿童的"好胜心"强的心理特点,在训练中合理运用竞争的方法,激发儿童参加训练的兴趣,从而调动运动员参与训练的积极性。而训练课中的竞争内容是多种多样的,可以进行素质方面的竞赛,也可以在技能方面进行竞赛,正确地引导竞赛的目的,使竞赛的各种积极因素发挥作用。

进入巩固阶段后,方法应随之转移,应明确训练目的和增强志气方面进行培养兴趣。运动员体操兴趣的培养,就是要把教练提出对体操的要求,变成自己内在的体操兴趣。由于运动员的心理、生理特点,对体操的兴趣还是易于建立的,但是稳定她们对体操的兴趣,还要进行有目的的培养引导,如组织运动员从电视里观看国内外举办的体操比赛和当地现场的体操比赛,通过这种直观教学,培养运动员的荣誉感,激发运动员向高层次目标奋进的动机与拼搏精神,使她们从小树立起为国争光的信心和目标,引导她们从兴趣向志趣的方向发展。

二、两个时相划分及各阶段教学建议

杨锡让教授的研究指出,目前另有一种把形成运动技能过程简化为两个时相的方法,即粗略学习时相(感知动作)和精细学习时相(联合、巩固动作)。这样划分在目前还缺乏实验性的研究资料,也不可以进行直接测量,做量化分析,但是却可以避开一些特殊术语。

(一) 粗略学习时相

在学习运动技能的初期,因为初学者从来没有感受过这些新异刺激,对大脑皮质来说,还只是认识和感知的初步过程,经过大脑皮层的分析,还不能精确地指令效应器。因此,学习者在初学动作时,外部表现是动作不准确、不协调、有多余动作、动作不连贯、没有节奏、更缺乏韵律感(见表2-1)。

表 2-1　外在表现与生理原因

外在表现	生理原因
动作不准确、不协调、多余动作较多	兴奋在大脑皮层扩散,使不该收缩的肌肉收缩
动作不连贯、缺乏节奏和韵律	兴奋与抑制尚未建立连贯的定型
动作不标准,错误动作较多	分化抑制不完善
分不清动作的重点和难点	分化抑制不完善和反馈调节不巩固
不能用语言来讲解完成动作的情况	第一信号系统和第二信号系统未建立起巩固的选择性联系
注意力易分散,动作易受外界因素干扰而被破坏	条件反射建立不巩固

（二）精细学习时相

杨锡让教授研究认为,随着学习者的反复实践,通过反馈机制对所学动作初步领会,运动技能会逐渐改善和熟练,输入的信息在大脑皮层内的分析能力逐渐精密,能准确地把信息输送到效应器,肌肉能按照动作要求和程序,有节奏地收缩和放松,会使动作准确地连起来,多余动作减少,动作协调、省力,同时在实践过程中对动作的概念和要领逐步明确,因此,用语言可以更轻松地进行描述,在这种情况下,学生甚至可以下意识地完成动作（见表2-2）。例如,经过一定时间的排球垫球练习,学生对于垫球的基本准备姿势、动作要领、注意事项都能够准确地掌握,经过反复的练习,学生对垫球技术的掌握程度会逐渐趋向于稳定、成熟,从而建立稳定的动作技能状态。

表 2-2　外在表现与生理原因

外在表现	生理原因
动作逐步准确、协调、张弛得当	兴奋逐渐集中,分化能力增强,调配合理
动作连贯,节奏性和韵律感加强	大脑皮层在时间与空间上按固定的运动顺序建立了定型
错误动作逐渐减少以致消失	分化抑制逐渐完善
能突出动作重点和难点	分化抑制完善,反馈调节能力增强
能用语言描述自己完成动作的情况	第一信号系统和第二信号系统建立起巩固的选择性联系
新异的外界刺激不易使动作受到干扰和破坏,并能及时改变	由于不断强化,建立了牢固的动力定型

（三）运动成绩提高的规律

1. 充分利用迁移规律

在学习新技术的初期，过去已经掌握的与新技术有关的相似环节动作经验，具有迁移作用，有助于新技术的掌握。但是到了后期，随着运动水平的提高，对运动反射的精确性的要求越来越高，与运动初期形成的运动条件反射差距很大，这就相当于需要重新建立新的运动条件反射。

这就引发人们对迁移的思考了。任何技能都是经过反复练习而形成的，各种技能的练习进程都服从于某些共同的规律，由于不同技能之间既存在共同的因素，也有不同的因素，因此一种技能就可能对另一种技能产生影响，从而发生技能的迁移。根据是已掌握技能对新形成技能的影响，还是后继技能对原来所掌握技能的影响，迁移有顺向和逆向之分。根据技能之间相互影响起的是促进还是干扰作用，上述两种方向的迁移均有正值和负值之分，即所谓的正迁移和负迁移。必须指出，负迁移一般都是暂时的，经过练习和训练比较容易克服，所以在教学实践中，教师应在避免和消除负迁移的同时，充分利用迁移规律，促进正迁移的实现，以提高教学效果，达到教学目标。

2. 重视分化抑制的建立

在学习新技术的初期是粗糙的分化，而到后期则要求进行精细的分化。技术水平越高，分化的精确度就越高，因此，这种分化抑制的建立也就越困难。

此时不仅要求教练员须理解技术动作和掌握分析动作的方法，还要了解运动员技术特点，明确技术训练过程。运动员在学习技术动作的开始阶段进步较快，随训练年限、水平增高进步幅度越来越小。技术训练要按个人身体特点练习。练习前，要确定学习目的、训练目标，要考虑运动员个体差异，区别对待，分组训练。初学阶段技术训练目的是培养粗略动作，教法主要采用示范和讲解，每次训练后，队员应对动作留有完整痕迹，多次训练后这些痕迹应在大脑中固定下来。初学技术很重要，也就是说运动员第一阶段动作定型的重要性大于以后练习，如开始动作不规范，并在大脑皮质内形成动力定型，对今后动作改进不利。正确做法是进行完整动作练习时，也应采用分解法练习，注重技术动作的重要环节。提高阶段的目的是对动作进一步规范，教学时可向队员讲解一些知识，反复练习，提高动作质量。熟练阶段的目的是培养运动员有自我纠正错误动作的能力，逐步提高技术的稳定性和自律的程度，注意技术训练和自身训练相结合，进一步提高运动水平及技术能力。

3. 要不断推陈出新

运动技术的掌握和提高是建立在一定的身体素质基础上的。在学习新技术的初期，可以充分利用原有的素质基础，而到了后期，随着运动水平的提高，对身体素质的要求也越来越高，而发展和提高身体素质是需要时间的。

如黑龙江省游泳训练中心研究员温可佳和杨军的研究指出，技术分析方法有两种，即生物力学分析和观察分析。技术分析通过计算、设计而成，但却没人达到全优模式。技术模式是通过对多名优秀运动员研究，发现其技术的共同特点。每个运动员都应掌握技术的这些特点，同时应保持自己的技术特点。技术能力是技能的主要特征，但在评价技能时不能只评价技术，技术只是一些运动模式的产物，运动的效果是很重要的，因为技能主要就是通过在特定情景中达到特定的目标的能力来体现的。

所以，教练员在训练中要合理地安排技术训练。应知道如何判断和测量运动项目的技术特征，对运动员掌握技术情况进行分析，以便及时对动作进行修改。同时，提高力量并不等于能增加速度，一定要具备良好的技术。力量、耐力、速度、灵敏、柔韧等各个运动素质都是由人体的肌肉活动表现出来的，肌肉活动的基础是在中枢神经系统的控制下，以一定的生理和生化反应来实现的。所以，在发展运动员某一运动素质的同时，都会或多或少，直接或间接地引起另一素质的变化。技术不改进，力量越大，阻力越大。在教学和训练过程中，要不断推陈出新，使运动员更快提高技术水平和运动成绩。

4. 根据运动周期安排

运动成绩的提高是螺旋上升的，因而运动训练总是分周期的。运动成绩是身体素质、技术、战术、心理等因素的综合表现。周期性运动是人体内在运动的结果。运动员在精力、体力、心理、智力、技能等方面，经过准备、基本功、综合训练期、恢复期逐步积累了为完成比赛所需要的能力，经过一次比赛把这次积蓄化为一种表现形式——高水平成绩，从而完成了这个周期的任务，使技术水平得到提高。它同时受季节性气候、运动员的身体素质、比赛任务等三个方面的影响。在周期训练中把高潮安排在比赛中，是训练的核心。运动周期可分为准备期、基本功期、综合训练期、比赛期、恢复期五个阶段。每一个周期训练，在不同的训练水平上，都存在一个构成运动成绩的诸因素重新综合的问题。这种综合实质上是要求重新建立更高水平的运动条件反射。以跳远为例，要提高成绩，就必须发展素质，当素质得到发展以后，就要求技术动作相应的改进，以利于提高了的素质得到充分的利用，有效地提高成绩。这一过程当然要比单纯的学习和掌握跳远技术困难得多,所需要的时间也长得多。

5. 掌握完成技能的程序性知识

从心理因素上来分析,初学动作时,学习和教练方法都比较新颖,容易激起学生的学习兴趣,加之学习效果比较明显,因而容易激发学生学习的积极性,从而加速了掌握技术的进程。而到了改进和提高阶段,练习内容、手段大都是重复的,可直接感知的学习效果减少了。因而这些因素容易使学生产生单调、枯燥以致厌烦的感觉,从而形成消极心理,影响学习效果。广泛地讲,影响学生学习技能的心理因素有很多,但与运动成绩密切相关的心理因素不外乎运动动机焦虑、注意和运动技能的获得与控制等。

在对动机的研究领域中,近年来一种新的理论不容忽视,即动机毁灭理论。在研究个体的行为过程中人们发现,当个体感觉到自己的努力或付出急剧增加时,自己的成绩或所得到的回报却没有明显的改变,这时,他的动机水平会急剧下降,这种现象被称为动机毁灭。在竞技运动中,这种现象也时有发生。焦虑与运动成绩的关系问题一直是运动心理学研究的热点问题,目前普遍接受的理论是过程效能理论。过程效能理论认为,当主体处于焦虑情景时,其信息处理能力将会受到影响,进而可能影响其运动操作水平的发挥,这种影响可能是积极的,也可能是消极的。由此可以看出,过程效能理论更注重对产生焦虑的心理过程进行研究和描述,是一种典型的认知理论。按照该理论,运动主体在高焦虑和低焦虑状态下,其运动发挥水平可能会保持相对稳定,但在高焦虑状态下,主体需要付出更多的努力以维持操作水平。在某些情况下,焦虑水平的升高促进了运动成绩的提高是因为焦虑导致了运动主动机水平的提高。技能控制与学习是研究个体学习与控制自身运动技术动作的方法与机制的一个心理学领域。运动员的学习与控制运动技能的能力对他们的竞技运动成绩有着重要的影响。人类学习的知识有陈述性知识和程序性知识之分,对运动动作的控制主要靠程序性知识来完成。在学习复杂运动技能的过程中,掌握完成技能的程序性知识是学习的首要任务。这一步的学习与其他类型知识的学习有着共同的规律。在掌握了程序性知识之后,学习则需将程序性知识与自身的动作发生联系,最后再经过不断地练习,使动作熟练而自动化。

运动技能的学习有它独特的方式和特征。它总是与肌肉活动相联系,从最初的尝试模仿到最终的熟练过程都是以肌肉活动的方式去学习并表现的。学生都用视觉、听觉接受教师的知识和信息,却用自己的身体动作来回答教师。为了避免学生用错误的动作来回答教师,教师应帮助学生正确地理解动作概念。教师在学生模仿动作的初级阶段,应大胆删去动作概念细节的讲解,而以简练的讲解方式帮助学生理解动作,模仿动作。当学生初步掌握动作之后,讲解的重点应当放在动作的细节上,以讲清动作的细节概念,帮助学生准确掌握动作,把学生的注意力引导到动作的个别要素上。而运动技能达到熟练阶段,在以上简要讲解、细节讲解的基础上要进行全面动作概念讲解,以使学生形成完整的科学概念。在这个阶段,教师要向学生指出动作与动作之间的内在联系、依存关系,避免给学生留下一些支离破碎的互不关联的知识。除此之外,教学中比较的运用也是促进学生掌握动作概念的重要途径。

专栏4　排球正面双手垫球技术动作的教学程序

排球正面双手垫球技术是最基本的垫球方法,它是由准备姿势、判断移动、伸臂、抬臂和击球以及下肢协调用力配合组成的。

1. 泛化阶段的教学

在此阶段中,形成初步的以直观性为基础的动作印象,并通过分解教学,使学生采用简化条件的练习,使他们初步体会动作的粗略结构、顺序、用力方向等,也就是说这时的大脑皮层中相应中枢的兴奋呈"扩散"状态,条件性抑制也未形成,两个信号系统尚未建立暂时联系。其表现为,学生做动作时过分紧张,尤其是两臂及两肩僵硬,两臂高低不平,上下晃动,力量大小尚未掌握,整个身体不协调,出现各种多余动作和动作不连贯,不准确等现象,这也就是说,运动条件反射在各个动作环节之间尚未建立起较精确的时间概念。正面垫球技术教学中最大的难点是垫球手型和身体的协调配合动作,在教学中教师应进行各种直观性教学,如观看正确的示范动作图片,如果有条件的学校,可利用声像技术,以技术动作的正误对比等帮助学生尽快建立正确的动作概念,要精讲多练,使学生逐步形成较正确的技术动作,同时,教师应要求学生一边练习,一边体会动作要领,自我进行强化,也可以让学生之间互相观察,互相纠正错误动作,从而加快第一信号系统与第二信号系统之间的暂时联系的建立,使感性认识转化为理性认识。

2. 分化阶段的教学

学生通过反复的练习,对动作有了一定的领会,并能初步掌握正面垫球技术,动作基本正确,不协调和多余动作也逐渐被消除,但在此时,动作尚未熟练,不够稳定,很容易受外界环境的影响而使动作变形,多余动作和错误动作可能会重新出现,如来球的力量大或者受阳光照射等因素干扰时,经常会使动作走样。在此过程中,教师应特别注意错误动作的纠正,让学生体会动作细节,使动作做到更精确、更完整,以免把错误动作留下来成为动力定型,同时也多强调看、想、练的结合,加强两个信号系统之间的暂时联系,促进技术的巩固与提高,还要逐步增加练习次数和难度,如:移动垫球、打调结合、接发球等。

3. 动力定型阶段的教学

通过进一步反复练习和强化,运动条件反射系统已经巩固,达到建立巩固的动力定型阶段,大脑皮层的兴奋和抑制在时间和空间上更加集中和精确,此时形成的运动技能属巩固阶段,这时,学生完成动作很熟练、协调,而且动作也不易变化,在环境条件变化时,动作技术也不易破坏,完成练习时也感到省力和轻松自如。

动力定型发展到巩固过程,也并不是一劳永逸了,还应该在继续练习巩固的情况下精益求精,提高动作质量,使动力定型更加完善和巩固。反之,如果不再进行练习,巩固了的动力定型还会消退,动作技术越复杂,难度越大,消退得也越快。在动力定型巩固过程中,教师应对学生提出进一步要求,并指导学生进行技术理论的学习,从感性认识转化为理性认识,更有利于动力定型的巩固和动作质量的提高,促使动作达到自动化程度。

4. 巩固提高阶段的教学

随着运动技能的形成和巩固,暂时联系达到非常巩固的程度以后,动作即可出现自动现象,在这阶段,学生比较熟练,正确地掌握了垫球动作,如能准确地垫球,合理地掌握了垫球方向、力量,从而使动作达到自动化,第二信号系统的活动就可以摆脱第一信号系统的束缚,随着外界环境的复杂化,能更灵活地调整全身活动。但是动作达到自动化以后,我们不能认为质量就得到保证,虽然动力定型已经非常巩固,但由于进行自动化动作时第一信号系统活动经常又反映到第二信号系统中来,因此,如果动作发生少许变动,也可能一时未觉察,等到一旦觉察,可能变质的动作已因多次重复而巩固下来。因此,动作达到自动化以后,仍应不断检查动作质量,精益求精。此外,在形成动作技能时,不能忽视主观因素。盲目地进行教学,哪怕是教学再好,学生对动作没有一定的兴趣,积极性不高,那么教学效果也不会好的。另外,学生的身体素质差,会直接影响到学生能否尽快地掌握技术动作,因为各种基本技能是身体素质的外部表现,离开动作无法反映素质,没有素质也就做不出动作,所以只有在充分发展身体的基础上,才能提高基本技能,技能和素质是相辅相成的。

（四）运动技能的学习策略

1. 对提高大学生运动技能策略的认识

在影响大学生运动技能学习的因素中，除了智力水平、知识基础、学习态度、身体素质等众多因素外，还有学习策略因素。学习策略是衡量个体学习能力的重要尺度，是制约学习效果的重要因素之一，是进行有效学习的工具。教学成绩与学习策略之间有显著的正相关，学习策略的应用能有效地提高学生的学习成绩，学生能否选择适当的学习策略，并加以应用，直接决定着他的学习效率。在体育领域，有关运动技能学习、教学等策略也逐渐引起体育领域的专家、学者以及教育工作者广泛的关注，各种研究成果相继问世，并且趋向范围广泛、层次深刻。应用各种学习策略提高学生学习效率的研究，是当前体育教学改革的发展趋势。

2. 学习策略与教学策略的关系

国外许多大学都采用相应的学习策略教学计划和教程，逐渐开设了学习策略教学或指导课。著名的有琼斯、艾米伦和凯蒂姆斯的学习策略指导教程、丹瑟路的学习策略指导、温斯坦的认知学习策略教程及赫伯的内容指导教程等。这些指导计划或教程，都注重从教育学和心理学的理论高度对大学生的学习方法给予指导，使大学生在学习过程中学会如何学习，促使其进行"认知反思"，这预示着进行学习策略的教学和训练是大有可为的。教学策略注重的是最佳步骤、最佳方法的实用技术问题的研究，正如格拉塞所言："策略如同知道如何做饭或知道如何行船一样，同属一种知识范畴。"这就是说，教学策略必须解决"如何教"的关键问题，这对于广大教师是最具实用价值的。

Collins(1982)研究发现，高自我效能感的人倾向于将失败归因于努力不够，而那些能力相当但自我效能感低的人，则将失败归因于能力不足。体育教师在教学过程中要帮助学生灵活运用归因策略，要针对不同的学生采用不同的策略，在不同的场合给予不同的归因反馈，其最终目的是为了保护学生对成功的良好期待，是为了使学生对自己的能力充满信心，促使其产生有效的成就动机，从而提高自我效能感。高学习效能感学生的练习欲常常能被高教学效能感教师准确的归因言语所激活。孙德军(1994)的试验报告也指出，自我效能感高的学生往往能有效地调控自己的学习行为，将注意力集中到学习对象上，自觉克服学习中的不利因素，从而取得满意的成绩，他们能把困难当作挑战，将注意力集中于现实情况的要求上，他们能被障碍激发出更大的能量，还会把课上和平时学到的技术立即应用于练习之中。他们往往有克服困难的毅力，这也决定了学习活动的实际成就，例如高原现象、中长跑中的极点现象，无不对学生的意志力提出考验,而高学习效能感学生坚信运动成绩取决于他们能够控制的那些因素之上。

3. 提高学生完善学习策略的能力

学习效能感高的学习者往往为了提高学习效率与学习效果,有目的、有意识地制订关于学习过程的复杂方案,它不仅包括具体的认知方法,还包括学习者对整个学习过程的调控行为。Pintrich 和 De Groot(1990)的研究认为:学习效能感高的学生比低的学生会更好地使用学习策略,学习的坚持性更高。他们不但乐于制订学习计划,而且积极训练,认为只要自己努力,就能达到锻炼或训练目的。因而他们热衷于各种体育活动,并积极主动地配合体育教师做好课前准备,譬如他们能把训练时遇到的困难归好类,做到带着问题听课;课堂上能主动适应体育老师的教学方法,积极参与练习,有的课后还及时和教师谈自己的学习体会。王振宏和刘萍(2000)、刘加霞和辛涛等人(2000)的研究也证实了许多学习动机因素对学生学习的激励作用,是通过影响学习策略运用而间接起作用的。学习策略运用好的学生能督促自己按计划锻炼与训练,相信通过努力,一定能够实现预定的锻炼目标。所以体育教师有义务为学生制订近期学习计划和修正中期学习目标,最终使学生真正学会锻炼身体的方法,为远期的终身体育做好充分准备。

4. 运动技能教学中学习策略的提高途径

(1) 教师指导。

第一,教师在教学中应采用多种教学方法与手段使学生在多种学习的方法中找到适合自己的一种,并在不断的练习中逐步形成自己的学习策略;第二,还需要有目的地将学生调整到适宜的学习状态,学生的感知与领悟能力才得到充分的发挥;第三,针对学生的个体差异设计有效的学习方法,使学生明确自己的优势与不足,从而确定自己相应的学习策略;第四,帮助学生选择有效的学习策略,使学生在不断地举一反三的学习中形成各自的学习策略体系;第五,坚持培养的长期性,应不断地有计划地引导学生的学习进入探索与追求状态中,将会对其学习策略系统的形成和提高产生积极的影响。

(2) 启发与诱导。

教师应启发学生充分地利用这些技能与技巧,依据各自的具体情况,针对学习过程中的有关问题进行针对性的思考与练习,从而达到掌握运动技术的目的。为此教师应该在教学过程中多设计一些"为什么要这样……""怎样才能这样……"的启发性情景提问,让学生在自我学习与练习的过程中寻找问题的答案,理清学习过程的思路,体验成功的过程,从而不断提高自己特有的学习策略。

(3) 分析与纠正。

教师在常年的教学过程中总结出：发现错误——分析错误——进行纠正，这样一种基本教学思路，但这一思路作用于学生的学习时，学生的心态往往是被动服从式的，出现错误只是等教师来帮助纠正，从而形成了一种依赖型学习思维。在教学中，当学生产生错误时，教师不妨只是指出其错误的表现形式，根据这一思路：明确告之错误——引导自我分析——协助自我纠正。引导学生自己去分析问题，教师此时只是给予一些思路上的启示，学生在纠正错误过程中遇到困难时，教师可以给出多种纠正方法，使学生在不断领悟错误所在和有针对性的练习过程中，形成自己的学习策略体系，继而不断改进与提高。

(4) 自我体验。

运动的乐趣在于嬉戏与竞争，运动的功能在于健身与育心，学习运动技术的目的更多的在于应用到运动实践中。因此在教学过程中应引导学生积极参与各种运动实践，在实践中发现不足，针对自身的不足，进行有针对性的学习，在学习过程中不断运用已有的各种学习策略，对相应的技术进行改进，通过对技术的改进获得成功的体验，形成相应的动作技能学习策略，而这样学习策略的形成所产生的内隐性心理体验更加强烈、更为有效。

5. 运动技能教学与训练策略的关系探讨

怎样进行运动技能的教学与训练，从而促进学习者运动技能的形成，是理论与实际工作者均关心的问题。寻求高效能的教学与训练策略，必须从两方面着手：一方面是深入运动技能学习的研究；另一方面是怎样构建高效运动技能学习的方法体制。后者包括编撰教材，根据社会制度选择高效的组织学习训练的途径，研究有效的运动技能的训练方法，制定评价测量体系。常见的运动技能训练方法有模式化训练方法、行为主义训练法、认知训练法、模拟训练法等。布兰森(Branson,1975)等人建立了一种被称为"教学系统发展服务程序"(IPISD)的运动技能训练模式。这一模式被用于指导美国军队的技能训练，该模式把教学系统(Instructional System Design ISD)分成五个阶段，即分析任务、设计教学、发展教学、实施训练、通过评定或校正控制过程。

6. 运动技能学习策略中教学方法的探讨

在身体运动控制与学习研究领域中，运动技能强调对身体运动感知与控制机制的把握。从这个角度来理解运动技能的话，学习运动技能就是依据某种最佳的方法途径来不断纠正(即试误)，而教师与教练的主要任务就是诊断动作,提供反馈信息和纠错,学习者的主要任务就是重复练习某种身体运动技能。通常运动技能教学采用的分解教学法、完整教学法等都是遵循这个理念,但这种定义方法是有局限性的,对比赛环境以及技能复杂性的过分简化是其最主要的局限。比赛环境浸透着文化和社会因素,存在着多种问题和选择性,但为了方便地分析运动,比赛环境因素经常被简化甚至忽略,该定义方法重视身体运动的控制机制,而忽略了比赛环境的动态性以及个体对这种动态性的适应。

第二种重要的探究运动技能本质的方法是运用认知心理学,该方法对个体的信息处理能力非常关注。这种方法把认知能力放在首位,认为决策能力比运动本身更重要。人的智能,包括思考、归纳理解和分辨的能力,是影响人体运动的主要因素。领会教学法为认知心理学方法提供了一个理想的理论模型。"领会"阐释了认知是如何在学习和实践中发挥作用的。领会教学法模式主要考虑从运动中分离出来的认知元素,认为认知能力先于任何运动能力的发展,该模式认为学习者首先必须学习运动的本质、运动的规则和战略战术,这是进行运动必须具备的先决条件。认知心理学方法区分了思考和行动的差异,但这种假设导致了战略战术决策等认知元素是与运动反应等技能元素相分离的结论,笔者认为这种方法是值得商榷的。

另一种重要的探究运动技能本质的方法是运用动态系统理论。在复杂的动态情境下,有目的地自发运动的能力,是运动学习和教育研究领域的研究热点。"情景教学法"就是动态系统理论在运动技能教学上的应用,人体运动不仅仅要理解在各种不同的条件下人体是如何协调的,而且要理解运动本身是如何在运动情景中产生意义的,对情景的重视意味着从个体与情景的二元论发展到个体与情景是相互依存和关联的一元论,运动学习的动态系统理论是这种转变的标志,人体运动是情景的、社会的和分布式的,情景教学法就是建立在这种理念上的。情景意味着个体在空间、时间和社会关系方面一直处于一种特定的情景中,例如篮球中的投篮,要么是与队友一起投篮,要么是自己练习投篮,或是在比赛中投篮。事实上,投篮这一动作只有在篮球的练习与比赛中才有意义。因此,所谓技能只有在特定的情景中有意义才能称为技能。技能是一种不能与情景分离的专门能力,它能够区分动作、技术和技能的差别。例如,橄榄球比赛中的传球,从动作本身上看,它非常简单,就是把球扔给自己的队友,但橄榄球运动中的传球可以有多种情景,可以是和朋友娱乐,也可以是在高压力的比赛中进行,如果想要把球传好需要一定的技术,包括对球的控制和动作的准确性。当作为技能时,情景就非常重要了:何时传球,战术意图的体现等要根据特定情景。所以技能不仅仅是技术层面的,而且包括战术意图,要考虑为什么、什么时间、什么地点、如何做等因素。进一步讲,技能要考虑在比赛特定情景中的时间、空间以及对手的行动和己方的行动等。例如橄榄球比赛中的传球,需要考虑队员的位置(包括对手的防守位置和己方的进攻位置),传给哪个位置的哪个队员,传球的距离,比赛的时间因素等。特定的动作技术可以在训练中进行练习,但技能的提高不能脱离比赛情景。例如一个队员可以在训练中练习传球的技术,但如果要提高技能,就必须在比赛情景或是在模拟比赛情景中练习,在这种情景中他才能有机会阅读比赛,做出恰当的决策。技能必须通过情景设置,例如比赛的形式来进行,这种情景设置需要人们进行比赛和规范比赛,这也是比赛情景的一种体现。技能还与个体、他人及所使用的工具相联系。例如,网球中的发球技术,动作本身就不仅仅是胳膊的特定运动模式,它还需要全身的协调以保证平衡性、稳定性和力量性。另外,所使用的工具也是很重要的,队员会选择适合自己的球拍,因为球拍的质量影响击球的质量,当然还要考虑到他人的因素,例如队友的因素和对手的因素等。

教师在教学中应注意:

(1) 注意分析所学动作在某项目中的地位和作用,如果是单一动作,应以提高熟练程度和动作质量为主。

(2) 即使动作已达自动化的动作技能,如果长期不加以练习也会消退,因此要有计划地进行练习,并加以强化。

(3) 要逐渐加大运动负荷,让学生能在较大的心理及生理负荷下高质量的完成动作。进行系统训练,加强动作技能之间的联系,使相关技能能够有机地结合起来。

专栏5　少儿技能教学科学训练的要求

一、要充分考虑少儿的特点和其发展规律

少儿在生长发育过程中存在着一定的规律性,了解这些规律对少儿时期运动技能的培养有重要意义。当前随着时代体育的发展,运动技术水平的不断提高,导致运动技能的培养必须"从小抓起"。少儿运动技能的培养是今后发展高水平竞技运动和终身参与体育运动的基础和前提。但目前在具体的少儿运动训练和体育教学过程中,对少儿的运动技能培养为达到运动成绩暂时性提高为目的,忽视人类动作发展规律,仅遵循运

动技能形成规律而对少儿进行大强度、大负荷的训练,在培养方法、训练内容上偏向于成人化的训练安排。少儿训练过程的成人化导致少儿身心健康发展和运动水平持续性提高出现了严重问题。笔者认为少儿运动技能培养应在遵循运动技能形成规律的同时还必须遵循人类动作发展规律。选择正确合理的少儿运动技能培养内容和方法,不仅对少儿掌握运动技能和其身心健康发展有良好的促进作用,而且对少儿今后参与体育运动,养成体育锻炼习惯,享受体育乐趣有重要作用。遵循人类动作发展规律,了解动作行为发展及其变化,可以使我们获得并保持最佳健康状态,有利于做好教育、体育和健康领域的工作,对少儿运动技能培养有指导意义。

按照人类动作技能发展规律来分,7 岁到 11 岁是情景特定化期,表现和完成组合动作的发展取决于与情境相关的知识与经验受到家庭、同伴、文化传统等情景因素的影响,并表现出个性化。这一阶段动作技能的获得与认知能力发展有密切关系。11 岁以后熟练动作技能发展时期,开始能够主动表现出较为熟练的动作技能并不断提高,通过发展可具备多种熟练的动作技能。这一阶段仍受到多种因素的制约。

1. 应按照人类动作发展规律进行少儿运动技能培养内容的选择

参照人类动作发展的过程,少儿正处于基本动作模式期和情景特定化期,对此我们在进行少儿的运动技能培养时首先一定要选择走、跑、跳、投、攀、爬、滚、悬、翻等身体能力,培养他们的基本活动能力和运动能力,为所有的运动项目准备好坚实的身体素质(力量、速度、耐力、灵敏、柔韧等),同时进行一些适合少儿身心发展的运动项目的基础技能动作,为以后选取自身的优势项目和终身参与项目的运动技能打下基础。

根据发展性原则遵循人类动作发展规律。少儿运动技能的培养内容要以下列排序为主:(1)发展基本动作能力(含体力)和游戏内容为主。(2)以体能、游戏和简单的运动技术内容为主。(3)以简单的运动技术、体能内容为主。运动技能培养内容按照由多到少、由宽变窄、由易到难、循序渐进、逐年减项的排列进行。这就要求我们在对少儿的运动技能的训练和教学中加以注意和运用。

2. 应按照人类动作发展规律进行少儿运动技能培养方法的选择

参照人类动作发展的过程,同时由于少儿正处于身体、心理发展的特殊时期,他们喜欢游戏,同时他们的动作发展过程也要求开展游戏,为此我们在选择方法时就必须开发体育游戏的新奇性和趣味性,满足少儿在心理上的需求,让他们在一个轻松、和谐的氛围中学习到各种运动技术,使他们的各种基本运动能力得以很好的发展,从而为以后的运动技能形成打下坚实的基础。在体育游戏的选择上,我们必须要对体育游戏的形式能够不断地创新,以引起少儿的兴趣和好奇心,使他们自主地加入到体育游戏的欢乐海洋中来。

3. 应按照人类动作发展规律进行少儿运动技能培养的环境建构

在人类动作发展过程中,受到各种环境因素的影响,环境因素包括物理环境和社会环境。因此,我们必须建立和构建一个良好的运动环境和运动氛围,加强运动场馆建设和运动器械的采集和利用,进行体育观念教育,等等。同时对每个少儿都要一视同仁,每个孩子都有自由参加运动的权利,积极享受体育游戏的欢乐和兴奋。坚持拥护和开展"阳光体育",让每个孩子都能在阳光下充分享受属于他们的自由和快乐。开展适合少儿身心特点的各种体育信息的输入,这样对少儿运动技能的持续性发展有很大的作用。

二、为学生确定学习目标

目标的确定有三个作用:(1)引起学生学习的意愿,形成学习动机。(2)发动身心能量投入学习过程。(3)使学生预见学习的效果并在学习过程中起调节作用。

目标的建立要与学生的本身条件、教师的水平、学校的场地和设备紧密相关。

目标应有分层和相对性而不提倡绝对化。

目标的建立应以诱导的方式体现出来而不是给学生以强制的感觉。

三、合理地安排学习内容

低年级的设计中游戏、基本体操、基本活动机能占有较大比例,主要是培养儿童对体育的兴趣,建立基本运动能力和良好道德品质的基础。高年级的设计中游戏类项目逐渐减少,发展基本技能和提高运动能力的教材比重相应增加。内容的选择要按照教学大纲来制定。

参考文献:

[1] 杨锡让. 实用运动生理学[M]. 北京:北京体育大学出版社,2003.8.

[4] 杨大轩. 体育运动技能形成阶段性的教法研究[J]. 广州大学学报,2008(6).

[3] 杨锡让,傅治坚. 运动生理学进展—质疑与思考[M]. 北京:北京体育大学出版社,2000.

[4] 宋成.大学生运动知觉能力的测定研究.[J].武汉体育学院学报,1996(11).

[5] 戴霞,叶明.运动技能信息处理过程中影响技能效能若干因素的探讨[J].湖北体育科技,2005(3).

[6] 肖义慧.开放式和闭锁式运动技能干预对大学生自我设限影响及相关研究[D].南昌:江西师范学院,2009.

[7] 谢春雨,田钿.运动技能学习理论研究综述[J].科教文汇,2009(12).

[8] 张力为,毛志雄.运动心理学[M].上海:华东师范大学出版社,2003.

[9] 郑彩壮.运动学习学科中关于运动技能分类的理论阐述[J].广东药学院学报,2008(4).

[10] 武雪莲,梁建平,焦胜利,等.试论运动技能的形成[J].四川体育科学,2005(4).

[11] 蔡文丽,张慧.体育专业大学生运动技能学习策略研究综述[J].科技资讯,2010(11).

第三章 运动技能学习的相关理论

【本章提要】 本章对神经类型、信号系统与运动技能形成的关系，目标、动机、行为与运动技能形成的关系，注意、反馈在形成运动技能中的作用，运动技能迁移在体育教学与训练中的应用进行了介绍。通过本章的阅读，能使我们了解运动生理学、运动心理学的理论基础知识在体育运动技能学习中的结合运用。

第一节 神经类型、信号系统与运动技能形成的关系

一、神经类型

1. 神经类型概念

神经类型（Nerve Pattern）全称为"高级神经活动类型"，是神经过程的基本特性的稳定的结合。生理学早已证明，大脑皮层在内外刺激的作用下，产生兴奋和抑制两个相互对立的过程，由它们的相互转化、相互制约、相互平衡，构成大脑皮层的全部活动。按大脑的皮质高级神经活动的基本特征划分的一些类型简称为神经类型。神经类型学是研究神经系统的基本特性及这种特征在个体间表现出的差异特点和规律的科学，它属于生理、心理学的范畴。人体生理学是研究生命现象及生命活动规律的科学，在神经中枢内，神经活动过程的一般规律包括兴奋与抑制过程的扩散、集中、后作用及相互诱导。神经过程的动力性特征表现为强度、平衡性、集中性、灵活性和动能性。人的心理活动的生理基础是神经系统的活动中心，它与人的心理活动紧密相连，而神经系统的外在表现是由认知、情感、意志等心理现象以及个性特征表现出来的。

2. 神经类型的划分及其特点

巴浦洛夫将人类的神经根据神经传递过程的本质特性将其划分为四种：

活泼型：神经的过程强度强，均衡性好，灵活性高。属于这种神经类型的人，兴奋和抑制都较强，而且均衡、灵活。其生理特点是：阳性和阴性

条件反射都容易建立,而且稳定;不易产生超限抑制;条件反射易于改造。其行为特点是:活泼好动,反应灵活,好交际,精力旺盛,工作效率高,工作喜欢从兴趣出发。

安静型:神经过程强度强,均衡性好但灵活性差。属于这种神经类型的人,兴奋和抑制也都较强,并且均衡性好,但灵活性低。其生理特点是:阳性条件反射和阴性条件反射都较容易建立;不易产生超限抑制;条件反射的改造比较缓慢和困难。其行为特点是:性格稳重、安静,动作稳而不慌,能吃苦耐劳,有坚持性。但反应较迟钝,不好交际。

兴奋型:神经过程强度强,均衡性差,但兴奋过程占优势。属于这种神经类型的人,兴奋和抑制都较强,但兴奋占优势。其生理特点是:比较容易建立阳性条件反射,而且稳定;能承受强烈的刺激,而且不易发生超限抑制;内抑制过程比较弱,不易建立阴性条件反射,分化也常出现错误。其行为特点是:容易激动,脾气比较急躁,热情奔放,不易克制自己,性格开朗、乐观。但遇事不够细心,甚至有时还粗枝大叶。

弱型:神经过程强度强,但均衡性相对较差,抑制过程占优势,灵活性也较差。属于这种神经类型的人,兴奋和抑制都较弱,但抑制占优势。其生理特点是:不易建立阳性条件反射,即使建立也不稳定;容易发生超限抑制;阴性条件反射比较容易建立。其行为特点是:胆小怕事,遇事顾虑重重,性情忧郁,多疑,多愁善感。

二、人的信号系统

1. 第一、第二信号的概念

第一信号是指实在的、具体的,能被感觉器官所直接感知的信号。

第二信号是抽象的、概括的信号,即语言、文字。它是第一信号的高度概括,虽然看不见,摸不着,但能起到刺激信号的作用。

2. 第一、第二信号系统概念

对第一信号的具体刺激发生反应的机能中枢,称为第一信号系统。对第二信号的语言、文字刺激发生反应的机能中枢,称为第二信号系统。第二信号对人来说是极为重要的。人有了语言、文字,才能进行思想交流、教育、学习等,没有语言、文字,也就没有人类社会。语言是后天通过学习建立起来的条件反射。教育对于儿童少年第二信号系统的发育有巨大的影响。

3. 第一和第二信号系统的分型

正常的人都具有第一、第二信号系统,但有的人第一信号系统占优势,而有的人则第二信号系统占优势,也有比较均衡的,对这些不同的情况我们称之为第一和第二信号系统的分型。

思想型：第二信号系统占优势。这种人，喜欢思考问题和分析问题，抽象思维能力比较强。在性格上一般表现为比较内向。

艺术型：第一信号系统占优势。这种人，善于观察事物，形象思维能力比较强。感情丰富，而且比较外露。在性格上一般表现为比较外向。

中间型：第一和第二信号系统的发展比较均衡。这种人的思维能力与性格兼有思想型与艺术型的中和特征。

两个信号系统在运动技能教学和训练中的应用：

（1）充分发挥第二信号的作用。如语言的运用要正确、适时；语言要简洁易懂；运用语言应与授课对象的接受能力相适应。

（2）充分发挥第一信号系统的作用。如动作示范要正确、优美；示范目的明确，时机恰当；示范要突出重点；注意示范面的合理选择。

综上所述，我们可以看到一个人的神经类型与信号系统的发展与个性的形成有着密切的关系。从某种意义上来说，人的神经类型与信号系统的发展是个性形成的生理基础。一个人的神经类型和个性的形成，既与先天的遗传有关，更与后天的环境有关，而且后天的生活条件、教育条件及实践活动是起决定作用的。巴甫洛夫说："神经类型是先天与后天的合金，但后天更为重要。"

三、神经类型、信号系统与运动技能形成的关系

神经系统包括中枢神经系统和周围神经系统。中枢神经系统是指挥整个机体活动的"司令部"。人体的一切活动，其本质都是神经系统的反射活动，都是经过感知、分析、判断、做出反应这个过程来完成的。经常参加体育锻炼可以改善和提高神经系统的反应能力，使之思维敏捷，调控身体运动更准确协调；还能有效地消除脑细胞的疲劳，提高学习和工作效率。

人的后天实践对人的神经类型及个性的形成与发展有着重要的决定意义。与此同时，人的实践活动又受人的神经类型与信号系统等的制约。为此，在运动技能教学和训练中，教师一方面要善于通过运动实践来改善学生的神经类型及发展学生的个性；另一方面在教学和训练中，又要根据学生的不同神经类型与信号系统，做好区别对待，因材施教。

第二节 目标、动机、行为与运动技能形成的关系

一、相关概念的界定

（一）目标的概念

目标是个人、部门或整个组织所期望的成果。

梦想、理想通常是大目标的另一称呼，人生重要的事情就是确定一个伟大的目标，并决心实现它。

（二）动机的概念

动机在心理学上一般被认为涉及行为的发端、方向、强度和持续性。

动机为名词，在作为动词时则多称作激励(Motivating)。在组织行为学中，激励主要是指激发人的动机的心理过程。通过激发和鼓励，使人们产生一种内在驱动力，使之朝着所期望的目标前进。

动机可分为内在动机与外在动机。内在动机（或内在激励）指的是任务本身的兴趣或愉悦带来的动机，这存在于个体内部而非依赖于任何外部力量的驱动。内在动机从20世纪70年代开始被社会心理学家和教育心理学家们所关注。被内在动机激励的学生更可能愿意进行某项任务并且在任务过程中提升自己的技能和能力。

人的一切运动行为都是由一定的动机引起的，体育运动动机是推动人们进行运动活动的心理动因或内部动力，具有启动人的行为，并使行为以一定强度在运动活动中保持的特性[①]。动机对形成运动技能有着直接的影响，猿人为了生存从树上下到地下觅食学会了直立行走和奔跑，马戏团里的动物为了吃学会了很多它们以前不可能会的技能，这些技能的形成都与他们的动机有着不可分割的联系，同样我们对运动技能的学习和获得也是在一定目的的动机条件下而发展起来的。

（三）行为的概念

行为指受思想支配而表现出来的外表活动。

行为是人类在生活中表现出来的生活态度及具体的生活方式，它是在一定的物质条件下，不同的个人或群体，在社会文化制度、个人价值观念的影响下，在生活中表现出来的基本特征，或对内外环境因素刺激所做

---

① 王文成，刘大伟. 辽宁省大学生健身运动的参与动机及影响因素的研究[J]. 沈阳体育学院学报，2007(2)26:50-53.

出的能动反应。人的行为可分为外显和内在行为。外显行为是可以被他人直接观察到的行为,如言谈举止;而内在行为则是不能被他人直接观察到的行为,如意识、思维活动等,即通常所说的心理活动。一般情况下,可以通过观察人的外显行为,进一步推测其内在行为。一般来说,人的行为由五个基本要素构成,即行为主体、行为客体、行为环境、行为手段和行为结果。

二、目标、动机、行为三者之间的关系

(一) 动机与行为的关系

动机是发动和维持人们行为的内在原因和直接动力。

动机的四个功能非常客观地表现出与行为的关系:(1) 始发功能,即具有引发和驱使人们产生进行某种行为的作用。(2) 指向和选择功能,即能使人们的某种行为指向一定的方向,选择一定的目标。(3) 调整与反馈功能,即动机能保护和巩固行为,并贯穿于行为的发动、加强、维持和直到行为终止的全部过程。另外,人们的行为结果对动机也有很大影响,良好的行为结果会强化动机,不好的行为结果会使动机削弱并降低行为的内在驱动力。

(二) 目标与动机的关系

动机来源于目标,目标是形成动机的基础。

人们的动机首先来自人们对某种事物的需要,但由于人与人之间存在着明显的个体差异,其生理、心理状况不同,兴趣爱好不同,所处环境和经济条件不同,因此,人们的目标和需求也是多种多样,目标的动机和需求内在行为方式也不尽相同。研究表明,在人们的多种体育需要中,发展身体,增强体力和健康是大多数人最基本、最主要的体育目标。除此之外,则集中表现在为适应社会和集体的需要和实现自我价值等个性化的目标,如娱乐消遣、调整情绪、人际交往、美容健美等,同时这些需要也决定着人们的体育目标取向和动机行为方式。

(三) 目标、动机、行为三者的关系

目标、动机、行为三者之间具有密切的关系。

人的主观意志产生目标。比如:此刻我的目标是需要一个面包。为何需要面包?那么我的"动机"就是饥饿。动机促使人去行动。比如:在体育训练中,我的目标是要达到一个什么样的成绩,为何需要这样的成绩?那么我的"动机"就是拿名次。动机就会促使我去刻苦训练。

目标是动机和行为的基础,人的行为是由动机决定的,而动机是由目标支配的,但其三者之间并不一定一一对应。动机是在目标的基础上产生的。但是目标并不必然产生动机,只有在目标的对象达到一定的强度

才能转化为动机。一般来说,动机是行为产生的直接原因,行为是动机的外在表现,二者之间有着复杂的关系,它们彼此之间并不一一对应,同一动机可以引起多种不同的行为,同一行为也可能出自不同的动机。动机会指导行为,同时行为也会反作用动机。因此,人们的目标、动机与行为三者之间有着不可分割的密切联系,彼此相互影响、相互渗透、相互制约。其一般规律是:目标—动机—行为—新目标—新动机—新行为。目标是动机和行为的基础,动机决定人的行为。

体育动机是指在运动需要的推动下促使人参加体育活动的内部动力。

日本著名运动心理学家松田岩男在所著《运动心理学入门》一书中,就人生不同时期人们参与体育运动的动机作过比较详细的描述,指出幼儿期的活动主要与自身对身体活动的需要、好奇心等发自内部的动机以及体验由运动引起的兴奋和愉快感等情绪性动机有密切的联系;进入儿童期后,可以从他们的运动游戏中观察到,自律、亲近、完成等社会性动机已初显端倪;初中和高中学生参加体育活动是以喜欢体育运动和体验体育活动带来的积极性情感体验的动机为主,其余是因为受到来自老师或朋友的影响等外部诱因、希望结交朋友并与他们愉快相处等与人亲近的动机、目睹了令人钦佩的运动风貌后唤起自己也想进行尝试的完成动机、使身体更加强健以得到承认和体现优越于别人的社会性动机等都是比较强烈的体育参与动机。①

动机是推动一个人进行活动的内在动力,能引起并维持人的活动,将活动导向一定方向,以满足个体的内在需求。杨锡让在《实用运动技能学》一书中认为动机一般具有以下三类作用:

(1)始发作用:动机可引起和发动个体的活动;

(2)指向或选择作用:动机可指引活动向某一目标进行或选择活动的方向;

(3)强化作用:动机是维持、增加或制止、减弱某一活动的力量。

心理学家将动机分成原发性动机和继发性动机。原发性动机(先天固有的)多来自人体内部生理的需要,与人体器官、系统、激素水平有关。例如,体内钠离子浓度的减少会使人有渴的感觉,驱使人去喝水。生理动机具有维持人体生存的意义,它在保持人体内环境的稳定方面,起着重要作用。继发性动机(后天获得的)又称获得性动机或社会性动机。它是个体通过学习和在生活经验中获得的,受社会环境的影响极为明显。如

---

① 松田岩男.运动心理学入门[M].东京:大修馆书店,1976:124.

追求荣誉、地位、成就等。

美国心理学家摩尔根(Morgan)和金(King)1966年把动机和行为的关系归结为一个由三种因素组成的一个循环链(图3-1),即内环境刺激(生理、心理需要)和外环境刺激→引起动机状态→产生动机行为→达到满意状态→不满意可再激起新动机。动机状态由内环境或外环境的刺激所引起。内环境的刺激包括生理的需要(如学生持续学习时间长了以

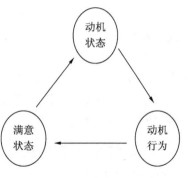

图3-1 动机行为循环图
(Morgan 和 King,1966年)

后,感到头昏脑胀,决定休息一下或到室外去活动活动)和心理的需要(如有的学生想当优秀运动员而积极参加体育锻炼,有的学生希望自己的身体更加健美而积极参加体育锻炼)。外环境的刺激,如天气热,出汗多,因而想喝水或找个阴凉的地方。又如学校规定体育不及格者不能评为"三好"学生,从而激发了学生的锻炼热情等。当然,内外环境的刺激也是可以转化的。例如,有的学生开始并不愿意参加体育活动(未激起动机状态),经过教师的启发诱导(外环境的刺激),提高了对参加体育锻炼的意义的认识(转化),从而引起了自觉参加锻炼的需要(内环境的刺激)。

动机的形成是循环的第一阶段。动机形成后导致行为的产生,循环进入第二阶段。行为结束后,循环进入第三阶段,即满意阶段。此时出现两种情况:一种是行为已达到目的,而结束这一循环;另一种是行为未达到或未完全达到目的,即不满意或不满足,因而再次激起动机,产生新的行为而进入第二次循环,直至达到满意为止。在某些条件下,也可能产生负效应,关键是要努力促成正效应。

动机与运动技能的形成和提高之间的关系是复杂的,它们之间并不成线性关系,而是一种倒U字形的曲线关系(图3-2)。

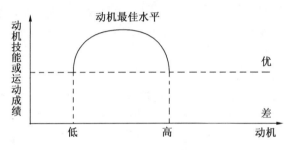

图3-2 动机与运动技能形成的关系

学生如果处于最佳动机水平,所取得的学习效果与比赛成绩最好;如果动机水平过高或过低,学习和比赛都不可能获得理想的结果。例如,有些学生平时运动技能掌握的不错,但一到测验、比赛时,就由于紧张,想得太多,使得动机太强,而不能表现出自己的原有水平。因此在教学、训练和比赛中,教师要善于调整学生的动机状态,并帮助学生学会动机的自我调控,使之处于最佳水平。

三、动机理论在运动技能教学和训练中的应用

1. 动机的本能论

本能是指有机体由遗传获得的、与生俱来的、不学而能的行为方式,其对有机体的生存与延续有重要意义。

心理学家詹姆斯等认为现实生活中所观察到的人类行为都是由本能引起的,同时提出了人类所具有的各种各样的本能。

弗洛伊德把本能看作为人的行为的推动因素和内在动力,并从对心理异常现象的观察中,提出了心理结构及其各组成部分之间的动力关系,详细地论述了本能的能量与作用。

运动技能教学和训练中一定要充分利用学生爱活动的"本能"动力,不要限制、压抑了他们的这种"天性",要适当满足他们的需要和兴趣,内容安排丰富多彩,形式多种多样,要"精讲多练",注重让学生"动"起来,使他们的本能能量得到充分释放。

2. 动机的行为论

行为主义心理学派的强化理论在20世纪50年代有着重要的影响,其代表人物斯金纳通过对操作条件反射的研究,提出有机体的操作性行为是通过强化形成的,且强化对行为还起着动机的作用,即受到积极强化的行为,其发生的次数将会出现增加的趋向。

斯金纳认为,强化可以在固定的时间间隔或行为反应次数之后给予,也可以在无固定时间间隔或行为反应次数中给予。强化安排的不同,对行为反应发生的促进可能产生不同的影响效果。斯金纳的实验研究表明,固定间隔或次数的强化会引发有规律的行为反应,且间隔愈短,行为反应频率就愈快。而不固定间隔或次数的强化会产生快速、稳定、一致的行为反应,且可明显地减缓行为的消退。

动机的行为理论在体育教学或锻炼活动中的应用表现:体育教师经常运用表扬和批评的手段,激励学生的运动行为,或阻止不利于运动技能学习与身体健康的行为。受到表扬的学生,运动动机得到强化,良好的行为表现就会增加,体育学习和锻炼的效果也会提高。相反,遭到批评的学

生,某个不良行为表现的动机将会减弱,此行为表现也会随之减少。

行为强化的理论与实验研究表明:对于初学某个技能或刚刚参加体育活动的人,在表现出正确行为后,立即给予表扬、肯定的强化,效果较佳。对他们给予连续强化,可使他们快速、有效地建立起良好的行为习惯。因此,应多表扬、鼓励初学者、初练者。但连续强化具有"不经济"的特点,且一旦取消强化,行为会很快消失。因此,在某一体育教学或练习阶段,可采用只对一部分正确反应给予强化的方法,只要适时、适度,同样可以达到与连续强化相同的激励效果。对已经形成一定行为习惯或技能水平的运动参与者,可采用不定期、不定时的强化方式,有时给予短时期强化,有时则间隔较长时段给予强化。

3. 动机的人本论

动机的人本论是以马斯洛和罗杰斯等学者的需要论、潜能论和自我实现理论为基础的。他们从对健康人和自我实现者的心理特征研究中,提出了"自我概念"和从更高层次上探讨人的动机的观点,认为人是一个一体化、有组织的整体,其行为动力与社会文化因素之间有着本质的联系。

4. 动机的社会学习理论

社会学习理论是美国教育心理学家班杜拉提出的,有关动机的论述包括观察学习和自我效能等主要观点。

其中,自我效能是指个体对自己的行为能力及行为能否产生预期结果所报的信念。(主要来源于个体的成败经验、替代经验、言语劝导以及面临某一任务时的身心状态)

5. 动机的认知论

代表人物:德西和瑞安。认知论认为,动机是建立在选择目标、决策、计划以及对成败可能性分析等认知过程的基础之上的。认知失调理论、期望理论、归因理论等均属于动机的认知理论。

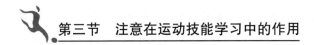

第三节　注意在运动技能学习中的作用

一、注意的概念

注意是心理活动对一定对象的指向和集中,人在某一时刻到某一对象时,必然离开了其他的对象,从而使某些对象处于注意的中心,其余的对象处在注意的边缘或者注意的范围之外。

例如球类运动,是一种对注意力有极高要求的运动,它要求运动员在短暂的时间内,迅速转移与集中注意力。比赛中教练员要求运动员把注意力集中于球,或集中于对方队员,以便为下一个动作和行动做好准备。因为一项进攻或赢(失)几分可能仅用几秒钟,所以,球类运动中,注意力非常重要。

二、注意规律在运动技能教学训练中的运用

运动员在一次训练课中的收获大小,很大程度取决于运动员一次课中注意力集中的程度和时间的长短。而促进运动员集中注意的目的无疑在于教练员制订的训练计划及训练的科学性、系统性、针对性等。从某种意义上讲,在于教练员对注意规律的认识,并把注意规律运用于教学实践。

根据产生和保持注意时间有无目的性和意志努力程度的不同,可以把注意分为无意注意和有意注意。

无意注意是没有预定的目的,也不需要意志努力的注意。如在训练中,队员突然听到场外有人谈话所引起的注意。

有意注意是没有预定的目的,但需要一定意志努力的注意。如倾听场外的谈话,但由于认识到训练的重要,迫使自己把注意力集中到训练上去。

(一)运用无意注意的规律组织教学训练

无意注意主要是由刺激物的特点引起的。教学时,首先,教练员要帮助和激发队员对运动项目的兴趣,可以有意识地讲一些趣事轶事,观摩世界强队比赛等,以帮助队员进一步建立对训练的兴趣。其次,要尽量防止那些分散队员注意的因素干扰训练,如球场周围的嘈杂声等。再次,教练员可以运用刺激物的特点来吸引队员学会对技术要领的掌握,如排球训练可利用适当的吊练等方法。

(二)运用有意规律进行教学

运动员训练中,必须不断地学习新技术(其中有些开始时尚未建立兴趣),但对任务的理解和对任务完成的愿望是保护有意注意的条件。在制订训练计划时,教练员必须根据训练对象的年龄区间、身体素质的好弱、技术水平的高低,切实达到集中或延长他们的有意注意时间,以强化队员的有意注意。

笔者在这方面的尝试中得出,提出任务指标是强化队员有意注意的一个有效方法。例如,在排球打防练习中,队员为了完成两组20次回合,就会专心致志地练习,集中精力完成任务。15分钟扣防练习中计数回合

会大大高于不计数回合。若不计数,队员往往不能引起有意注意,15分钟内扣防练习一般在8-12次回合时失误,用他们的话说就是"没引起注意"。可见计数训练能引起队员的有意注意。这里值得强调的是,在基本功的规范化练习中,计数时的多回合重复练习有益于强化练习手段。另外,教练员在训练中必须对运动员严格要求,布置任务后还应该检查完成任务情况,并做记录。表现好的及时表扬,使其兴趣提高,增强完成任务的欲望。这样,运动员在训练中就始终没有分散注意力的机会。

（三）善于运用两种注意相互转化的规律组织教学训练

无意注意和有意注意在同一活动中又是相互联系和转化的。我们说有意注意是搞好训练的保证,但我们如果全部用有意注意进行教学,则容易引起运动员疲劳,所唤起的有意注意也会消失。但若单纯依靠无意注意,就难以完成复杂的训练任务,运动员克服困难的自制力也得不到发展,尤其是学新技术时,其动作要领的掌握单靠无意注意是很难奏效的。因此一堂训练课中,教练员要善于用各种注意相互转化的规律组织教学,以便教学训练工作能够顺利地进行。

三、注意力类型及赛前赛中的要求

（一）注意力类型

奈德弗(Nideffer)在1976年和1981年指出,为了有效地发挥技术,运动员必须至少培养四种不同类型的注意力。他根据运动员注意的范围（广阔的、狭隘的）、注意的指向（向内集中、向外集中）将注意力的类型划分如下：

（1）广阔的内部注意力。其特点是注意范围大,但是注意指向内部,不能向外界客体进行监督。它最适用于分析运动比赛,制订比赛计划。

（2）广阔的外部注意力。其特点是注意范围大,并且指向外界客体,最适用于观察复杂比赛形势,估量环境。

（3）狭隘的内部注意力。其特点是注意的客体不多,而且指向内部,最适于用来培养对自己身体的敏感,是一种用来集中意念,让自己安静并为某一特定技术或动作进行心理演练的注意力。

（4）狭隘的外部注意力。其特点是注意客体少,而且指向外部,是作为反应所需要的一种注意力,把注意力集中于外部一个目标,以便对手做出反应或完成技术动作。

（二）赛前特定注意力

根据我们调查优秀运动队的结果表明,大部分队在赛前对运动员特定注意力的培养缺乏针对性要求,基本是凭经验和习惯顺其自然,运动员也大都不能识别（诸如正常兴奋和过度紧张的个性特征,分析自己运动能力和对手实力的注意倾向等）,一遇挫折就束手无策。因此,加强赛前特定注意力的培养,对促进运动员临赛最佳心态的形成,有着重要意义。奈德弗1976年把赛前特定注意力归纳如下（表3-1）:

表3-1 赛前特定注意力

赛前情况	广阔的内部注意力	狭隘的外部注意力	广阔的外部注意力	狭隘的内部注意力
赛前战略战术计划	√			
自我心理演练				√
分析自己战术能力	√			
分析对方队			√	
倾听指导				√
新动作或新战术学习		√		
激励		√	√	
赛前保持精神上的动力				√

（三）比赛中的注意力要求（以排球为例）

排球比赛中,要求运动员既注意外界环境的信息,又注意自身的动作；既要注意本队战术变化的信息,对方队防守阵型和主要攻击点的信息,还要注意各种保护、裁判的判罚、教练的预定指导信息,等等。高水平的注意分配是运动员顺利参加比赛的重要心理条件。

一个优秀的排球运动员必须在比赛中掌握从一种注意力迅速转移到另一种注意力的能力,而且既要稳定又要灵活。随着排球比赛规则做出重大修改,比赛中对运动员的注意力的要求越来越高,对良好的转移注意力的要求也越来越高,因此,良好的转移注意力的能力对排球运动员极为重要。

比赛中注意力的转移有助于运动员在需要时采用最佳的注意力要求。例如,一个前排接发球队员,他的注意力应从发球位置观察对方端线后某一处发球位置（广阔的外部注意力）;预判球的飞行路线（广阔的外部注意力）,接一传（狭隘的外部注意力）;球飞二传转移到观察本方二传队员传球（广阔的外部注意力）;如果球传给他并扣球（狭隘的外部注意力）,而球被对方拦住,他即做扣球后的保护（狭隘的外部注意力）;如果球被同伴保护起来,他马上应转移到观察球的落点和二传的再次组织进攻（广阔的外部注意力）,贯穿于比赛的始终（表3-2）。

表 3-2　排球比赛中注意力要求

比赛中的情况	广阔的内部注意力	狭隘的外部注意力	广阔的外部注意力	狭隘的内部注意力
发球				√
垫球				√
二传				√
扣球或吊球				√
拦网				√
身体任何部位击球				√
上述技术动作之前的移动	√			√
保护	√			√
预判	√			√
观察对方的配合进攻	√			√

这里值得提出的是，个人之间在发展四种注意力的能力方面，是存在差异的。运动员的专项技能水平不同，这些注意的特征也各有所别，各人的神经系统特点不同在一定程度上影响着注意的特征类型。因此，结合队员具体情况，采用针对性的练习手段，有效地培养运动员的注意力。

四、发展运动员注意力的练习

下面我们仍以排球为例，实施发展注意力练习。

（一）对训练课中发展运动员的注意力练习

（1）看手势，向左、右、前、后方向做快速急停后的转身跑；

（2）队员向教练员手势指示相反的方向跑；

（3）两人以防守姿势相对站立，听到信号后，相互摸对方的膝关节，而不让对方接触自己的膝部；

（4）距墙 3m，面对墙立，教练在队员背后向墙上掷各种变化的球，要求学生双手接住并将球转身递给教练；

（5）两名队员对传球，甲位置尽量不动，乙每次传球给甲方，移动到一个新位置；

（6）队员站在离篮圈 5m，尽力把球传进篮圈，每当传球时，他把注意的目标缩小；

（7）结合各种进攻战术练习，要求队员拦网时的预判能力；

（8）结合教学比赛，要求队员快速记住二传，主力队员的号码或前、后排队员各轮次中的不定位号码。

（二）心理演练

研究者对心理技能训练的定义，一方面没有从根本上对心理技能训练本质特征进行定义，只是模糊地定义为采用某种手段，提高和控制运动员的心理状态和行为。另一方面，有的学者将心理技能训练仅仅理解为借助内部言语在脑中进行心理操作的活动，这个定义和表象训练在学术文献中的解释如出一辙。

关于运动心理机能训练的研究主要有以下四个方面：（1）心理技能训练的定义和效果；（2）特定运动项目的心理技能研究现状及发展趋势；（3）特定项目心理技能训练过程中的规律以及实施的过程；（4）特定运动项目比赛中，针对运动员的心理特征，给予具体的心理技能训练建议。当然，针对其他运动项目的心理的描述还有很多。共性与个性的辩证关系告诉我们共性寓于个性之中，因此，从上面的研究中可以看出整个心理技能训练研究的内容集中趋势。心理技能训练是通过千万次的训练，熟练自我调控心理技能，最大限度地储备心理能量，以备高强度的训练和比赛之需。

国外有关资料证明，运动员在赛前、赛中间歇（暂停、换人或坐在替补席上）有目的、有意识地进行注意力的心理演练，对培养自身注意力、控制激活水平、提高运动技术方面有着强大的作用。集中注意训练的方法是把注意力集中于自己的内在活动，使自己安静和集中，并对某一具体技术动作、战术进行心理训练，或者说，首先弄清你在想什么，想这些问题是否有助于你准备比赛。另外，在实践中还有一个简单的办法是利用人体感受能力，如触觉、视觉等，例如发球前利用触觉、视觉集中注意的能力，当你拿起球时，就找，眼看和手触气门把注意力集中起来。

关于增进排球运动员注意力的方法，还有很多练习和设想，如古巴女排队员发球前固定每次动作的程序、时间以集中注意力，大大提高了发球的攻击性和成功率。

重视排球运动员注意力的发展，在训练中应特别重视对运动员的运动知觉的培养，要把注意力引导到运动知觉上，而不是引导到运动结果上。提高运动员的注意力的练习应多包含某种类型的视觉和声音的信号。有视觉信号的练习能增进运动员对内和外的集中注意力的能力。有声音信号的练习能提高运动员把教练员、同伴的声音同其他人的声音加以区分的能力。

高度发展注意力是生活和训练实践中，随着不同的训练内容、方法而逐步发展起来的。在不同项目的实际训练中会发展具有不同特点的符合专项要求的注意力。因此,排球运动员在训练比赛中要充分发展符合专项要求的注意力。

第四节　反馈在运动技能形成中的作用

一、反馈的概念

反馈原来是物理学中的一个概念,是指把放大器的输出电路中的一部分能量送回输入电路中,以增强或减弱输入讯号的效应。心理学借用这一概念,以说明学习者对自己学习结果的了解,而这种对结果的了解又起到了强化作用,促进了学习者更加努力学习,从而提高学习效率。这一心理现象称做"反馈效应"。

从广义而言,人类的反馈范围是极其广泛的,可以来自教学、生活、社交、运动等。例如:篮球的投篮练习,无论是否投中,练习者都会自觉不自觉地引起反馈的发生,如果投篮成功,他就会反复体会自己的动作,如用力方法和程度,动作的协调性,球出手的弧度等,这种反复的体会,不断改进完善动作的过程,就是依靠反馈来完成的。如果投篮不成功,则会通过反馈来修正自己的动作。

二、反馈的原理与种类

（一）反馈的原理

目前,对信息反馈原理,引用较多的还是 Ilgen 等人(1979)提出的理论,他认为,反馈是一般沟通过程的特例,信息传递者传递信息给接收者,所传递的信息一定包括信息发送者(信息源)、所传送信息以及信息接收者三个部分。现阶段关于反馈的研究,大部分都可以归入到这个模型的相应位置。Ilgen 信息反馈的基本模型如图 3-3。

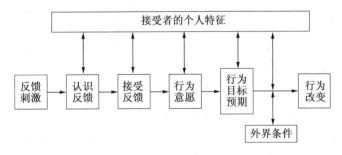

图 3-3　反馈对信息接受者影响的模型

从模型可以看出，信息接受者在受到反馈刺激后，先对信息进行加工认识，然后判断是否可信、是否可以接受，以及接受后产生行为意愿，有行为意愿可以进行行为预期，如果在外界条件允许的情况下，预期就会变成真正的行为。在有反馈刺激变为实际行为的过程中，一些个人的特征会对整个过程的每个阶段产生影响。因此，从反馈发出到个体行为的改变不仅经历着复杂的认知加工过程，还会受到个体特征的影响。

信息反馈与技能影响：

反馈的理论原理告诉我们，在一个系统中，只有通过反馈才能实施有效的调控。运动技能的形成过程是一个由人（教练员合运动员）、物（训练手段）、要传递的信息（训练内容）构成的复杂系统，这个系统是具有控制功能的系统，它与任何控制系统一样，包括控制主体（教练员），受控客体（运动员）和传递这种控制作用的信息通道（训练手段），及时反馈信息（运动员的感觉、运动成绩、运动技术相关信息等）。在其实施控制作用中，又会受到各种外界环境因素的干扰。所以，这是一个极其复杂的立体控制系统。因此，要使整个训练过程得到控制，教练员只有采取多种渠道，及时、准确地接受运动员大量的反馈信息，才能实现有效反馈，从而提高训练效率。

根据技能形成的规律，运动员在掌握技术动作的过程中，要经过"泛化、分化、巩固、自动化"阶段。在训练过程中均包含了教练的指导和运动员对技术的掌握，教练发出各种关于技术动作的信息，传输给运动员，这些信息通过运动员的感觉器官，接受来自教练和自身感觉器官的信息，经大脑皮质分析综合形成初步的概念，然后下达指令给脊髓运动神经原，最后传至效应器——肌肉完成执行动作，这样经过不断地反馈、练习，逐步地完善和改进动作，就能获得所需的技能水平，如图3-4。

图3-4 运动技能形成过程的信息反馈通道
（引自杨锡让.实用运动技能学.高等教育出版社，2004.10）

在实践应用中，根据反馈原理，运动员接受信息是通过感官来实现的，如视、听、触觉器官等，但是，运动训练过程不是单一形式的信息传输，而是综合形式的信息传递。因此，运动训练要求讲解与示范结合、想象与练习结合，边讲边练，以想促练，这样就可以把单一形式的信息传输变为综合形式的信息传输，有利于提高训练效果。最后做好信息的调控工作，不管应用哪些原理进行教学,都要根据具体情况进行分析,要对运动员做出正确的诊断,对不符合运动员实际情况的部分,对妨碍运动员顺利达到状态目标的因素恰当适时地加以修正和调节,久而久之运动员的主导思想就会跟着你的"感觉"走,技术动作也就会在不知不觉中得以完善。

(二) 反馈的种类

根据反馈效果,反馈分为正、负反馈两种。正反馈的作用是通过反馈信息加强控制部位的活动,而负反馈的作用则是通过反馈信息抑制部位的活动。当学生取得好的学习成绩或受到好的评价时,学习积极性就会提高,这是正反馈;当学生的学习成绩不好或受到不好的评价时,学习积极性就会低落,这是负反馈。许多学生对学习之所以会丧失信心,是因为他的成绩差,每次得到的是负反馈,却不知如何调节自己的学习活动。学习心理学的研究表明:反馈必须及时,才能最大程度地发挥学习反馈的积极功能。心理学家罗西和亨里的实验进一步表明:反馈在学习上的效果是很显著的,尤其是每天的反馈比每周的反馈效率更高,效果更好。

反馈与运动有关的信息分两类:一是在运动之前得到的,二是在运动之中或运动之后得到的。在运动之前,我们会得到一些有关动作技能学习的信息,如动作技能练习前的言语指导和示范。在运动之中或运动之后会得到运动产生的信息,如感觉到的、听到的、看到的及运动在环境中产生的结果,这种信息通常叫作运动产生的反馈。许多研究者认为,反馈是仅次于练习的影响动作技能学习的重要因素。

应用信息反馈需注意的几个方面:

在提供反馈时,教练员要掌握好时机才能达到事半功倍的效果。如在每次训练课结束后,要求运动员写训练日记,想象刚完成的动作,通过这样及时地反馈和强化,可以加深对训练主要任务的理解,有助于提高训练效果。当然,教练员把训练结果是及时地反馈给运动员,还是把反馈超前到产生偏差之前,防患于未然,或是延迟反馈促使运动员作深入的思考,这三种不同时机的反馈各有不同的功能,教练员应根据运动员的生理、心理特点灵活运用。

三、反馈方式对运动技能形成的影响

在反馈过程中,根据反馈信息的来源,可分为外部反馈和内部反馈;根据信息传递的作用,可分为积极反馈和消极反馈。在运动技能学习中适宜、合理的反馈方式和时机有助于加快运动技能形成。在比赛中恰如其分的反馈有利于运动员自信心的提高和战术意识的调整。

信息加工理论将人的运动技能学习视为信息输入、信息加工、动作输

出的一系列过程。在此过程中，学习者利用反馈信息理解任务，觉察纠正错误动作，最终掌握运动技能。因此，反馈被认为是除了练习变量之外的另一个影响运动技能学习的重要因素。

反馈对于学生而言，当自己不明确老师所讲的内容的时候，需要及时地提出问题，以听取老师对问题的详细解释，直至全部听懂为止。对于老师而言，需要及时观察学生学习的状况，了解学生对所讲授内容的掌握情况，以期改变教学策略。师生之间如果缺乏良好的交流与沟通，学生对知识的理解往往与教师讲授的实际目标相差甚远。心理学家的实验表明，反馈方式不同对学习的促进作用也不相同。一般来说，学生自己进行的主动反馈要优于教师的反馈。这给我们的启示在于：

首先是在学习过程中，我们一定要及时地进行自我反馈，避免毫无目的的学习和不知道自己的学习结果的学习方式。二是重视老师在作业或试卷上所作的评语，认真总结自己学习上存在的优缺点，从而明确自己的努力方向。三是正确对待自己的学习成绩，取得高分时不骄傲，仍坚持继续努力；成绩不理想时不要丧失信心，决心迎头赶上。

对于学生的学习而言，老师对其作业的情况进行及时反馈，能够极大地促进学生的学习。但是对于老师的教学而言，学生能够及时独立的完成作业，也是对老师教学的及时反馈，有利于老师及时地分析自己教学的进行情况，并采取相应措施进行修正。所以，独立作业不仅是学生自己的事情，也是关系到整个教学活动能否顺利进行的重大问题。

在课堂教学过程中，师生之间需要相互沟通，教师日常的教学是教师和学生之间进行各种信息传递的交互活动，这种信息交流进行得如何，要靠反馈来实现，反馈是师生双方围绕课程和方法而表现出来的，如果教师能有意识地观察掌握并记录，见微而知著，就能及时做出反馈来影响教学进程。

对学生课外尤其是课堂的表现细心观察，是捕捉反馈信息的渠道，由此教师可以获取大量信息，来改进教学，提高课堂效率和教学质量。记录各种反馈信息的最有时效性的方法就是教学后记，而且教学后记本身又能起到明显的反馈作用，同时教学后记也是反思，是总结。

四、体育教学训练中应用反馈需注意的几个方面

没有反馈就没有学习。在动作学习中，及时、详细而明确的结果反馈，长期以来被认为是提高学习效果的有效手段。体育教师的重要任务之一就是根据不同情况，科学地运用反馈原理来提高教学训练效果。

第一，在纠正错误动作时，对初学者不应该过多地给予阴性的反馈信

息(即强调其错误的一面),应当经常给予阳性的反馈信息(即肯定其对的和正确的一面),多用"应当怎么做",而少用或不用"不能怎么做"一类的语言,这实际上是在扶持正确动作的同时,通过负诱导的机制来抑制错误动作。对于高水平的运动员,因为他们对动作的理解深刻,原来的动作定型巩固,故可以直接指出其错误,特别对精细动作更是如此。所以,从某种意义上来说,反馈给初学者带来的好处是直接指导他们完成正确动作,而给高级运动员带来的好处是直接帮助他们改正错误的动作。

第二,区别对待,因人而异选择反馈方式。应根据运动员训练的阶段和训练水平,因材施教、因人而异,注意提高训练的质量。在动作技能的分化阶段,应充分利用视觉的反馈作用,加强示范与模拟练习,不断强化运动员视觉与本体感觉之间的沟通,但应注意不要过多地抓动作细节。在动作技能的巩固阶段,应多运用语言反馈信息,以及非固有的、积累的反馈信息,让运动员的注意力去适应环境,强化动作与思维的沟通。

第三,在教学训练结束后,要求学生写训练日记,通过反馈和强化,可以加深对教学训练主要内容的理解,有助于提高教学训练效果。

第四,利用电化教学、多媒体录像的方法,多次重现正确动作,让学生与自己的动作进行对比、分析,也是进行反馈与强化的好方法。

第五节 运动技能迁移在体育教学与训练中的应用

"为迁移而教学"是目前风靡全球的教育理念,已经成为高等院校教育与教学中制订及实施课程计划的重要原则。在运动技能教学和训练中,各种知识、技术和技能之间都存在着不同程度的关联,这种现象直接关系到学生学习和掌握运动知识、技术和技能的效果。在运动技能教学和训练实践中,学生对某一运动技能的掌握会对另一种运动技能的学习和掌握产生一定程度的影响,这种"影响"就是运动技能迁移。在运动技能教学过程中,对于同一类运动项群的运动项目之间,甚至是同一项目的不同技术动作之间,都普遍存在着运动技能迁移的现象。

一、运动技能迁移的概念

在学习和掌握众多的动作技能过程中,已经学会和掌握的前一动作技能,对正在或将要学习的后一动作的影响与关系称为动作技能迁移。

动作技能的迁移又有正迁移和负迁移之分。已经学会和掌握的前一动作,对后一新学动作有积极良好的促进作用,能有助于新学动作的掌握与完成的现象,叫技能的正迁移。例如,学生学习排球教学中的扣球技术,经过教师的示范、讲解及具体指导,学生通过反复练习,达到了掌握扣球技术动作,形成了扣球技术的技能,对另一种新技能(如羽毛球杀球)的学习加快;反过来,学会新的运动技能后,会巩固甚至加强旧的动作技能。相反,已经学会的前一动作,有碍于后一新学动作的掌握和完成的现象,称为技能的负迁移,也称为技能的干扰。例如,学会了打网球,再学习打乒乓球;学习了羽毛球杀球,再学习排球扣球等。两种技能看似同类或很相似,使用的运动程序差异也不大,但正是这种相似性使人具有很强的依赖性,很难形成新的运动程序,所以在练习时表现出明显的干扰现象。

二、运动技能迁移在体育教学与训练中的应用

(一)加强相关技术的基本概念和动作原理的讲解

学生理解了某个技术动作的概念和动作原理之后,就能够反过来指导学习和训练,从而熟练掌握所学的技术动作,进一步形成运动技能。把已掌握的运动技能原理和动作概念运用到其他运动技能的学习中,这样,少数动作概念和运动技能原理就能够获得许多新的运动技能。例如,田径技术中有关蹬摆结合这一原理,它不仅适用于跑的技术,同时也适用于跳跃和投掷技术。

(二)注意教学内容的关联性

在运动技能教学和训练过程中,教师和教练在保证任务完成的前提下,一定要合理地安排教学内容。具有共同要素和相似技术结构的技能对学生的能力和心理特点具有相同的要求,因此,在安排教学和训练内容时应将这些内容放在同一个教学和训练单元中进行,并且间隔时间不宜过长。例如,乒乓球的正手攻球动作和反手攻球在动作技术结构和发力特点上是非常相似的,在安排教学和训练内容时,教师和教练应放在同一单元中进行,充分发挥运动技能迁移的积极作用。

此外,不要把技术结构相差较大和共同要素很少的运动技能放在同一单元进行教学,应尽量将这两类技能的教学安排较长的时间间隔。只有这样,才能减少两种不同运动技能之间的相互干扰,避免运动技能的负迁移。

(三)注重对原有技能的巩固

运动技能教学和训练中虽然原有技能会对新的技能的学习和形成产生一定的迁移,但必须是在对原有技能不断进行练习巩固的基础上产生的。只有学生对于已学技能熟练的掌握、深刻的认识后,在学习新的技能的过程中才会产生更多更好的正迁移。例如,学生刚学习了网球的正手

击球动作,紧接着学习反手击球动作,在这种情况下产生的正迁移恐怕是很少的,甚至有可能会导致两种技术动作之间的相互干扰。因此,在运动技能学习和训练过程中,在教授新的技能之前,一定要先对已学技能进行巩固练习,达到动作的自动化,使学生认识到原有技术动作的原理和特点。只有这样,学生在学习新技能时,才能与原有技能进行分析比较,找出原有技能与新技能之间的关联以及内在要素的相似之处,促进运动技能的正迁移,避免负迁移的产生,提高教学质量和学习效果。

（四）利用比较法防止干扰

比较就是在思想中将各种新、旧技能的不同目的、要求条件和练习的方式、方法等,加以辨别和对比,并确定它们之间的异同和关系。通过比较可以帮助学生全面而深入地认识各技能之间的原理及动作技术之间的差异,从而尽量预防和避免技能之间的相互干扰。

（五）加强教师、教练和学生对运动技能迁移的认识

教师和教练在运动技能教学和训练中起着主导的作用,教师和教练自身对运动技能迁移理论的认识直接影响着学生的学习效果。教学和训练中,教师和教练应加强对教学和训练内容的深入研究,找出各技能之间的相似性,引导学生充分认识运动技能之间的关系,并合理地运用运动技能之间的技术结构关联进行教学,以提高教学质量。学生是学习的主体,也是教育过程的参与者,只有学生积极地参与学习,教学效果才能提高。因此,教师和教练在提高自身对运动技能迁移原理认识的同时,更要积极引导学生主动学习运动技能迁移规律,充分发挥学生的主观能动性,促进技能的正迁移。

教师和教练要抓好学生基础动作学习,指出动作的共性和相似性,充分发挥第一、二信号系统的作用,还应当研究教学顺序,注意使两项训练的任务高度相似,有助于其迁移量,注意把先前的动作多练习,练习越熟练,练习量越大,迁移也会越大。

专栏6　力量、速度、耐力三种素质有无迁移？优先发展什么素质效果更好？

一、力量、速度和耐力三者是有迁移的

首先,力量、耐力、速度缺一不可。想提高身体素质也应从这三方面着手。力量是指机体某部分肌肉的爆发力;速度是指在单位时间里完成

动作的次数或使身体快速位移的能力。速度素质的表现形式有反应速度、动作速度和周期性运动中的位移速度。耐力是指人体长时间工作或运动时克服疲劳的能力。由于三者相互关联,任何一种机能下降都会影响到整体的身体素质,锻炼时要特别注意三者相结合,缺一不可。

速度素质在很多运动项目中都起重要作用。有的项目是以速度的快慢来衡量成绩,如游泳、跑、滑冰、自行车等。有的项目也要求具有很高的速度素质,例如足球、篮球、排球等。

速度素质的优劣取决于肌肉力量的大小,技术动作的正确与合理,以及神经过程的灵活程度等。发展速度素质主要借助于提高一般身体素质,特别是肌肉的力量与弹性,动作的协调性,发展耐力和柔韧性等。

力量素质影响并促进其他素质的发展:

(1) 力量素质的增长有助于速度素质的提高,因为肌肉的快速收缩是以力量为前提的。一个短跑运动员如果没有两条强有力的腿,那是不可能取得优异成绩的。

(2) 力量素质也有助于耐力的增长。从生活常识中可以得知,一个强有力的人能比体弱者活动更长的时间。

(3) 此外,力量、速度的提高会增加肌肉的弹性,促进灵敏素质和柔韧素质的发展。

最后,耐力素质是人体的基本素质之一,耐力素质在超长跑、中长跑、长距离游泳、自行车、滑冰、滑雪、划船等周期运动项目中的意义是不言而喻的,耐力素质影响并促进其他素质的发展。

耐力素质的分类:

按人体的生理系统分类,可分为肌肉耐力和心血管耐力。肌肉耐力也称为力量耐力,心血管耐力又分为有氧耐力和无氧耐力。无氧耐力也叫速度耐力,还可分为磷酸原供能无氧耐力和糖酵解供能无氧耐力。

耐力训练的作用:

(1) 通过耐力训练,提高运动员的呼吸系统、血液循环系统的功能,从而提高抗疲劳的能力。抗疲劳能力越强,有机体保持持久的高水平运动的能力越强,这对创造优异成绩无疑是有利的。

(2) 通过耐力训练,呼吸及心血管系统机能得到发展,血氧供应充分,必定使机体能量物质的储存增多,使有关生理、生化功能提高,这能促进训练后快速消除疲劳的过程,机体快速恢复可以使训练间歇缩短,增加重复次数,有利于完成大强度的运动训练任务。

(3) 经过合理的耐力训练,运动员提高了抗疲劳及疲劳后机体快速恢复的能力,使大脑皮层中兴奋与抑制过程有节奏的交替能力也很快地恢复与提高,再加上有充足的能力物质的供应,这都成为其他素质(力量、速度等)发展的物质基础,促进其他素质的发展。

综上所述,力量、速度、耐力三者之间是有迁移的。

二、优先发展什么素质效果更好

不同年龄段发展身体素质的顺序是:速度,速度耐力,腰腹肌力量,其次是下肢爆发力,发展比较缓慢的是臂肌静止用力。这是由不同年龄段的身体形态和内脏器官的功能所决定的。

首先在7－13岁的少年儿童处在速度素质的快速增长期(敏感期),这与其神经系统、协调能力在这期间快速发展有关。抓住这一阶段进行速度练习,有助于促进动作频率、单个动作速度及反应速度的快速发展。

通常的做法是,13岁之前重点应放在单个动作速度和跑的频率的安排上,针对少年儿童的生理和心理特点,在练习中充分利用一切能提高单个动作速度和跑的频率的方法与手段,提高和稳定少年儿童对练习的兴趣和积极性。13岁以后,在保持已经获得单个动作速度和跑的频率的基础上,采用提高肌肉最大力量的方法来增大步幅,从而提高移动速度。

力量(特别是快速力量),是影响速度素质的重要因素。所以在发展速度素质中,首先要注意发展快速力量。如采用40%－60%的强度多次重复快速负重练习,使肌肉横断面和肌肉力量增大,并提高肌肉活动的灵活性,以及适当采用75%以上的大强度练习,使肌肉用力时能够最大限度地动员更多的肌纤维同时进行收缩,提高肌肉的收缩功效。其次,通过各种手段提高柔韧素质。关键的柔韧性提高后可以增加力的作用范围和时间,同时能使主动肌、对抗肌和协同肌之间的协调性得到改善,从而减少肌肉阻力和增大肌肉合力,最终导致运动速度的提高。

其次是发展速度耐力,随着年龄的增长,内脏器官逐渐发育,各个方面的功能虽然还没达到身体的成熟状态,但内脏器官已经可以适应中强度的运动,这时候适合加强速度耐力的练习。

最后,在心肺机能逐步完善的基础上,开始力量素质的练习。力量素质的训练方法是多种多样的,但总的原则是要循序渐进。所以三者之间的发展是有规律的,不要盲目地发展,要根据身体的形态特征和特点发展,使身体素质达到最佳状态。总之,运动技能迁移是客观存在的,在运动技能教学和训练的过程中应合理地利用运动技能迁移规律,充分发挥运动技能迁移的积极作用,避免负迁移的影响,使学生更快更精准地掌握新的运动技能,提高学习效率、教学和训练质量。

专栏7 学生排球学习迁移能力的调查问卷

亲爱的同学：

您好！我是体育学院××级研究生，为了更有效地促进和提高排球的学习效率，我们想通过以下的问卷测试来进一步了解你的想法和需要，请您仔细阅读下面每一道题，根据实际情况如实进行选择，每题选一项，在符合您情况的选项前的字母上打"√"。本测验无须记名，只做相关的了解。选择任何一个答案对您没有任何影响，问卷分为以下五个部分填写，感谢您的合作！

一、学生情感态度的影响分析

1. 你觉得你喜欢排球课吗？
   A. 喜欢　　　　　　B. 一般　　　　　　C. 不喜欢
2. 你觉得你的心情状态（积极、平淡、低落）对你学习排球技能的影响如何？
   A. 很大　　　　　　B. 一般　　　　　　C. 没感觉
3. 你觉得学习排球是否具有实用性？
   A. 具有实用性　　　B. 没有　　　　　　C. 说不清
4. 你觉得学习排球对你以后的学习和工作有影响吗？
   A. 没有帮助，浪费时间
   B. 帮助不大
   C. 思维和方法对其他体育项目的学习很有帮助

二、学生对学习内容相似性的分析情况

1. 你是否发现正面双手垫球和侧面双手垫球的相似性？
   A. 觉得相似，类比后发现前者的学习有助于学习后者
   B. 觉得相似，但说不出来有什么具体联系
   C. 不觉得相似
2. 你是否发现正面上手发球和正面扣球存在很多相似，如它们之间存在相似的概念、规律？
   A. 很相似，并且类比后前者的学习很有利于后者的学习
   B. 觉得相似，但说不出来有什么具体联系
   C. 不觉得相似
3. 你在排球技术与理论的学习中发现知识点之间的相似之处，并有意对它们进行类比了吗？
   A. 常觉得相似，用类比方法能更好更快掌握新知识

B. 偶尔觉得相似,但没使用类比

C. 没注意到

三、排球教学方法与定势的情况分析

1. 在学习排球技术过程中,已有的学习经验对学习其他技能有影响吗?

　A. 可能引入误区

　B. 可以快速找到学习方法

　C. 影响不大

2. 在排球技术技能学习过程中,你是否意识到排球思想和方法的重要作用?

　A. 意识到　　　　B. 偶尔意识到　　　C. 没有意识到

3. 你认为排球基础知识和基本技能对促进你的思维灵活、提高运动和反应能力的作用如何?

　A. 很大　　　　　B. 一般　　　　　　C. 没感觉

四、排球练习方法、理论概括能力的情况分析

1. 对好的练习方法、技巧,有没有特别地在脑海里加深印象,以备以后提取使用?

　A. 常常有　　　　B. 偶尔有　　　　　C. 没有

2. 你常常将排球学习方法、技巧等进行总体的、系统的概括和总结吗?

　A. 是　　　　　　B. 否　　　　　　　C. 有时候会

3. 对你所学的排球的每项技术,你在脑海里进行过系统、概括的总结吗?

　A. 是　　　　　　B. 随意愿　　　　　C. 从来不

五、学生对排球知识在现实中的应用情况

1. 排球比赛过程中需要相互配合,你有没有将其应用到生活和工作中?

　A. 喜欢尝试　　　B. 只想未做　　　　C. 从未想过

专栏8　田径投掷教学中的迁移影响

迁移是学习知识、掌握技能过程中普遍存在的现象。横向迁移也叫水平迁移,是指难易程度基本相同的两种学习之间的互相影响。在投掷教学中,各不同项目的技术动作在学习时互相会产生有利或不利的影响,

这就是横向迁移效应。通过教师的努力,应该使学生充分利用正迁移的作用,尽量避免负迁移的影响,加快他们掌握技术动作的进程。各投掷项目技术形式大体上看不太一样,这取决于某些技术环节的不同、器械特点和规则要求不同,但是通过分析就能看出它们之间有许多共同要素。

1. 技术原理方面

① 均属于斜抛运动;② 最后用力均要求尽可能地加长工作距离,缩短用力的时间;③ 制动效应,即在下端肢体制动基础上,上端肢体用力的鞭打效果。

2. 技术结构方面

① 自下而上的用力顺序;② 肩髋轴呈交叉扭紧状态的超越器械动作;③ 右腿的蹬转送髋和强有力的左侧支撑(以右手为例,下同);④ 器械出手时腕指的猛拨动作;⑤ 最后用力结束时维持身体平衡的动作。

3. 投掷意识方面

① 爆发用力的能力;② 明显的节奏感;③ 合理的发力时机;④ 连贯用力的意识。

4. 身体素质方面

包括速度、力量、全身协调用力的能力。

在投掷项目中,铅球、标枪、铁饼在技术上和素质上均存在着相同要素,是产生技能迁移的基础,在技术上尽管三个项目有所区别,但关键技术(最后用力)却存在着共性的环节——蹬、转、挺、推(铅球),鞭打(标枪),挥摆(铁饼);在素质上均以速度力量为核心。在技术上和素质上的共同要求为正迁移奠定了良好的基础。

以上是笔者对投掷项目中互相迁移影响的一个简单阐述,下面介绍在教学中运用投掷和跳跃项目的共性进行教学的应用。

投掷和跳跃虽然运动形态不同,但都是以力量为基础、速度为核心的运动项目。投掷项目的远度和跳跃项目的远度、高度,取决于运动员的身体素质和爆发力。在技术上,投掷项目和跳跃项目的完整技术都是由助跑和最后用力组成的。投掷和跳跃项目技术都比较复杂,并且都是非周期性项目,在教学中都需要尽可能保持技术练习的完整性,同时简化教学过程,精炼练习手段,教学的重点主要集中在形成良好的基本技术上。投掷和跳跃项目都是把最后用力作为教学的起点和重点,然后逐步解决技术的其他部分。投掷、跳跃项目教学顺序见表3-3。

表 3-3　投掷、跳跃项目教学顺序表

投掷项目教学顺序	跳跃项目教学顺序
最后用力	原地起跳
上步投掷	上步起跳
两步助跑投掷	两步助跑起跳
四+四步助跑投掷	二—四步助跑起跳
完整技术	完整技术

投掷和跳跃项目教学顺序和形式基本相同，都是要求在完成下一个练习的同时重复前一个练习，不断增加和扩大新的练习内容，最后形成完整的技术。投掷和跳跃项目虽然在运动形态上有很大差别，但都是速度、力量、技术和能力有机结合的项目，都是由助跑和最后用力两个主要部分组成，就整个技术的全过程来说，各技术环节之间必须协调配合，紧密衔接。并且，投掷和跳跃项目的助跑都是加速的，特别是最后阶段速度进一步加快，跳跃的最后2-3步发挥出最大速度，投掷项目的最后阶段要求要快，左右脚几乎是同时着地。跳跃项目要尽可能减少因准备起跳而造成的速度损失，投掷要尽可能减少准备最后用力而造成的速度损失。投掷和跳跃项目在完整的技术动作中都要求保持良好的速度和节奏，保持动作的协调性和连贯性，对掌握技术的要求都是相同的。所以可以说，两个项目之间存在正迁移，相互都有有益的影响。

具体在投掷教学中的应用：

（1）利用立定跳远和立定多级跳远，发展下肢爆发力，以及整体的协调性和节奏感，在跳远中要求运动员体会迅速起跳，挺身向前的技术特点，这样有利于在投掷中提高下肢反应速度和准确把握最后用力时的投掷方向及出手角度。

（2）在投掷教学时，运用跳远技术中助跑环节的练习，有利于增加标枪运动员在助跑阶段对节奏、速度和稳定性的控制，为最后用力阶段奠定良好的速度基础，从而提高专项成绩。

（3）在跳远项目训练中的一些方法手段要与投掷教学安排有机结合，比如：跨步跳，30-50米加速跑，脚踝力量练习等。通过有机结合，发挥跳远项目对投掷项目的正迁移影响，提高投掷运动员在爆发力、稳定性、节奏感的能力，达到提高专项成绩的目的。

参考文献:

[1] 马启伟,张力为.体育运动心理学[M].杭州:浙江教育出版社,1998.

[2] 杨锡让.实用运动生理学(修订版)[M].北京:北京体育大学出版社,2003.

[3] 邓树勋,王健.高级运动生理学——理论与应用[M].北京:高等教育出版社,2003.

[4] 刘宏宇,于立贤,王成.运动技能学的迁移研究与练习法的分类[J].体育学刊,2001(4).

[5] 胡海青,胡小岗.运动技能学习策略的分析[J].运动,2010(12).

[6] 曹跃兴.对运动技能迁移的研究[J].体育科技,2004(1).

[7] 徐林川.运动素质的迁移研究与影响因素分析[M].四川体育科学,2007(2).

[8] 魏莉.浅析结合体育新课改发展中学生的运动技能[J].教育教学研究,2009(10).

[9] 张秀丽.影响运动技能学习的内部因素研究[J].山东体育学院学报,2010(1).

[10] 金亚虹.主观估计错误活动、结果反馈时机与运动技能的学习[J].武汉体育学院学报,2010(04).

[11] 刘志强.我国体育消费者的需要、动机和行为的研究[J].西安体育学院学报.2000,17(2):0010-03.

[12] 曹杰.行为科学[M].北京:科学技术文献出版社,1987.

[13] 张德,赫文彦.关于成就动机的几个问题[J].心理科学2001,24(1).

[14] 董奇.心理与教育研究方法[M].北京:北京师范大学出版社,2004.

[15] [美]杰克桑维斯.生物反馈和体育科学[J].哈尔滨体育学院学报,1996(3).

[16] 陈瑞宁,刘岳江.反馈学习对运动技能形成的意义[J].武汉体育学院学报,2002(4).

[17] 马启为,张力为.体育运动生理学[M].杭州:浙江体育出版社,1996.

[18] 金亚虹,章建国,等.国外运动学习中追加反馈的研究现状[J].心理科学,2002(6).

第四章　运动技能教学方法

【本章提要】　通过本章的阅读,能使我们了解运动技能教学方法的发展进程、运动技能教学方法简介、当前运动技能教学方法的发展趋势,并能使我们重点了解运动技能教学方法案例,为运动技能教学实践奠定基础。

第一节　运动技能教学方法的发展进程

一、运动技能教学方法发展简述

运动技能教学方法是体育教学现象出现以后才有的,而不是课堂体育教学出现后才有的。一些运动技能的教学方法放在近代体育课出现之前的民间运动技能传授中就已存在。如民间武术技能的传承中必然存在着武术的教学方法;在杂技技能的传承中必然存在着类似体操教学的方法。只不过是当时的人们没有用现在的教学方法来理解它们,同时也缺乏对它们进行科学的归纳和总结。近代体育教学出现以后,运动技能教学方法才作为一个教学理论的研究对象而被体育教育者所重视和研究。

运动技能教学方法的发展受到诸多因素的制约,当然,首先是受各个时代特征的影响。由于运动技能教学内容受时代的影响远大于其他的学科,因此运动技能教学方法的发展首先受到运动技能教学内容变迁的影响。

（一）体操和兵操时代

在漫长的封建社会和资本主义社会前期,体育更多的是士兵的训练,在这种以发展身体为主要目的的运动技能学习中,训练的和注入式的教学方法占据着主导地位。这是一种偏重于苦练式的重复,注入大运动量来形成运动记忆和增强体能。此教学方法的背后隐藏着封建社会的专制性质以及运动技能教育不发达等诸多原因。

（二）竞技运动时代

随着生产力的快速发展和社会的进步,代表现代社会文明的竞技体育项目迅速发展起来。这些竞技体育本身就充满着人本主义和自然体育的精神,充满着青春的活力,而且竞技运动的运动技能要比操练和兵操更加复杂化和精确化,它是一种集技术、战术、心理素质等各种文化因素为一体的现代运动,因此,苦练式的教学方法就不再适应于此了,客观上要求运动技能教学方法的改进与时代发展相适应。这种改变主要体现在加快教学速度、提高教学效率等方面,于是一些新的演示、观察、小集团教学法等新型教学方法出现了。

（三）体育教育时代

在当代,体育已经成为一种文化,成为人们日常生活的一部分,成为一个成熟的教育领域,体育的内容向着健康教育、心理训练、行为规范教育等方面迅速扩张,体育知识和技能的总量也急剧增长,这就对体育教学和体育教学方法提出了新的、科学的、更高的要求,同时运动技能教学方法随着体育教学方法的与时俱进也在发生着新的变化。现代运动技能教学不但要求学生掌握体育的知识和技能,还要使学生学会娱乐、锻炼和观赏体育的态度和能力,帮助学生建立自信心,形成良好的行为规范。因此,运动技能教学方法也得到了空前的发展,特别是随着幻灯、录像、电影和计算机等现代工具的发展,特别依赖运动表象建立的运动技能学习更是如虎添翼,运动技能教学方法正向着更高层次、更科学的方向发展。

但是,运动技能教学方法的更新和发展,并不意味着一些基本的运动技能教学方法的过时和淘汰,而是每个时代都有反应其特征的、具有代表性和倾向性的教学方法的出现。从这些教学方法的发展历程可以看到一个时代的社会生产力和科学文化的发展状况,也可以反映出运动技能教学理论和运动技能教学实践的变革特点。

从以上对运动技能教学方法的发展简述中可以看到,运动技能教学方法不是一成不变的,而是随着运动技能教学实践的内、外部条件的变化及体育教学内容的发展而不断与时俱进的。

二、运动技能教学方法的"不断发展"与"相对稳定"

（一）运动技能教学方法的不断发展

由于运动技能教学方法的主体是教学运动技能,随着运动技能的不断发展,运动技能教学方法也是处于不断进步和不断发展的状态。运动技能教学方法的发展除了来自科学技术的发展外,还受限于运动技能教学内容的发展、运动技能教学理论的发展、学生的发展与变化和政治文化因素的影响。

1. 科学技术进步对运动技能教学方法改善的影响

日新月异的科学技术对运动技能教学方法改善的影响主要体现在：计算机、多媒体等技术的运用使运动技能的教学示范更加准确、精确，不再局限于时间和空间的限制，如一套完整动作的诸个分解动作的示范演示，可以随时调整每个动作的快慢，也可以展示每个动作的观察面和放大各个动作的局部等。计算机、多媒体技术的运用使运动技能教学的讲解、示范、展示、学习等教学方法发生了质的变化。

2. 运动技能教学内容的发展对运动技能教学方法改善的影响

一些新的运动技能教学内容的引进带动了教学方法的革新，如心理拓展训练内容的引进，促使有利于团队凝聚、组织团队思考等的教学方法得到开发；竞技运动的发展使得提高各项身体素质的教学方法得到开发。游戏的引进使得兴趣教学法、情境导入法等教学发展得到开发；野外生存训练的引进使得野外活动中组织方法、活动形式和在野外进行教学的方法的开发；攀岩训练的引进使得绳索保护下的教学方法得到开发；等等。

3. 运动技能教学理论的发展对运动技能教学方法改善的影响

运动技能教学理论的发展对运动技能教学方法改善的影响最为典型的例子是"领会式教学法"的出现。过去在运动技能教学理论中缺乏对运动技术类型的分析，也缺乏不同的运动技术项目应有不同的运动技能教学方法的认识，因此，运动技能教学方法面对众多的运动项目时是采用"以不变应万变"的原则进行教学的。但随着对球类运动项目研究的不断深入，适合球类运动的"领会式教学法"应运而生了。

4. 学生发展与变化对运动技能教学方法改善的影响

随着社会的不断发展，物质生活和精神生活的极大丰富，学生的整体状况也发生了很大变化。主要体现在：

（1）学生接受知识的来源日益繁多，知识面也随之不断拓宽；

（2）学生的身体发育提前；

（3）学生的个性化增强，对问题的认识深度提高；

（4）学生的思辨能力增强，反思能力增强；

（5）学生以自我为中心的趋势加强等。

这些变化必然带动以探究性、集体性、以学生为中心、思考性和民主性教学的倡导，从而带动运动技能教学的革新。

（二）运动技能教学方法的相对稳定

由于运动技能教学方法是人们在长期的运动技能教学规律和实践基础上不断加以总结和归纳出来的，许多优秀的运动技能教学方法是符合运动技能发展的规律的，有其存在的必然性，因此一些好的教学方法也是相对稳定的。虽然对运动技能教学方法的改善是运动技能教学不断发展的永恒主题,但是我们也应该认真学习前人留下的良好教学经验和教学成果,不能一味盲目地追求教学方法的创新而忽视已有教学方法的存在意义。

三、当前运动技能教学方法的发展趋势

"运动技能"是体育专业的学生经过体育学科学习教育后而内化为身体专项运动能力的直接体现,是体育教学最直观、最具体、最重要的教学目标,其与运动参与结合,则最能体现以身体练习为主要手段的体育课程性质,具有较强的操作性、检验性。传授与学习有用的运动技能是体育教学的第一要务,是体育专业学生学业特色的集中体现,是体育教学的主要部分;它是实现体育教学的各种功能、完成各种目标的载体。如果没有它,其他学习领域将成为无本之木、无源之水,就会失去本课程的特征,身体、心理、社会适应的整体健康目标就会无法实现。一个载体、一个主体、一个目标和一个特征都是重要的,体现了运动技能在体育教学中的核心地位。

世界近代运动技能教学已有200多年的历史,中国的近代运动技能教学至今也有一百多年了。运动技能教学方法随着学科的发展而不断发展,运动技能教学方法已从运动训练方法和师父的传教方法中发展成为具有自身特点的教法体系,而随着科学技术的发展以及教育学、心理学和生理学领域的不断进步,运动技能教学方法正在出现一种现代化、心理学化和个性化等的发展趋势。

(一)运动技能教学方法的现代化

运动技能教学方法的现代化与整个教学方法的现代化一样,主要体现在教学设备的现代化上。录像教学法进入体育课堂,它把学生的视野扩展到运动技能教学以外的空间,为学生展示了他们在体育课中无法感觉和体验的东西。计算机辅助教学,各种教学的课件把运动技能教学带到一个新的感知空间。依赖形象感知的运动技能教学在今后大量运用多媒体来辅助教学确实是一个清晰的发展趋势。

(二)运动技能教学方法的心理学化

学习本身就是个心理过程,而体育知识学习和运动技能的提高更是一个复杂的心理过程,因此对运动技能教学方法影响最大的基础学科就是运动心理学和体育心理学。随着心理学研究的不断发展,体育心理学家和运动心理学家已不再局限于对教学实践的心理学分析,而是用心理学研究来探究运动学习的过程是怎样的,其成果逐渐应用于运动技能教

学方法的改革中。如心理的念动理论已经使念动训练进入了运动技能教学；如分散学习和集中学习的特征的研究会直接对分解教学法和整体教学法的优选起到重要的理论支持。可以预见，随着脑科学的发展和心理学的发展，它们将会给运动技能教学方法的改进和创新提供更多的理论支持。

（三）运动技能教学方法的个性化、公平化

重视个性化也是运动技能教学方法发展的一个重大进步，它是对以体能和运动能力划线的传统运动技能教学方法的挑战。

传统的班组教学制强调教师为中心，具有很强的统一性，学生的个性发展受到限制。特别是运动技能教学，其学习效果与学生身体素质有密切的关系，因此更应该根据学生的个体差异性选择教学方法，这种改革也体现了面向全体学生的公平教育。

第二节　运动技能教学方法简介

在合适的时机选择合适的教学方法对于运动技能教学的效果影响至关重要。运动技能教学方法是一个大概念，是面对所有的学生来讲的，但我们在使用某一个运动技能教学方法时，应确定一个具体的概念，因为我们面对的是具体的学生。因此我们在评价和使用某一个运动技能教学方法之前必须考虑它是以哪个年级的学生为授课对象。同样的教学方法面对不同的学生时就有不同的评价，用错了对象，好的教学方法也会变成不好的。如对高中生使用"故事化教学"就不行，同样，对小学低年级学生使用"研究性学习"也很难有好的学习效果。

不同的运动技能教学内容的教学方法也有其相适应性，不是什么教学方法都可以用的。例如，"研究性教学法"和"发现式教学法"适应于那些有深度、原理性比较强的教材，不适应那些浅显的介绍性和锻炼性教材；"情境性教学法"主要适应锻炼性教材和表现类教材；"游戏教学法"和"比赛教学法"主要用于比较枯燥的锻炼性教材和领会性学习教材；"领会性教学法"和"完整教学法"则多用于体操和游戏这些"会"和"不会"的教材；等等。如果我们在使用教法时没有充分考虑到教学内容的特性，那么，就终难有好的教学效果。

任何好的教学方法的使用不是无限制和无度的，好的教学方法也不能滥用、无度。例如，游戏教学法在活跃教学氛围、帮助学生理解教材的乐趣和含义、形成教法的阶梯等方面有着特殊的作用，是体育教师经常使用的教学方法。但是如果无度使用游戏教学法,易导致整堂课都是体育游戏,那么教学效果也不会好,而且会使体育课变得主次颠倒、喧宾夺主和幼稚化。同样,如果堂堂课都是发现式教学、研究性学习,体育课也不会有好的效果,甚至可能就不是体育课了。

搞清楚各教学方法的目的、授课对象、教学内容、使用频率和其局限性,充分发挥各教学方法的优点,收获良好的教学效果,才是运动技能教学方法不断与时俱进的发展意义。运动技能教学方法简介如下。

一、讲解法

讲解法是运动技能教学常用的方法之一,是教师通过简明、生动的口头语言向学生系统地传授体育知识和运动技能的方法。体育教师可以运用逻辑分析、论证、形象的描绘、陈述、启发诱导性的设疑、解疑,使学生在较短的时间内清晰地获得全面而系统的知识。

运用讲解教学法时应注意以下几点:

(1) 目的要明确,内容要正确。在运动技能教学中讲什么,怎么讲,什么时候讲对学生产生的学习效果均有所不同。所以要求体育教师在运用讲解法教学时一定要认真研究备课内容。切记不可想到哪里就讲到哪里,想起多少就讲多少,应根据教材的内容、任务和学生的具体情况来安排。

(2) 语言应简明扼要。讲解时应抓住教材的关键,突出重点,而不是在那里口若悬河,滔滔不绝,最后讲完了,学生也没有明白要学习的要点是什么,这样的讲解法教学是失败的。讲解应运用简明扼要的语言,概括出动作要领。如很多教师运用口诀教学,取得了很好的课堂效果。如教蹲踞式起跑,用"一跪、二抬、三起动"七个字就概括了动作要领;三级跳远教学中的"一有、二重、三换跳";篮球双手胸前传球教学中的"一快、二准、三适中";排球双手正面垫球教学中的"一插、二夹、三提送"。语言简明扼要,生动形象,条理清晰,学生乐意听,易懂,能记住。

(3) 讲解要符合实际。同一运动技能的教学对于不同的授课对象讲解的内容和层次也应不同。如进行排球正面双手垫球教学时,对低年级学生的讲解应主要集中于动作的讲解,教学生如何双手正面垫球;而对于高年级学生进行排球正面双手垫球时应在讲解动作的基础上,注重讲解垫球的知识。

(4) 注意时机和形式。运动技能教学中,学生是教学的主体,课堂上大部分时间是属于学生的练习时间,在此过程中,教师应根据实际情况,随时提出要求,给予正确的指导。如在篮球三步上篮练习时应提醒学生第三步要腾空;而在做单双杠时,教学不宜讲解太多,以免影响学生的注意力,引起教学事故。

二、问答法

"问答法"也称"谈话法",是教师和学生以口头语言问答的方式完成体育教学的方法。

它的优点是便于启发学生的思维,培养学生的思考能力和语言表达能力,也有唤起和保持学生的注意力和兴趣的作用。

三、讨论法

讨论法是在教师指导下,学生以全班或小组为单位,围绕教材的中心问题各抒己见,通过讨论或辩论活动,获得体育知识或者是辅助运动技能学习的一种教学方法。

讨论法的优点在于能促进全体学生都积极参加学习活动,培养合作精神和参加集体思考的能力,同时还可以激发学生的学习兴趣,提高学习情绪。

四、动作示范法

动作示范法是教师(或教师指定的学生)以自身完成的动作作为范例,用以指导学生进行学习的方法。

动作示范法是体育教学中最常用的直观方法,它在使学生了解所学动作的表象、顺序、技术要点和领会动作特征方面具有独特的作用。轻快优美的动作示范还能激发学生学习的兴趣,增强学生学习的自信心。

(一)动作示范的"示范面"

由于运动动作的多样性,因此动作示范更要注意"示范面"的问题。示范面是指学生观察示范的视角,也包括示范的速度和距离等要素。示范面有正面、背面、侧面和镜面。

1. 正面示范　教师与学生相对站立所进行的示范是正面示范,正面示范有利于展示教师正面动作的要领,如球类运动的持球动作多用正面示范。

2. 背面示范　教师背向学生站立所进行的示范是背面示范,背面示范有利于展示教师背面动作或左右移动的动作,以及动作的方向、路线变化较为复杂的动作,以利于教师的领做和学生的模仿,如武术的套路教学就常采用背面示范。

3. 侧面示范　教师侧向学生站立所进行的示范是侧面示范,侧面示范有利于展示动作的侧面和按前后方向完成的动作,如跑步中摆臂动作和腿的后蹬动作。

4. 镜面示范　教师面向学生站立进行的与学生同方向的示范是镜面示范,镜面示范的特点是学生和教师的动作两相对应,适用于简单动作的教学,便于教师领做,学生模仿。例如,做徒手操,开始时学生完成动作是左脚左移半步成开立,教师的示范动作与学生的动作相对应,则是右脚右移半步成开立。

(二) 动作示范法的几个要素

1. 速度　为了帮助学生建立完整正确的动作表象,教师应注意根据情况运用不同的速度进行示范。一般的情况可用常规的速度进行示范;但当为突出显示动作结构的某些环节时则应采用慢速示范。

2. 距离　应根据完成动作示范的活动范围、学生人数和安全需要等恰当地选择学生观察动作示范的距离。

3. 视线　学生视线与动作示范面越接近垂直越有利于观察。在多数学生以横队形式观察示范动作的情况下,越靠近横队两端的学生,其视角就越不接近垂直。因此,学生观察示范动作的队形不宜拉得太宽。学生多时,应让学生排成若干排横队观看示范,并避免横队前列的学生遮挡后列学生的视线。

4. 视线干扰　应注意让学生背向或侧向阳光、风向,以避免视线干扰,不利观察。

5. 多媒体配合　示范应与讲解、学生思维等紧密结合,争取最好的动作示范效果。

(三) 运动技能教学对动作示范法的要求

1. 目的要明确　教师每一次示范必须有明确的目的。在备课时,要根据教材的特点,以及学生情况来安排什么时间示范、示范多少次、重点示范什么。

2. 示范要正确　学生掌握动作的过程,从生理学角度讲,其本质都是条件反射的建立与巩固的过程,是条件刺激物(示范、讲解等)和无条件刺激物(肌肉感觉)相结合的结果。教师示范不正确,就会使学生对动作概念理解不清楚,就会出现错误动作,错误动作经过多次重复,就会形成错误的动力定型。所以教师必须认真地做好每一次示范,每次示范力争做到正确、熟练、轻快、优美。由于学生对新事物感兴趣,在教师第一次示范时,他们的注意力特别集中,留下的印象也最深刻,所以教师应特别注意做好第一次示范。

3. 注意示范的位置和方向　示范的位置和方向如何,会影响示范的效果。示范位置的选择要根据学生的队形(为了使学生看得清楚,调整队形也是必要的,但应尽量减少调整)、动作结构的特点和安全要求而定。一般来说,示范者要站在学生的正面,与学生视线垂直,使全部学生都能看清楚。示范的方向,应根据动作的结构而要求学生观察的动作环节和要素(速度方向、路线等)而定。为了示范左右两个方向的动作(如篮球防守时的左右移动),示范者应正面对着学生,称正面示范;为了示范前后两个方向的动作(如弓箭步动作),示范者应侧面对着学生,称侧面示范;有些练习(如广播体操),教师的示范采取面对学生与学生动作相反的做法,称镜面示范;有些练习(如武术等)由于动作的技术复杂,教师难以做镜面示范,而采取背对学生的方法进行,称为背面示范。所有示范的目的都是为了使学生动作方向正确、整齐。示范位置与方向的选择,还应考虑到阳光、风向、周围环境等情况,不要使学生面向阳光或迎风,尽量避开繁华和有特殊物的方向,以便集中学生的注意力。

4. 示范与讲解相结合,与学生练习相结合 示范与讲解相结合,能使学生的直观(看到的)和思维(通过示范和讲解,学生思考动作的技术要求)结合起来,收到更好的效果。教师领着学生练习(如武术),把教师的示范与学生的练习结合起来,使学生把看到的(条件刺激)立即与肌肉活动联系起来,能提高学生掌握动作的速度。但是,有些动作(如器械体操)在学生练习时,教师不宜进行示范,否则会引起伤害事故。除教师亲自做示范之外,也可由动作掌握较好的学生做示范,这样不仅可以起到与教师示范相同的作用,还能增强学生学习的信心。

五、完整与分解教学法

完整教学法和分解教学法是体育教学中根据教材的任务、特点和学生接受能力,处理教材的两种教学方法。

(一) 完整教学法

完整法是从动作开始到结束,不分部分、段落,完整地进行教学的方法。完整法的优点是一般不会破坏动作结构,不会割裂动作与动作之间的内在联系,便于学生完整地掌握教材;缺点是不易使学生较快地掌握教材中比较关键和较难的要素和环节(即重点、难点)。完整法多用于动作比较简单,学生容易掌握的教材。还有些动作虽然比较复杂,但是用分解法会明显地破坏动作结构,这样的动作一般也用完整法进行教学。

运用完整法教学,一般要求:

(1)在进行简单、学生容易掌握的动作时,教师在讲解、示范之后,就可以立即组织学生练习,在练习中教师发现错误,应及时指导纠正。

（2）在进行复杂的动作时，可以着重突破动作的重点。先解决技术基础（动作的基本环节），然后再去解决技术细节（每一环节中的细节技术）。例如教原地推铅球时，可先教学生掌握蹬地、转体和推手这三个基本环节，再要求学生蹬地有力，最后用力快速推手。对动作要素的处理，一般是先解决关系到动作成败的方向、路线等要素，再对动作的幅度节奏等要素提出要求。

（3）对有一定难度的动作使用完整法教学时，可先简化动作的要求，再按照动作的技术规格进行教学。例如短跑的技术，可以先缩短跑的距离；教支撑跳跃，可以先降低器材（山羊或跳箱）的高度；投掷项目，可以先减轻器械的重量等。在教技术复杂、难度高的项目时，还可以先原地或慢速做些徒手练习（即诱导性练习），让学生体会动作的要求，然后再按动作技术规格进行练习。如进行空中动作时，可先让学生在垫子上体会在空中一刹那身体的姿势，然后再完整地练习。

（二）分解教学法

分解法是把完整的动作合理地分成几个部分，逐次地进行教学，最后使学生掌握完整动作的一种教学方法。分解法的优点是便于集中精力和时间突破教材中的重点或难点，从而有利于学生更好更快地掌握动作要领。但是如果运用得不合理，动作的几个部分分解得不科学，将会破坏教材的结构，割裂动作与动作之间的内在联系，从而影响学生掌握完整动作的效果。分解法多用于那些动作复杂、动作较多（如成套套路练习）或者用完整法教学学生不易掌握的动作，如跨栏跑、体操中的成套练习、武术等。

运用分解法教学的一般要求：

（1）分解动作时要考虑到各部分或段落之间的有机联系，不要破坏动作本身的结构。例如教跳远时，一般都把助跑和起跳两个环节连在一起进行。

（2）在进行分解后的各个部分的教学时，教师要向学生讲清楚每个部分、段落在完整动作当中的位置，让学生明确该部分与上、下部分，特别是与下部分的关系。

（3）分解法要与完整法结合运用，最后达到掌握完整动作的目的。分解法是达到掌握完整教材的手段，使用的时间不宜过长，以免影响学生对完整动作的掌握；一般在学生对重点部分基本掌握时，就应该立即转入完整法教学。

在中学运动技能教学实践中采用完整法和分解法教学，是指在教学的某段时间里以哪种方法为主而言的，在使用分解法为主的教学过程中，会出现从分到合的过程；在使用完整法为主的教学过程中,会出现有选择地把动作中的某些细节分开加以掌握的教学过程。所以在使用完整法与分解法教学时,往往是交叉进行。

六、领会教学法

领会教学法是运动技能教学和训练方法指导思想的一项重大改革,它从强调动作技术转向培养学生认知能力和兴趣。领会教学法的教学过程主要包括六个步骤：项目介绍→比赛概述→战术意识培养→瞬间决断能力的训练→技巧演示→动作完成。

领会教学法是以"项目介绍"和"比赛概述"作为运动项目的开始,让学生了解该项目特点和比赛规则,从而使学生一开始就对该运动项目有一个全面的了解。领会教学法与传统的技能教学不同的是：教师不是从基本的动作教起,而是首先对学生进行"战术意识培养"。教师在战术介绍以后,结合实战向学生演示一些临场复杂的情况和应付的方法,对学生进行"瞬间决断能力的训练",培养学生全面观察情况,把握和判断时机以及应变能力,使学生最终可以根据所学的技术和战术,判断出"做什么"和选择最佳的行动方案——"如何去做"。领会教学法还有一个特点,就是将过去的"从局部开始分解教学",改变为"从整体开始教学再到局部,再回到整体教学"。这个教学过程有利于使学生从一开始就"领会"到项目(特别是集体性的球类项目)的基本概况和概貌,并较快地形成球类意识和战术概念等。领会教学法的教学模式有如下特点：

(1) 从项目整体特征入手,然后再回到具体技能学习,最后再回到整体的认识和训练中。

(2) 强调从战术意识入手,把战术意识贯穿在各个教学环节中,整体意识和战术为主导的特征很强。

(3) 突出主要的运动技术,而忽略一些枝节性的运动技术。

(4) 注重比赛的形式,并在比赛和实战中培养学生对项目的理解,教学往往从"尝试性比赛"开始,以"总结性比赛"结束。

七、情景教学法

情景教学法是一种主要适应小学低、中年级学生,利用低年级学生热衷模仿、想象力丰富、形象思维占主导的年龄特点,进行生动活泼和富有教育意义的教学方法,这种方法主要遵循幼儿认识和情感变化的规律,在教学过程中设定一个"情景",甚至由一个"情景"来贯穿整个单元和课堂的教学过程,如"夏令营""唐僧取经""小八路送情报"等,让学生学习和练习用情节串联起来的各种运动,多配合讲解(讲故事)、情景诱导、保护与帮助的方法来进行。

情景教学法的模式①:

(1)导入。上课开始,教师宣布要给大家讲一个故事,引起学生的兴趣,激发求知欲望。

(2)创编故事。教师使用讲故事的方式,把教学内容编入故事情节之中,引起学生的兴趣,启发思维活动和参加锻炼的热情。

(3)扮演角色。教师分配角色,师生分别担任角色,讲清角色的任务,培养责任感,进一步激发兴趣,进行情感投资,贴近师生之间、学生之间的感情。

(4)进入角色。教师讲述故事,师生随着故事情节演练角色的任务而进入角色,学生全身心地投入锻炼,发挥学生的主体作用,使兴趣、情感向纵深发展,师生情感融于一体。在扮演角色中,让学生自评(高年级),培养观察能力、动作的分析能力和综合评价能力。

(5)适度。教学的广度和深度,应适合学生的年龄特征。教学内容随着故事情节的发展,教师要把握学生能接受的范围,不要轻易跟着学生感觉走,当学生进入角色在演练中"方兴未艾"时要把握适度,发挥教师的主导作用。

(6)尾声。教师在角色演练中达到教学目的后,要继续抒发学生的情感,除了在课堂的各个部分中用乐曲伴奏外,要特别注意结束的乐曲伴奏起舞,抒发情感,陶冶情操。

运用情境教学法的要求②:

(1)形式要新异。形式上的新异性主要是相对学生而言的,以此来吸引学生。新异是手段,使学生感兴趣才是目的。

(2)内容要具有实践性。内容上的实践性是指情境教学应该以运动为基础,在情境的设置上应有利于学生参与运动。

(3)方法上的启发性。运用情境教学法教学对学生的思维应具有启发性。因为情境教学是在设置的新异环境中,用新异的问题来吸引学生,提高学生的学习兴趣,提高学习效率。

(4)结果上的实效性。增强学习目标与情境学习目标的实现,实现二者就是具有实效性。

在教学中,不少教师往往只注重知识和技能的传授与训练,而忽视对

---

① 张霖.创设情境 其乐无穷[J].体育教学,1998(2):17-18.
② 林良昆.体育情境教学误区小议[J].2008(5):35.

学生态度、兴趣和欣赏能力的培养。而这些方面在人的成长中又具有非常重要的作用。因此,现代教学理论和实践很强调在教学中运用以陶冶情操和欣赏活动为主的教学方法,运用情境教学法就有这方面的意义。对于情境学习而言,应关注学生的学习兴趣、知识的获得,特别是对运动技能学习持续性的良好心态倾向。

八、尝试教学法

尝试教学法充分发挥学生在运动技能教学活动中的主体作用,一开始就要求学生进行尝试练习,把学生推到主动的地位;尝试练习中遇到困难,学生便会主动地自学课本或寻求教师的帮助,学习成为学生自身的需要。

尝试教学法符合现代教学论思想的要求,改变了传统的注入式教法,把知识传授和能力培养统一起来,引起了教学过程中一系列的变化,如从教师讲、学生听转变为在教师的指导下,学生自学、先练,教师再讲,从单纯传授知识转变为在传授知识的同时培养能力、发展智力。

根据尝试教学理论的实质和"先试后导、先练后讲"的基本特征,在教学实践中逐步形成了一套基本操作模式,其教学程序分七步:

第一步:准备练习。

这一步是学生尝试活动的准备阶段。对解决尝试问题所需的基础知识先进行准备练习,然后采用"以旧引新"的办法,从准备题引导出尝试题,发挥旧知识的迁移作用,为学生解决尝试题铺路架桥。

第二步:出示尝试题。

这一步是提出问题,为学生的尝试活动提出任务,让学生进入问题情境之中。尝试题出示后,必须激发学生尝试的兴趣,激活学生的思维。可以先让学生思考并相互讨论解决方案。

第三步:自学课本。

这一步是为学生在尝试活动中自己解决问题提供信息。出示尝试题后,学生产生了好奇心,同时产生解决问题的愿望。这时引导学生自学课本就成为学生切身的需要。自学课本之前,教师有时可提一些思考问题作指导,自学课本时,学生遇到困难可以提问。同桌学生也可互相商量。通过自学课本,大部分学生对解答尝试题有了办法,时机已经成熟就转入下一步。

第四步:尝试练习。

尝试练习根据运动技能的特点有多种形式。教师要巡视,以便及时掌握学生尝试练习的反馈信息,对学习困难学生进行个别辅导。学生尝试中遇到困难,可以继续阅读课本,同学之间也可互相帮助。

第五步:学生讨论。

尝试练习中会出现不同情况,学生会产生疑问,这时引导学生讨论,不同看法可以争论,学生在此过程中开始尝试讲道理,之后学生需要知道自己的尝试结果是否正确,教师讲解也已成为学生的迫切需要。

第六步:教师讲解。

这一步是为了确保学生系统掌握运动技能知识。有些学生会尝试模仿练习,但可能是按照例题依样画葫芦,并没有真正懂得道理,因此需要教师的讲解。讲解不是什么都要从头讲起,教师只要针对学生感到困难的地方和技能的关键之处重点讲解即可。

第七步:再次尝试。

这一步是给学生"再射一箭"的机会。

在第一次练习中,有的学生可能会做错,有的学生虽然做对了但没有弄懂道理。经过学生讨论和教师讲解之后,得到了反馈矫正,进行第二次尝试练习,再一次进行信息反馈。第二次尝试题应与第一次不同,或稍有变化或采用题组形式,之后教师可以进行补充讲解。

九、暗示教学法

暗示教学法由保加利亚心理学博士洛扎诺夫所创,因而亦称"洛扎诺夫教学法",被运用于各个领域,取得良好的效果。其原理是:人类的学习过程包括了大脑两个半球的协调活动,是有意识活动和无意识活动的统一,也是理智活动和情感活动的统一,它们是一个不可分割的统一体,就像一个完整的乐队,有铜管乐、打击乐、弦乐等,只有当它们协调演奏时,才能奏出优美的乐曲。暗示教学法就是通过对大脑左右施加的暗示,建立无意识的心理倾向,激发个人心理潜力,创造强烈的学习动机,从而提高记忆力、想象力和创造性解决问题的能力,以充分发展自我的教学理论和方法。实验证明,此教学法在发掘人的学习潜力方面有着异常功效。

如暗示教学法在中长跑教学中的运用。

1. 数"数"暗示法[1]

在跑步过程中,教师告诉学生跑步时要数数,即在跑动过程中数左腿或者数右腿,每跑一步数1,两步数2……一直数到100,然后再从1开始数,看谁数的数多。这样学生在跑步的过程中会把注意力由跑步转移到数数上,实现了注意力的转移,疲劳自然也随之转移,让学生在数数中不

---

[1] 张书城.暗示有利于中长跑教学[J].体育教学,2008(2):53.

知不觉地完成了中长跑练习。

2. 标志物暗示法

在跑步的路上,事先插上或者做好某些标志物(如在田径场上练习时可以间隔20米或50米放置一个角旗),并让学生清楚这些标志物。标志物暗示法可以把较长距离分解为几段较短的距离,有特殊标志物时,让学生稍微一努力就可以到达,使学生在思想上不再惧怕,从根本上提高学生练习的兴趣,使学生愉快地参与到练习中。

十、念动教学法

19世纪德国著名的化学家舍夫列利和英国物理学家法拉第同时在不同地方独立做了同样的实验,结果表明:当产生一种动作表象时,总伴随着相应的肌肉产生自动轻微的动作。这种通过表象动作或在暗示语的指导下伴随的肌肉运动所实现的动作,叫作念动动作[①]。

在运动技能教学中,学生在大脑中回忆动作表象,诱发自身相应的运动器官并在相应的肌肉中实现的动作练习,叫作念动练习。

美国有位篮球教练曾做过这样一个实验:第一组被试者在20天内每天练习投篮20分钟,并把第一天和最后一天的成绩记录下来;第二组被试者记录下第一天和最后一天的成绩,但此间不做任何练习;第三组被试者记录下第一天的成绩,然后每天用20分钟时间做想象中的投篮练习,如果投篮不中时,要在想象中做相应的纠正。实验的结果使人感到吃惊:第一组最后一天的成绩增加24%,第二组因未做练习,成绩基本未变,而第三组的成绩提高最多,进球增加26%。这是为何呢?其实这就是"念动训练"的神奇力量。

念动训练的一般步骤及其在运动技能教学中的应用:

第一步是先想后练习法:在第一次新授课时采用。

听、看→完整默念(想象→徒手模仿→学生示范动作要领三遍边念边做练习)。如对蹲踞式跳远的技术默念:对着前方跑几步,一脚踏跳要有力,迅速屈腿向上提,双脚平稳轻落地。

第二步是先练后想法:在学生初步掌握了动作之后采用。

完整默念技术动作→再默念→再做一遍动作→动作的要领练习→(想象)练习。念动的内容集中在更简捷的几个词上,如蹲踞式跳远为:快速—轻踏—弓步—举腿—前落。

第三步是诱导想象法:在大部分学生的动作进入了分期,动作极易

---

① 廖辉.念动练习法在田径教学中的应用[J].中国学校体育.1999(3):5–6.

改变，采用下列方法：

教师叙述整个动作过程→学生闭目聆听→学生第一步练习。

第四步是边念边练法：学生基本上掌握了动作技术后，进入了动作巩固期，这时教师可让学生交叉念动，互施信号，进一步完善动作，纠正错误动作，达到完全掌握的目的。如由学生 A 做，学生 B 念，然后交换进行。

"念动训练"在田径技术教学过程中通过念、练结合，可以有效地促进学生学习技术动作和成绩的提高。"念"即在默念中把动作环节概念思维组合，使运动中枢的各区建立初步正确的神经联系。"运"即在"念"中逐步地使身体的相应运动器官感受到刺激并产生反射，使动作过程概念有秩序地由弱到强逐步形成和巩固。

念动训练的作用：

(1)"念动教学法"有助于学生对运动技术的掌握。在运动技能教学中，教师通过技术讲解、示范动作，使学生头脑中初步有了该动作的一般表象，但对其技术动作的细节却不清楚或不知道。采用"念动教学法"能提高学生学习运动技术的心理活动的积极性，在"念"中通中枢，在"动"中明了动作，念、动、想结合，运动之间的协调和中枢与运动器官的联系易于得到加强，而且在集中注意力的"默念"中可以排除其他刺激的干扰。这样学生进行技术练习的时候就不会盲目，因为事物在头脑中产生的表象越清楚，对事物的认识也就越清楚，心理活动处于最佳状态，就有利于理解动作，做起动作来也就容易和准确。

(2)"念动教学法"有助于促进学生动作概念的形成。在第二步的"先练习后想法"中，由于学生已有了较完整的各动作技术环节的表象，可以通过"默念"准确分化各个技术环节，然后付诸于练习。先前的练习是运动中枢之间建立了基本的联系，随后的"念"则是通过语言中枢刺激相应的运动中枢联系，使之在运动秩序、环节、强度等方面进一步趋于合理化，再练习再念，如此的重复，直到正确技术动作的形成，从而达到促进运动技术掌握与提高的目的。

(3)"念动教学法"有助于学生学习过程中动作的改进和巩固。在第三步和第四步中，教师准确完整的动作讲解与学生闭目在脑中的动作表象相制约，可以避免一些不必要的错误分化，使中枢冲动与运动器官之间联系无旁路地形成，第四步的"边练边念"，也是通过听觉中枢影响运动中枢控制运动中枢神经联系，使泛化的范围和强度压缩到最小，缩短学生学习动作的过程，增加所学动作的牢固性。互相念动，使"念"与"运"的学生动作都得到刺激和强化，有助于学生学习过程中动作的改进和巩固。

十一、学导式教学法

学导式教学法是近十余年国内兴起的一种启发式教学法之一,是有利于教学质量提高的可行方法。所谓学导式教学法,就是在教师指导下,学生进行自学、自练的一种方法。它把学生在教学过程中的认知活动视为教学活动的主体,让学生用自己的智慧主动地去获取知识,发展各自的智能,从而达到在充分发挥学生主动性的基础上,渗入教师的正确引导,使教学双方各尽其能、各得其所。

学导式教学法提倡学生自学,教师的指导贯穿其中,其本质特征是:教学重心从教移到学上,学生自主地、直接地、快速地参与教学全过程,课堂上几乎三分之二的时间是由学生主动进行的自学、解疑、精讲、演练和活动,个体和群体相结合,让学生多练教师少讲,这是对传统习惯的以教师为中心,重教轻学,同步教学和学生被动依赖的注入式教学的彻底否定和学生被动接受教师的启发而不启不发乃至启而不发的启发与注入并存的重大突破。

学导式的教学过程:

学导式教学法的教学过程包括提示、自学、解疑、精讲、演练和小结。

提示:导入新课,提出本次课的目的与任务,激发学生学习的积极性。

自学:课前预练,课上自学、自练,学生通过反复练习,掌握重点,发现难点。

解疑:由学生自提问题,通过练习与相互讨论或教师辅导进行答疑。

精讲:教师重点讲解、示范,解析教材的重点、难点。

演练:课堂上反复练习,课后坚持练习运用,力求掌握知识技能。

小结:学生进行自我评价和相互评价掌握"三基"情况,教师也可对学生进行评价,同时提出课外练习和下一次课进行预习的要求。

以上的自学、精讲、演练是主要环节,而提示、解疑、小结是辅助环节,各环节的程序应自然流畅,环环相扣。

注意事项:

学导式教学法是"学"与"导"的统一,放手让学生自学、自练,不是降低教师的主导作用,而是对教师的主导作用提出了更高的要求。学导式教学法一般以单元教学为宜。因此,应该制订合理的单元教学计划,设计教材练习的程序,必须依据教材的系统性按其动作的原理来编排,设计好学生自学、自练内容,体验动作技术结构的环节,努力做到有计划、有步骤、分层次地进行练习。

在学生自学、自练过程中,教师要善于引导,激疑设问。"学起于思,思源于疑",要引起思维、探索的兴趣,使学生真正做到"知其然,又知其所以然"。

认真备课,搞好教案的设计。要了解学生掌握"三基"情况的信息,明确动作的疑点与难点,特别是课外活动情况,适当布置一些课外和家庭体育作业,使课内与课外更密切地结合。

十二、相似技术教学法

相似技术教学法,是把所学动作体系中各种动作结果基本相同、技术环节基本相似的技术动作加以分析归纳,找出相同的规律,作为安排教学的依据,以利于不同姿势的相似技术相互促进,在较短的时间里掌握更多的技术的一种教学方法①。

教学实践发现,田径、球类、武术、体操等教学项目中,虽然各种运动项目的运动形式繁多,但经过认真的分析,发现各项技术之间仍然存在许多相似之处。以瑞士专家的发现,只要我们在教学中能从相似的教材中找出共同规律,并加以合理地安排教材顺序和教法手段,就可使学生在有限的时间内掌握更多的技术动作,以取得最佳的教学效果②。

（一）教材内容不同,教学顺序的安排

在教学中,有的运动技能在内容和形式上联系不甚紧密,但在某一技术环节十分相近,如跨栏跑与跳远,跨栏跑属于跑类项目,而跳远属于跳跃项目,似乎并无关联,其实不然。跨栏跑与跳远动作的最后两步助跑节奏基本相似,起跨动作和起跳时摆动腿都要求屈膝高抬,腰背部肌肉都要求紧张用力,因而这个技术技能无论是放在一起学习,还是一前一后学习,都可以在原来形成的条件反射基础上对另一动作技能动力定型的形成起着积极的促进作用;又如铅球与铁饼,在学习这两项运动技能时,学生会遇到一个共同的问题:经过预摆、旋转(滑步),都有一个迅速过渡到左侧支撑的动作。教学中学生掌握了铅球的左侧支撑动作后,在学习铁饼左侧支撑时,教师只须提醒学生与铅球左侧支撑相似就可以了,学生也比较容易理解。

（二）教材相同,教学顺序的安排

跑是田径教学中最基本的技能,是学习各种运动基础的基础,因此应

---

① 杨锡让.实用运动技能学[M].北京:高等教育出版社,2004,10:113-114.
② 李宏,政平.谈相似技术教学法在田径教学中的运用[J].体育教学,1988(4):22-3.

把跑的教学放在首位,使学生优先掌握跑的技术。跑的技能中又包括短跑、中长跑、长跑和跨栏跑等。中长跑技术相对其他形式跑的技术动作简单一点,而跨栏跑技术动作反而更复杂些,因此在安排教学顺序时应先从中长跑开始,然后学习短跑和跨栏跑,这是符合事物由简入繁、由易到难、循序渐进的发展规律的。虽然中长跑和短跑在动作结构上相同,但对人体动作的反应速度却有着不同的要求。

（三）充分利用相似技术结构特点,进行针对性的身体素质和辅助性练习

人的一切随意性运动,都是在大脑皮质运动区的支配下的肌肉运动,良好的身体素质是掌握运动技能,提高运动技能水平的基础。在运动技能学习过程中,学生首先遇到的问题就是身体素质。因此在技能教学中应针对教学内容加强相关的身体素质训练。重点应抓住各项素质之间的相互促进作用,如力量素质对速度素质有良好的促进作用,速度练习有利于爆发力的提高。

运用相似技术教学方法的注意事项：

（1）选择和设计的辅助性练习和专门性练习应考虑主要动作在空间和时间上与完整技术动作的相似性。辅助练习与完整动作之间的共同部分越多,产生转化促进的成分就愈多。

（2）在教学内容上,应尽量把同类和类似的技能合理地安排在一起,让学生领会其中的共同要素。

（3）合理地运用启发、对比和探究式教学法,重视对学生分析问题和解决问题的能力的培养。

（4）形成良好的信息反馈机制,在技能教学中尽量动用有关的内、外感受器参与工作,使学生建立清晰的反馈信息,这样不仅有利于学生掌握运动技能,而且对于教学任务的完成有着积极的促进意义。

十三、微格教学法

微格教学形成于20世纪60年代的美国教育改革运动,斯坦福大学德瓦埃·特·艾伦(W. Allen)等人在"角色扮演"教学方法的基础上,利用摄录像设备实录受培训者的教学行为并分析评价,以期在短期内掌握一定的教学技能,后来逐步完善形成了一门微格教学课程。在20世纪70年代末,微格教学已逐步被一些国家作为培训教师教学技能、技巧的一种有效方法而采用。英国微格教学专家乔治·布朗(G. Brown)将微格教学法定义为："它是一个简化了的、细分的教学,从而使学生易于掌握。"并提出备课、感知、执教为"微格教学"三要素。我国学者黄晓东将微格教

学定义为："微型教学法是在有限的时间和空间内,利用现代的录音、录像等设备,训练某一技能技巧的教学方法。"

（一）微格教学法的特点

1. 学习目的明确,重点突出　由于采用微型课堂的形式进行实践教学,有利于练习者明确学习目的。

2. 信息反馈直观、形象、及时　采用现代信息技术对学生的行为进行记录,能及时准确地获取反馈信息,可大大提高教学的效率。

3. 有利于学生主体作用的发挥　微格教学坚持以学生为主体,以教师为主导,以训练为主线的原则,有利于学生创造性思维的培养。这种理论与实践紧密结合的教学方法提高了学生对课程的学习兴趣。

（二）微格教学法的实施过程

1. 学习相关知识　微格教学是在教学过程中让学生扮演某种特定的角色来完成教学任务。在实施模拟教学之前应让学生学习并了解微格教学、教学目标、教学设计等相关的内容。通过理论学习形成一定的认知结构,提高学习信息的可感受性及传输效率。

2. 确定训练目标　在进行微格教学之前,教师首先应该向练习者讲清楚本次课程的训练目标、要求,以及该技能动作的类型、作用、功能。

3. 观摩示范　为了练习者对所要学习的技能动作有更直观、更形象的感知,需提供生动、形象和规范的微格教学示范片或教师现场示范。在观摩技能动作教学片的过程中,教师应根据实际情况给予必要的提示与指导。示范可以是优秀的典型,也可利用反面教材,但应以正面示范为主。在观摩示范片或教师的现场示范后,组织练习者进行分组讨论,分析技能动作。通过大家相互交流、沟通,每组推选一人扮演"教师"。为营造出课堂气氛,由小组的其他成员充当学生。

4. 角色扮演　角色扮演是微格教学中的重要环节,是练习者的具体教学实践过程。练习者在执教之前,要对本次课作一简短说明。整个教学过程将由摄录系统全部记录下来。

5. 评价反馈是微格教学中最重要的一步　在教学结束后,必须及时组织练习者重放教学实况录像或进行视频点播,由教师和练习者共同观看。先由试讲人进行自我分析,检查实践过程是否达到了自己所设定的目标,指出有待改进的地方,也就是"自我反馈"。然后教师和小组成员对其教学过程进行集体评议,找出不足之处,教师还可以对其需改进的问题进行示范,或再次观摩示范录像带,以期将技术动作完全掌握。

第三节 运动技能教学方法的选择原则

运动技能教学方法好比是一把打开大门的钥匙,方法合适,就会获得明显的教学效果。实践要求我们在选择运动技能教学方法时应注意教学内容、授课对象、环境和时机等因素与教学方法之间的关联,合理地筛选和运用教学方法才能收到良好的效果。

选择运动技能教学方法的原则:

(一) 要依据授课的目的与任务来选择教学法

不同运动技能的教学目的与教学任务需要不同的运动技能教学方法。比如新授课的教学,就得更多地运用语言的方法、示范和演示的方法;练习课就要更多地使用练习法、比赛法等教法。又比如,单元的前段课,发现法、游戏法就可以多用一些;单元的后段课,小群体教学法和比赛法就可以多用一些;等等。

(二) 要根据运动技能内容的特点选择教学法

一般来说,不同性质的运动技能内容,也要求采取不同的教学方法。如器械体操基本上要使用分解教学法;游泳、独轮车、滑冰必须要使用分解教学法;跑步、跳跃、投掷的教学就应该使用完整教学法;很多球类项目可以使用"领会教学法"。另外,集体项目很适合用"小群体教学法";枯燥的项目很适合用"游戏教学法";锻炼性项目很适合用"循环教学法";含有重要科学原理的运动项目就很适合用"发现教学法";等等。总之,体育教师应在仔细分析运动技能的基础上,根据运动技能的性质和具体内容的特点灵活而有创造性地选择适当的体育教学方法。

(三) 要根据学生的实际情况来选择教学法

使用运动技能教学方法的最根本目的是为了学生的技能学习,而不是教师的一种什么"展示",因此,选择运动技能教学方法是否合适要看该教学法是否符合学生身心发展特征,是否对学生有帮助。选择运动技能教学方法时,教师要考虑学生对使用某种方法在年龄、智力、能力、学习方法、学习态度、班级的学习纪律及风气诸方面的准备水平。如对中学生就不适宜使用"情景教学法";对初学的学生就不适宜使用正规的"比赛教学法";对体能较差的学生就不适宜使用"循环练习法"。所以应当注意从学生具体实际出发,选择那些最能适应学生条件、最能促进和发展学生技能的教学方法。

（四）根据各种运动技能教学方法的功能、适用范围和使用条件等来选用教学法

任何运动技能教学方法都不可能是万能的，都有各自的独特功能、适用范围和使用条件的限制等，有各自的优点和缺点。运动技能教学方法受教学过程中各种因素的影响，可能有时有非常好的教学效果，有时就事与愿违。例如，有的时候多讲是循循善诱，有时多讲是繁缛啰嗦；有时做游戏是生动活泼，有时则是无聊幼稚；有时用多个教学步骤是循序渐进，有时则是画蛇添足；有时组织比赛是兴趣盎然，有时则是尴尬无味等。这些变化取决于对这些教学法功能是否有深刻的理解，取决于使用这些教学法的时机是否合适，取决于对这些教学法功能的使用范围是否有了解和运用准确，取决于这些教学法使用的条件是否已经具备等，离开了上述的条件，用任何教学法都不会取得好的效果。因此，选择运动技能教学方法时，必须要认真分析教学法的功能、应用范围和条件。

教学方法所需要的时间和工作效率也是不一样的，如发现法要比讲解法费时间，分解法要比完整法费时间等，所以在实际的教学中，选择某个教学方法时，也应考虑其所用教学时间和教学效率的高低。好的教学方法应该是高效低耗的，能保证在规定的时间内完成教学任务。但是我们还要注意"有价值的弯路"，即看起来费时间但实际上很重要的步骤，比如，要使学生明白一个重要的原理，用点时间让他们探索和发现是很有意义的，是高效率的；但是要防止"无价值的弯路"，即又费时间又没有实际意义的步骤，比如教学生短跑还要从"起跑—疾跑—途中跑—冲刺跑"这样琐碎的步骤来进行就是低效率的。总之，体育教师应尽可能选用省时又有效的方法，以达到教学效果的最优化。

（五）要根据教师本身的条件和特点来选择教学法

任何一种运动技能教学方法只有和教师自身的条件和特点密切结合时才能取得最佳的效果。有的教学方法虽好，但实施的教师缺乏必要的素养条件，仍然不能产生良好的教学效果，因此，体育教师的条件和特长都会成为选择教学方法的重要依据。如有的体育教师形象思维水平和语言表达能力强，就可以多用生动形象的语言描绘现象和问题；有的体育教师身体形象和运动技能强，就可以多用示范和帮助的方法使学生产生学习兴趣和信任感；有的体育教师很幽默，就可以多用一些有意义的笑话来阐述一些道理或巧妙地处理一些突发事件；有的体育教师给人以严肃的印象，就不宜开一些不伦不类的玩笑，应多进行正面教育。总之，教师选择教学方法，应根据自己的实际优势，扬长避短，采取与自己条件相适应

的教学方法。当然,作为一个有责任心的体育教师,也应通过努力学习和克服缺点,不断提高选用各种运动技能教学方法的能力。

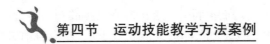 第四节　运动技能教学方法案例

案例1　推铅球技能教材教法

推铅球是投掷者以较有力的一手握持铅球于肩上锁骨窝处,站在直径为2.135米的投掷圈后部,经滑步(或旋转)以爆发式的最后用力将铅球向前上方推出,使铅球落在40°角的扇形落地区内的投掷项目。

推铅球技术在不断发展,目前主要有滑步推铅球和旋转推铅球两种方法。滑步推铅球包括侧向滑步、半背向滑步和背向滑步三种技术动作。背向滑步推铅球呈现两种技术风格,即背向滑步转体推球和背向滑步短—长步点推球的技术。

中学推铅球教学的主要任务是:使学生建立正确的技术概念,掌握推铅球的基本知识和基本技术;使学生学会运用各种推掷练习进行锻炼身体的方法;增强学生的体质,发展力量、灵敏性和协调性等身体素质,提高爆发性投掷能力;培养学生坚毅、顽强和良好的组织纪律性等思想与意志品质。在教学中,应始终从增强学生体质这一根本任务出发,把掌握基本技术、学会锻炼方法、发展身体素质和提高思想品德等具体任务密切结合起来。

侧向滑步推铅球技术较简单,对腿部力量的要求也较低,适合中学生采用。下面介绍侧向滑步推铅球的技术和教学方法。

一、侧向滑步推铅球的主要技术(以右手握球为例)

完整的推铅球技术由握球与持球、预备姿势、滑步、最后用力和铅球出手后维持身体平衡等部分组成。滑步和最后用力是完整技术的主要部分。

(一) 滑步

滑步前通常先做1-2次预摆动作。预摆使左腿微屈,以大腿带动小腿摆起,同时上体向右倾斜,右腿稍蹬伸。接着右腿屈膝下蹲,左腿屈膝

回收靠近右腿,左臂摆至身前,上体右倾,收腹含胸准备滑步。滑步时,身体重心向投掷方向移动,随之积极摆出左腿,同时右腿用力侧蹬,两腿摆、蹬结合,带动身体重心向投掷方向加速移动。紧接着向身体下方快速拉收右小腿,右脚沿地面滑行并使前脚掌在投掷圈圆心附近着地,脚尖与投掷方向约成 90°－120°角,同时左腿积极下压,左脚以前脚掌内侧迅速着地,与投掷方向约成 45°角,左脚尖与右脚跟成直线,并与投掷方向平行。这时体重落在弯曲的右腿上。左臂置于胸前保持内扣,上体向右倾斜,躯干肌群拉紧,形成良好的超越器械姿势。

滑步是预加速动作,目的是获得一定的预先速度,并形成最后用力的预备姿势。滑步的基本要求如下:

(1) 两腿摆动、蹬伸、拉收和压插着地的动作要积极有力,协调配合,迅速连贯。

(2) 上体、左臂和头部的动作要正确。

(3) 保持良好的身体平衡,身体重心近似平移,起伏要小,注意滑步的直线性。

(4) 下肢动作快于上体,滑步结束时铅球的投影点远离右脚支撑点,形成超越器械姿势。

(5) 尽量加长铅球的运行距离。

(6) 滑步要加速,继右脚着地尽快获得双脚支撑,表现良好的动作节奏。

(二) 最后用力

最后用力与滑步动作要紧密衔接,滑步结束在左脚着地瞬间立即开始最后用力。右脚快速蹬伸,推动右髋向投掷方向转送,体重开始向左腿移动,上体也随之抬起。右脚继续蹬转,左臂由胸前向左前上方拉引,加快上体的转动和伸转。头、胸转向投掷方向,体重移至左腿,迫使左腿微屈支撑,这时身体左侧已移至与地面垂直的部位,左臂及时摆向体侧制动,和左肩共同形成良好的左侧支撑用力。紧接着以左侧为轴,两腿迅速有力地蹬伸,抬头,挺胸,右肩加速向前上方顶送,用力伸右臂将铅球推出,出手瞬间要屈腕并用手指快速拨球,加速出手速度。

最后用力是推铅球的技术重点。最后用力动作完成的质量,直接影响着铅球的出手初速度、出手角度和出手高度。据有关资料介绍,最后用力动作对铅球投掷远度的效益率可占到 85%。最后用力的基本要求如下:

(1) 掌握好最后用力时机,使滑步和最后用力动作紧密衔接。

(2) 用力顺序正确,动作连贯加速,体现最后用力合理的动作结构和良好的动作节奏。

（3）充分发挥髋部动作的积极作用,注意髋、肩轴的相互超越,上下肢力量的结合和身体左、右两侧动作的协同配合。

（4）做好左侧支撑用力动作,提高推球动作的效果。

（三）滑步与最后用力结合

滑步与最后用力结合是推铅球的技术难点。它不仅起着承上启下的作用,而且关系到能否充分利用滑步获得的速度并作用于铅球的效果。因此,在推铅球教学中,应重视滑步与最后用力的衔接技术。要做好衔接技术,必须注意以下几点：

（1）选择适合个人技术、能力的滑步速度。

（2）在滑步即将结束时,左脚要主动快落进行支撑。

（3）右腿要不失时机地快速蹬转用力。

（4）保持身体重心平衡,稳固控制好铅球。

（5）强调心理因素。滑步时情绪放松,滑步结束瞬间要迅速转为振奋状态,有增力感觉,以便更好地利用滑步速度进行最后用力。

二、侧向滑步推铅球的教学方法

侧向滑步推铅球教学步骤一般安排是：通过讲解与示范,使学生明确学习目的,了解推铅球技术和有关单位基本知识;学习侧向原地推铅球技术;学习侧向滑步技术;学习侧向滑步推铅球技术;改进和提高侧向滑步推铅球技术。

目前,在中学推铅球教学中,除了采用最基本的分解教学法、完整教学法以外,还出现了一些其他的教学方法,如分解叠加式教学法、程序教学法、程序法与错误动作预防法相结合的教学法等。这些教学方法在实践中行之有效,对提高推铅球教学质量起到了一定的作用。

（一）动作要领

侧对投掷方向,两脚左右开立,比肩稍宽,上体向右倾斜,体重落在弯曲的右腿上;右腿用力蹬地,右髋积极向投掷方向转送,上体随之抬起并转动,左侧有力支撑;抬头、挺胸、送肩、伸右臂、屈腕手指拨球,动作要快速有力。

（二）教学要点

做好侧向原地推铅球的预备姿势;表现自下而上的用力顺序,重点掌握右腿、右髋、左侧支撑用力以及右臂的动作;强调以上、下肢结合的力量推铅球,出手时要蹬直两腿和伸展躯干;从左臂拉引和左肩、臂制动的动作入手,帮助学生掌握左侧支撑用力;注意"推"的动作特征,伸臂方向要正确。

（三）主要教学方法、手段及要求

（1）双手或单手持实心球（铅球）做各种抛掷练习。两脚左右开立，双手持球，原地下蹲后两腿蹬地，挥臂，做垂直向上轻抛实心球、向前抛实心球、向后抛实心球的练习；也可以单手持球，做单手抛接或左、右两手交替抛接的练习。要求以蹬腿伸髋发力带动上肢动作，全身协调爆发用力，控制好器械出手的时机与方向。

（2）正面原地双手胸前推实心球。面对投掷方向，两脚前后开立（左脚在前），两手持球于胸前，肘部抬起，然后右腿用力蹬地，伸臂向前上方推出实心球。要求自下而上用力，注意推球时手肘不下降。

（3）熟悉铅球的各种练习，增强器械感觉。如：绕身体前后两手快速传接铅球；两脚左右大开立，绕两腿"∞"型快速传接铅球；"抓球"练习等。

（4）握铅球练习。随教师的讲解和示范，学生先用垒球做握球练习；握好垒球后，轻伸右臂向上推出，当垒球下落时用右手接住并形成正确的握球动作；最后用铅球做握球练习。要求握球时手型正确。

（5）持铅球练习。右手握拳贴紧颈部做持球模仿；先用垒球再用铅球做持球练习；持铅球后轻轻向上跳起，保持铅球不晃动；持铅球后，向左侧连续做垫步动作。要求持球正确，能较好地控制铅球。

（6）屈腕、手指拨球练习。两臂弯曲举于胸前，掌心相对，右手握铅球，然后以右手屈腕、手指拨球动作使球离手，左手接球后按同样方法重复进行。动作要放松协调，接球后立即成正确的握球动作。

（7）向下推铅球。

① 两脚前后开立，屈膝，上体稍前倾，左手托球于右胸前，右手掌心向下握球，然后向下做伸臂、屈腕、拨指推球的练习。要求右臂加速用力，掌握正确推球的感觉。

② 预备姿势同①，但上体较正直，面对投掷方向，持球于肩上锁骨窝处，然后向前下方推出铅球。用力时要结合两腿蹬伸和挺胸送肩的动作，伸臂方向逐渐向上。

（8）正面原地推铅球（实心球）。

① 面对投掷方向，两脚左右开立，稍屈膝，上体较正直，握、持好球，然后利用两腿蹬伸、抬头挺胸和右肩前送的力量，伸臂向前上方推球。

② 同①，但两脚前后开立做。

③ 预备姿势同①，上体向右扭转约90°，左臂置于胸前，左肩稍内扣，然后两腿用力蹬地，伸展躯干，上体转向投掷方向，结合左肩、左臂的制动

动作,送右肩将球推出。

④ 面对投掷方向,两脚前后开立,略宽于肩,左脚在前,脚尖稍内转,然后上体右转并向后倾倒,体重移至弯曲的右腿上,肩、髋轴扭紧,接着右脚蹬地,转体挺胸,送右肩,伸臂向前上方推球。

上述练习要求动作开始于两腿蹬地,自下而上用力;利用全身力量协调推球,身体左侧及时制动与支撑,协同配合身体右侧用力;送右肩和伸臂推球动作正确。

(9) 半侧向原地推铅球。两脚开立,稍比肩宽,两脚连线和身体左侧与投掷方向约成45°角,右腿弯屈,上体向右倾斜,然后右腿蹬转,送髋转体,挺胸,送肩,伸臂推出铅球。

① 徒手或持球做侧向原地推铅球的预备姿势。开始利用地上画出的直线进行练习,使两脚位置保持正确;随后加大练习难度,让学生直立,听教师口令后轻轻跳起,在两脚着地时立即形成正确的预备姿势。

② 徒手做侧向原地推铅球的模仿练习。可将完整动作按"蹬腿送髋""转体制动""送肩伸臂"三个环节分解进行练习,先体会各环节动作的肌肉感觉,并适时地叠加,直到进行完整动作的练习。

③ 肩负轻沙袋,或右手拉弹性胶带(另一端固定),或双人配合做蹬腿送髋和转体制动的练习。

④ 侧向原地小幅度用力轻推铅球。

⑤ 侧向原地推铅球,并结合铅球出手后维持身体平衡的技术进行练习。

(四) 注意事项

(1) 侧向原地推铅球是完整技术的关键部分,在教学中应采用各种专门练习,强化"推"的概念,使学生尽快掌握正确的技术。

(2) 教学中所采用的各种专门练习,尽量与最后用力的动作结构和肌肉用力顺序相类似。

(3) 教学初期,最好先做模仿练习,当学生对动作有一定体会后,再做持球练习。未掌握正确技术之前,应采用较轻的铅球练习,并控制用全力推球。

(4) 在教学的不同阶段要分别提出技术练习的重点。对右腿蹬转、右髋前送、上体转动伸展、左肩臂制动与左侧支撑、挺胸送肩、伸臂推铅球等动作,在教学不同阶段要针对性地安排练习,特别是教学初期,应多练习右腿蹬转动作。

(5) 在教学中应适当发展上肢力量,有助于加快技术动作的掌握。

（五）易犯错误及纠正方法

推铅球教学中,学生所表现的错误动作不尽相同,其原因也是多方面的。教师只有深刻理解推铅球技术结构的内在联系,掌握教学的规律,充分了解学生的心理状态及个体情况,才能"追根求源"地分析错误动作产生的原因,"对症下药"地采用纠正方法,帮助学生尽快纠正错误动作。

1. 推铅球时肘部下降,形成抛球

产生原因：伸臂推球的动作概念不清；肘关节位置过低；滑步中或开始推球时头已转向投掷方向,使球过早地离开了颈部。

纠正方法：多做正面原地推铅球的练习,强调肘部抬起；推悬吊的器械,体会肘部的正确动作；重视做好最后用力预备姿势,多做右手拉左耳滑步和最后用力动作；正确持球,以较慢速度完成最后用力动作,体会肩与头的同时转动；教师帮助学生把肘部抬起（不高于肩）推球。

2. 只用右臂的力量推铅球

产生原因：右臂过早用力,用力顺序不正确；最后用力预备姿势不正确,超越器械动作差；身体各部分的用力动作不协调。

纠正方法：做好最后用力预备姿势,教师或同伴站在练习者的右前侧抵住其右手,或站在右后侧拉住其右手腕,反复做蹬腿转髋和上体抬转的动作；徒手或负重反复做蹬伸右腿和转动右髋的模仿练习,体会用力顺序；正面或侧向原地推铅球,要求利用下肢和躯干的用力动作将球顺势推出；慢速徒手模仿、快速徒手模仿、原地推小实心球或轻铅球,体会全身协调用力。

3. 推铅球时身体向左侧倾倒或左肩后撤

产生原因：左脚着地位置过于偏左,左侧支撑不稳固；左臂牵引左肩过分向左后方运动。

纠正方法：按地上画出的直线放置两脚练习推铅球,强调左侧支撑动作；原地站立做左臂拉引摆动并与左肩一起制动的模仿练习；推铅球徒手模仿练习,强调左臂的正确摆动和左肩、臂的及时制动；背对固定物体（如墙壁、树干等）做原地推铅球徒手模仿练习；同伴站在练习者左后侧方,在练习者推球中及时用手抵住其左肩,防止后撤；在投掷正前上方设置标志,要求向标志方向推出铅球。

4. 推铅球时臀部后坐

产生原因：右腿蹬转无力,右髋转送不充分；预备姿势两脚开立距离过长,导致身体重心前移困难；最后用力过程中左膝始终伸直,制动过大；心理干扰,怕冲出投掷圈造成犯规；腿部和躯干力量较差,动作不协调。

纠正方法：同伴站在练习者后面,两手扶其髋的两侧,推球时帮助其转送髋部,或站在练习者身后随机推送右髋;在地上画出标志,限制两脚的站立位置;多做推铅球徒手模仿练习,要求用右手触及前上方一定高度和远度的标志物;掌握铅球出手后维持身体平衡的技术;消除学生心理上的干扰,先在白灰圈内练习,再进投掷圈练习,或两者交替;适当发展腿部及躯干的肌肉力量。

5. 推铅球出手角度过小

产生原因:最后用力时上体过早抬起;左腿支撑无力,出手时左膝弯屈;伸臂推球时低头,或头向左下方转动。

纠正方法:反复强调做好最后用力预备姿势,明确上体抬起的时机,出手时要抬头挺胸、伸展躯干和蹬直两腿;在投掷前上方悬挂软标志物,要求推出的球触及标志物;将球推过一定高度和远度的横杆或橡皮筋;原地推球徒手模仿,反复练习左腿的支撑和蹬伸动作;左脚踏在斜板上做推球练习。

6. 伸臂推球时右腿向后上方摆动,形成单腿支撑推球动作

产生原因:未掌握右腿蹬转送髋、"跟进"和维持身体平衡等技术。

纠正方法:反复练习右腿蹬伸右髋转送的动作;强调"跟进"动作,所谓"跟进"是指伸臂推球时,整个身体进1步向投掷方向伸展,右肩和投掷臂继续向前上方加速运动,右脚尖在地面上滑行跟进,就如去"追赶"铅球一样;随铅球出手,右腿前跨1步着地,逐渐过渡至右脚与左脚交换位置,并保持身体平衡。

案例2 跳远技能教材教法

一、跳远的主要技术

跳远是人体通过快速的助跑和积极有力的起跳,在空中采用合理的姿势和动作,使身体腾跃一定水平距离的运动项目。

跳远的完整技术由助跑、起跳、腾空和落地等四个部分有机组成。根据腾空阶段不同的动作可分为三种空中姿势:蹲踞式、挺身式和走步式。在跳远比赛中,男子运动员大多采用走步式,女子运动员多采用挺身式。由于中学生身体素质较差,难以完成走步式跳远技术动作,因此,在中学体育教学和课外体育锻炼中,主要以蹲踞式和挺身式跳远为主。

跳远助跑的任务是为了获得较快的水平速度并为准确踏板和快速有

力起跳做好准备。优秀运动员的助跑距离一般为35-45米,中学生跳远时,助跑距离可稍微短些。助跑技术与加速跑技术基本相同,开始几步助跑身体前倾较大,后蹬有力,摆动腿积极前摆,脚着地点离身体重心投影点较近。然后逐渐增加步长,加快步频,助跑速度均匀增加,在最后4-6步时达到最大步长。最后一步合理地减小步长(通常比倒数第二步约小15-20厘米),但保持最快的步频,以便"攻板"起跳。

起跳的任务是充分利用助跑所获得的速度,在较短时间内,创造尽可能大的腾起初速度和适宜的腾起角。起跳从最后一步起跳脚的放脚动作开始。放脚应积极主动,像"扒地"一样,起跳脚几乎伸直以脚跟先触及地面,并迅速过渡到全脚掌着地。缓冲时,膝关节适度弯曲,一般约为140°-150°。缓冲过程中,摆动腿大小腿折叠积极前摆,两臂配合协调摆动,身体保持正直。当身体重心投影点移过支撑点时,起跳脚爆发式蹬伸用力,动作快而完全。摆动腿和两臂配合起跳推动身体动作加速摆动,摆动腿摆至水平位置,两臂前后摆起,当上臂摆至约为与肩同高时,有意识地做"突停"动作。整个身体快速向上伸展,上体和头部保持正直,起跳腿的髋、膝、踝三关节充分伸展蹬直,蹬地角约75°。

空中动作的目的是维持身体平衡,并为着地动作创造有利的条件。人体腾空后,在形成短暂"腾空步"后开始做空中动作。蹲踞式跳远,"腾空步"的时间相对较长,当人体飞越到腾空最高点时,起跳腿屈膝前摆,与摆动腿靠拢,两腿继续上举,尽量接近胸部。落地前小腿前伸,两臂经体侧向后摆动。挺身式跳远"腾空步"的时间相对较短(约占整个身体重心作抛物线运动时间的三分之一),摆动腿大腿积极下压,小腿向下,向后方摆动。留在体后的起跳脚屈膝与向后摆的摆动腿靠拢,同时两臂下落并后摆,肩和头部也稍微向后运动。当人体到达腾空最高点时,身体充分伸展,形成挺胸展髋姿势。然后收腹屈腿上举,两膝举至胸部,双腿前伸,两臂经体侧摆向体后,完成落地动作。

起跳动作是跳远的技术重点,快速助跑与有力跳远相结合是跳远的技术难点。

二、跳远教学程序的安排

首先通过讲解与示范,使学生明确学习目的,了解跳远技术和有关的基本知识:学习跳远技术—学习助跑结合起跳的技术—学习空中的动作和落地动作—学习跳远的完整技术—改进和提高跳远完整动作。

由于蹲踞式跳远技术比较简单,教学时应以完整教学为主,但对技术重点、难点大多采用先分解后完整相结合的教学方法。

挺身式跳远教学是在蹲踞式跳远教学的基础上进行的,因此应重点学习空中动作。同时也应加强对助跑起跳技术的复习、改进和提高,从而顺利地完成教学任务。

下面重点讲一下助跑与起跳相结合的技术:

1. 动作要领

采用原地或行进间的起动方式,助跑动作放松自然,均匀加速,节奏明显,助跑最后一步稍小。起跳时快速放腿,柔和缓冲,充分蹬伸,摆动腿和两臂积极摆动,蹬与摆动作协调,上体保持正直或稍前倾,身体充分向上伸展,提肩拔腰,在起跳过程中髋部积极前送,创造最佳的腾起角和腾起初速度。

2. 教学要求

以起跳中充分利用速度为核心,着重掌握快速助跑和准确起跳的技术动作,紧紧抓住助跑与起跳相结合这个技术关键不放,使学生正确认识并基本学会"跑步式"的起跳技术;在助跑教学中,要帮助学生固定起跳姿势,确定助跑距离,熟悉助跑节奏,提高助跑准确性和学会助跑步点丈量方法;在起跳技术教学中,要加强起跳腿蹬伸、摆腿和身体伸展协调配合技术的学习和掌握;要抓好"腾空步"动作的学习,让学生明确"腾空步"动作质量好、直接影响着空中动作的完成,也是衡量是否掌握起跳技术的标志之一。

3. 主要教学方法、手段和要求

(1) 弹跳步走。方法同前。练习目的是预先活动足跟和踝关节,防止受伤,同时体会脚掌滚动动作和踝部蹬伸动作。

(2) 原地摆臂练习。原地站立,两臂前后摆动,然后提腿摆臂并结合"突停"动作。练习时注意提肩拔腰。可结合教师发出的信号做上述练习。

(3) 摆动腿摆动练习。原地两脚前后开立,起跳腿在前,摆动腿蹬离地向后迅速折叠,以髋带动大腿屈膝前摆至水平部位,起跳腿配合蹬伸提踵,两臂摆起,上体正直,提肩拔腰。逐渐加大摆动的速度和幅度着重膝关节的积极前倾,摆与蹬协调配合。动作熟练后可结合起跳腿上一步摆腿练习。如条件许可,也可以系橡胶带或小腿绑沙袋做摆腿练习。

(4) 起跳腿"扒地"练习。原地两腿前后开立,摆动腿在前,起跳蹬离地后髋带动大腿积极前摆至体前,然后大腿下压,小腿随大腿下压的惯性自然前伸与脚一起向下积极"扒地",用全脚掌着地支撑。动作熟练后可结合摆动腿及两臂的摆动进行练习,起跳腿配合蹬伸提踵。

(5) 原地模仿起跳练习。两脚前后开立,摆动腿在前稍屈膝,然后摆动腿蹬地,起跳腿由后向前迈步放脚,同时摆动腿自然折叠,以髋带腿积极前摆,起跳腿蹬伸,两臂摆起,成起跳结束时姿势。练习时,先按起跳脚着地、缓冲、蹬伸三部分动作分解练习,待学生熟悉动作方法后,逐步连贯成完整动作练习。

(6) 走步中做起跳模仿练习。每走 3 步做一次完整的起跳模仿练习,连续走 20-30 米。开始练习时起跳脚不离地,逐步过渡到放松起跳腾起。特别注意上、下肢动作和蹬摆动作的配合

(7) 1-3 步助跑起跳成"腾空步"练习。在跑道上跑 1-3 步,连贯做起跳动作。要求正确完成起跳、跑、跳相结合。开始练习时可以用起跳腿落地动作熟练后用摆动腿落地。

(8) 3 步助跑起跳腾跃障碍物练习。3 步助跑起跳成"腾空步",当摆动腿越过障碍物时,积极下压大腿,下放小腿,以前脚掌着地向前跑出。障碍物可用叠起的实心球或橡皮筋代替,放置在松软的地面上,高度不超过 40 厘米。练习时要求快速起跳,向上用力,顶头、提肩、拔腰,起跳腿充分蹬直,摆腿摆臂协调配合;完成"腾空步"后下放摆动腿要及时,着地后注意缓冲。障碍物由低逐渐加高。动作熟练后,可多放置障碍物,连续做上述练习。

(9) 短程助跑跳起头顶标志物的练习。3-5 步助跑起跳式"腾空步",同时以头(或手)触及空中的标志物。标志物可采用悬挂的红旗、垂下的树枝、橡皮筋和柔软的球等代替。

(10) 短程助跑在助跳板或跳箱盖上起跳的练习。要求准确上板或踏上箱盖,利用延长的腾空时间做好"腾空步"动作,并注意落地后及时缓冲和向前跑出。

(11) 各种距离的加速跑练习。要求固定起动方式,以站立式起跑为主进行练习。

(12) 用加速跑测定助跑距离的练习。用站立式起跑做加速跑,在起跑的第 20 米、25 米、30 米、35 米处用秒表计时,以测定每个学生发挥最高速度时的距离。要求跑得放松,要积极加速。

(13) 利用预定的间隔的海绵块(或标记)练习助跑。海绵块的间隔根据学生的实际情况设计,最后一块海绵适当缩短 20 厘米摆放。要求练习者积极加速,提高身体重心,适当缩短步长,加快频率,从海绵块间隔中跑过去。动作熟练后,要结合做快速起跳动作。

(14) 学习助跑点和距离的丈量方法,讲解助跑第二个标志的确定及应用,在跑道上做助跑和起跳的练习。在跑道上要用白灰画出起跳区(作为起跳板,可适当扩大),用确定的助跑步数进行助跑、起跳练习。要求积

极加速,步长稳定,准确踏上起跳区,后程不减速。

(15) 在跳远助跑道上做中程助跑练习。开始是在画出的起跳区起跳,逐步过渡到在起跳板上起跳。

4. 注意事项

(1) 为了更好地完成助跑起跳教学任务,应重视改进跑的技术,提高跑的能力,使学生学会在较短的距离内发挥出最快的跑速。因此,教师要有意识地穿插这些方面的教学内容。

(2) 为了掌握快速助跑与起跳相结合的技术,要把不同距离助跑结合起跳的练习贯彻教学的始终,并逐步加长助跑的距离以提高起跳的能力,使学生不断加深体会,熟练掌握这一关键技术。

(3) 要根据学生不同的情况来确定助跑的距离,并教会学生根据具体情况来调整步点。

(4) 要学习好起跳动作,应培养正确的肌肉用力感觉,注意动作练习的完整性。练习速度由慢到快,动作幅度由小到大;起跳时强调向前跳,强调摆动速度,不强调蹬伸力量;强调腾起速度,不强调腾起高度。随着起跳动作的熟练,可响应加大"腾空步"的动作幅度和远度。

(5) 教学中要以练习和掌握技能为主,不要过多拘束于"准确踏板起跳",因此,可通过扩大起跳区(用白灰画出)的方法来提高学生积极上板起跳的动作意识。

(6) 练习前要充分活动下肢,尤其是膝关节,防止伤害事故的发生。

三、易犯错误及纠正方法

(一) 助跑步点不准

产生原因:助跑开始姿势不固定;助跑加速不均匀;节奏和步长不稳定;气候、场地、身体机能状况和心理因素的影响。

纠正方法:选择并固定助跑开始姿势,正确使用助跑标志;反复练习助跑,在快跑中固定助跑的加速方式、动作幅度、步频和节奏;在不同的气候和场地上练习助跑,培养适应各种环境的能力;注意体力、心理因素对助跑准确性的影响,提高调整步点的能力。

(二) 起跳后身体不能充分腾起

产生原因:最后一步步长过大或过小;在快跑中起跳的能力差;起跳腿蹬伸不充分,蹬伸时机不当;动作不协调和力量素质差。

纠正方法:正确认识和改进起跳技术;采用俯角斜板提高起跳的速度;做各种跳跃练习,发挥腿部力量和动作的协调能力;减小起跳中的制动作用,提高向前用力的效果。

案例3 武术技能教材教法

一、武术教学的一般规律

（一）武术教学的三个阶段

第一个阶段：进行武术拳术的手型、手法、步型、步法等基本动作和武术操的教学，提高学生的身体素质，掌握动作技术。

第二个阶段：学习组合动作和简单的拳术套路，掌握套路特点和运动方法。

第三个阶段：在巩固和提高简单的拳术套路的基础上，学习单人和双人攻防动作，初步掌握攻防技术的性质和作用。如果学攻防动作，初步掌握攻防技术的性质和作用。如果学攻防动作的条件不够成熟，也可以选棍术或剑术进行教学，初步掌握器械套路的方法。

（二）武术教学的顺序

武术特点之一，就是以套路为运动形式，而套路是由若干基本动作所组成，每个完整的套路，一般都包含动作的方向路线、功架和结构、发力的特点、节奏的变化、手眼的配合等要素。要让学生逐步学会动作的套路，可按下列教学顺序：

（1）弄清动作的方向路线。

（2）进一步掌握动作技术。

（3）要使学生完整地掌握动作，并使其规范化。

（4）要使学生体会武术的技法，以及神形兼备的要求。

（5）通过多练达到熟练掌握套路，并不断提高动作质量的目的。

（三）讲解和示范的特点

在武术教学中教师的讲解和示范，对于教学的成败起着极其重要的作用。讲解和示范是思维和直观相结合的教法，是使学生建立正确动作概念和掌握动作的基本方法。

1. 讲解的特点及内容

（1）讲解动作的规格和要求时，力求通俗、精炼、形象、准确，可多用武术的术语或口诀。

（2）讲解动作的基本技法，如进攻和防守的方法和部位。

（3）按动作的顺序，每一个动作，一般先讲下肢（步型），再讲上肢（手型、手法），最后讲上下肢的配合。

（4）讲动作的关键环节。
（5）讲动作的攻防意义。
（6）讲学习中易犯的错误。

2. 示范的特点及方法

教师的示范是使学生通过直观感性认识来了解动作表象、结构、过程，从而获得正确的动作表象。武术教学的示范有自己的特点和方法。

（1）示范的位置可以选择在横队的等边三角形的顶点。

（2）教师的示范面根据动作的需要，可采用正面、镜面、斜面、侧面和背面。在教套路时，需要示范领做，教师要随着队列的变化方向不断变换自己的位置，最好保持在队列前进方向的左前方。领做时最好先用背面示范，便于学生直接模仿教师的动作。开始可用慢速示范，以后逐渐加快示范的速度。

（四）组织教法

（1）以集体练习为主，分组练习为辅，要充分发挥教师的主导作用和调动学生积极性。

（2）注意培养和使用武术骨干，使其发挥"小教员"的作用。集体练习时把他们安排在适当的位置，可以起到不同角度的示范作用。分组练习时发挥"兵教兵"的作用，让他们当好教师的助手。

（3）练习时可进行教学比赛，择优示范和讲评。

二、武术基本动作教学方法

武术的基本动作是组成套路的主要内容，指手型、手法、步型、步法、腿法、身法和眼法。加强基本动作的教学，有助于掌握教材中的套路，领会和保持武术动作准确、有力、有神的独特风格，从而达到有效地锻炼身体的目的。

教学建议：

学习基本动作时，应该先讲清动作概念、要领。

每次学新动作时，都要先在静止的情况下使其定型、规格化，否则在活动中会发生变形，也影响在攻防动作中的应用。

初步掌握某种动作后，要让学生单独练习，使他们的动作能做到熟练、准确、劲力顺达、完整紧凑。学生掌握某一部分动作时（如手型、步型等）可用口令或代号指挥学生改换做已学过的各种动作（如拳变掌、掌变钩等）；当学生已初步掌握了各种基本动作后，可指挥其将上下肢动作联合起来练习（如马步冲拳、弓步推掌、上步劈拳等）。最后，要把单个动作与手、眼、身法、步法协调地结合起来，体现内外合一、神形兼备的特点。

单个动作或组合动作,练起来要手、眼、身、步一起活动,停下来时要手到、眼到、步到、身到。

(一) 长拳类(部分基本动作)

1. 手型

(1) 拳。

① 教学步骤:

    a. 拇指外展,四指并拢成八字形。

    b. 四指由第一骨节依次屈曲。

    c. 拇指紧扣于食指和中指的第二指节上。

    d. 直腕,即前臂的轴线空过拳面的中心。

② 要点:掌握紧,拳面平,手腕直。

③ 易犯错误及纠正方法:

握拳无力,拳心空虚,拳面不平,手指骨突出。纠正方法:强调握拳如"卷饼",将手充分握紧,并用拳面支撑,做俯卧撑练习。

(2) 掌。

① 教学步骤:

    a. 四指并拢向后伸张。

    b. 拇指屈曲紧贴食指侧面。

    c. 翘腕成侧立掌。

② 要点:掌心开展,竖指。

③ 易犯错误及纠正方法:

a. 四指分开或四指不直而且后弓不明显。纠正方法:可用向后扳手腕的方法纠正,即一手五指并拢,伸直,小指在下,横放在另一手的手心上,然后用另一手把它握紧后向手背方向搬动。

b. 拇指屈附不紧,远离食指侧面而成八字掌。纠正方法:强调大拇指弯曲、内收。

(3) 勾。

① 教学步骤:

    a. 直腕,五指捏拢。

    b. 用力屈腕似"镰刀"。

② 要点:五手指指肚紧靠在一起,勾顶要凸显。

③ 易犯错误及纠正方法:

五指散开,屈腕深度不够。纠正方法:用一只手握紧另一只手捏拢的五指,向下拉引。

2. 手法

(1) 冲拳。

分平拳与立拳两种。平拳拳心向下；立拳拳眼向上。

① 动作说明：挺胸、收腹、立腰，一拳从腰间向前猛力冲出，转腰、顺肩，在肘关节过腰后前臂内旋。力达拳面，臂要伸直，高与肩平。同时另一手臂的肘向后牵拉。练习时左右交替进行。

② 要点：冲拳时拧腰顺肩，肩肘放松，急旋前臂，要有寸劲，力达拳面。

③ 教学方法：练习时先慢做不用全力，注意掌握出拳路线和用力顺序，逐步过渡到快速用力。先练一侧冲拳，然后左右交替。交替冲拳时要前冲后拉，胸前交错。

④ 易犯错误及纠正方法：

a. 冲拳时肘外展，使拳从肩前冲出。

b. 冲拳无力。

纠正方法：强调紧握拳和肩下沉，冲拳时，前臂要内旋，动作要快速；可在练习人前面设一与肩同高的目标，让他向目标冲击。

(2) 推掌。

① 动作说明：前臂内旋，并以掌跟为力点向前猛力推出，推击时要转腰、顺肩，臂要伸直，高与肩平。同时另一手臂的肘向后拉引。练习时，左右可交替进行。

② 要求与特点：挺胸、收腹、直腰。出掌要快速有力骨寸劲。同时还要做好拧腰、顺肩、沉腕、翘掌等动作。

③ 教学方法：

a. 做旋臂、坐腕、挑指等动作。加强腕关节柔韧性和灵活性练习。

b. 练时先慢做不用全力，注意掌握推掌路线和用力顺序，逐步过渡到快速有力。

c. 注意立掌时间。

④ 易犯错误及纠正方法：

a. 推掌时肘外展，使掌从肩前推出。

纠正方法：强调肘肋运行，使掌内旋冲出。

b. 推掌无力。

纠正方法：强调立掌和肩下沉。推掌时前臂要内旋，动作要快速。

c. 推掌过高或过低。

纠正方法：可在练习人前面设一与肩同高目标，让他向目标推出。

3. 步型

（1）弓步。

① 动作说明：一脚向前一大步（约为本人脚的4-5倍），前弓后蹬。

② 要求与要点：前腿弓，后退绷；挺胸、立腰、沉髋。

③ 教学方法：

a. 原地练习：做成弓步坚持一定的时间以体会动作要领。

b. 行进间练习：结合弓冲拳等手法做左右交替的连续练习。

④ 易犯错误及纠正方法：

a. 后脚拔跟。

纠正方法：提高膝和踝关节的柔韧性，并强调脚跟蹬地。

b. 后腿屈膝。

纠正方法：强调后腿挺膝和用力后蹬。

c. 弯腰和上体前俯。

纠正方法：强调头部上顶，并注意沉髋。

（2）马步。

① 动作说明：两脚平行开立（约为本人脚长的3倍）脚尖正前，屈膝半蹲。

② 要求与要点：挺胸、立腰、脚跟外蹬。

③ 教学方法：

a. 两脚按规定站好后，再慢慢屈膝成马步，坚持一定时间。

b. 结合手法进行练习，先原地后上步，再左右交替连续进行。

④ 易犯错误及纠正方法：

a. 脚尖外撇。

纠正方法：经常在站立时做里扣脚尖的练习；或做马步时强调两脚跟外蹬。

b. 两脚跟距离过大或太小。

纠正方法：强调挺好胸。立腰之后再下蹲，膝不得超过脚尖的垂直线；或手扶一定高度的物体做动作。

（3）虚步。

① 动作说明：两脚前后开立，一脚外展45°，屈膝半蹲。一脚脚跟离地，脚面绷平脚尖稍内扣，虚点地面膝微屈，重心落于后腿上。

② 要求与要点：挺胸、立腰、虚实分明。

③ 教学方法：

原地练习：并步直立，一脚外展45°，一脚前伸，脚尖不着地，支撑腿慢慢下蹲，前脚虚点地面，成虚步。

手扶器械练习,姿势由高到低。
④ 易犯错误及纠正方法:
a. 虚实不清。
纠正方法:前脚先不着地,等支撑腿下蹲后再以脚尖虚点地面,成虚步。
b. 后腿蹲不下去。
纠正方法:可做单腿屈蹲或双腿负重屈蹲等练习,以发展下肢力量。
(4) 仆步。
① 动作说明:两脚左右开立,一脚屈膝全蹲,大腿和小腿靠近,臀部接近小腿,一脚全脚着地,脚尖和膝关节外展,腿挺直平仆,脚尖里扣。
② 要求与要点:挺胸、立腰、沉髋。
③ 教学方法:
a. 原地练习:两脚并步站立,立腰屈膝,重心移到一腿屈膝成全蹲,同时另一只脚外侧伸向同侧前方平铲成仆步,坚持一定时间。
b. 左右交替连续转向做仆步练习。
c. 结合手法练习。如仆步穿掌等。
④ 易犯错误及纠正方法:
a. 平仆腿不直,脚外侧掀起,脚尖上翘外展。
纠正方法:多做仆步压腿练习,同时强调平仆腿一侧用力、沉髋、拧腰。
(5) 歇步。
① 动作说明:两腿交叉靠拢全蹲,一脚全脚着地,脚尖外展。一脚前脚掌着地,臀坐于后腿。
② 要求与要点:挺胸、立腰、两腿靠拢贴近。
③ 教学方法:
a. 练习时两腿交叉站立,下蹲成歇步。要求保持挺胸立腰姿势,强调下蹲时两腿贴紧。
b. 可结合手法练习,如左右穿手亮掌。
④ 易犯错误及纠正方法:
a. 动作不稳。
纠正方法:前脚脚尖充分外展,两腿贴紧。
b. 两腿贴不紧。
纠正方法:强调后腿贴紧前腿外侧,并加强膝关节柔韧性练习。

4. 步法

（1）击步。

① 预备姿势：两脚前后开立，前脚略弯曲，十字手。

② 动作说明：上体前倾，后脚离地提起，前脚随即蹬地向前纵，在空中时，后脚向前碰击前脚，同时两手分开摆臂。落地时后脚开落，眼向前平视。

③ 要求与要点：跳起空中时，要保持上体正直并侧对前方。

④ 教学方法：

a. 叉腰击步。

b. 原地两手分开摆臂。

c. 上下肢配合完成动作。

⑤ 易犯错误及纠正方法：上下肢动作配合不协调。

纠正方法：熟练上下肢分解动作，及时完整动作配合练习。

（2）垫步。

① 预备姿势：两脚前后开立，两脚略弯曲，十字手。

② 动作说明：后脚离地提起，脚掌向前脚处落步，前脚立即以脚掌蹬地向前上跳起，将位置让于后脚，然后再屈膝提脚向前罗布，眼向前平视。

③ 要求与要点：跳起空中时，要保持上体正直并侧对。

④ 教学方法：

a. 叉腰垫步。

b. 原地两脚分开摆臂。

c. 上下肢配合完整动作。

⑤ 易犯错误及纠正方法：直角垫步，动作不紧凑。

纠正方法：两脚处于自然弯曲状态做垫步。垫步结束白痴微屈膝壮。

（3）弧形步。

① 预备姿势：两脚前后开立与肩同宽，两脚叉腰。

② 动作说明：两脚微屈，两脚迅速连续向前方行步。每步大小略比肩宽，走弧形路线。

③ 要求与要点：挺胸，立腰，保持半蹲姿势，身体重心要平稳，不要上下起伏，由脚跟迅速连续过渡到全脚掌，并注意转腰。

④ 教学方法：

a. 由脚跟先着地过渡脚前掌着地慢走行步。

b. 两膝靠拢屈膝绕 8 字慢走行步。

c. 正常速度步型。

⑤ 易犯错误及纠正方法：翘臀，身体上下起伏。

纠正方法：互助练习，一人手放于练习者头上方，强调头不可碰手。

5. 腿法

（1）弹腿。

① 动作说明：一脚支撑，一脚提膝至水平时小腿猛力向前甩、摆，挺膝，力达脚尖，大小腿成水平一线。

② 要求与要点：挺胸、立腰、收髋，弹踢要有寸劲。

③ 教学步骤：

a. 两腿并立，两手叉腰。

b. 先练习弹低腿，即弹击对方小腿胫骨部位，力达脚尖，然后增加高度，至水平位置。

c. 左右腿交替练习。

d. 结合手法练，如弹腿冲腿，推掌等。

e. 做行进间的弹腿冲拳或推掌动作。

④ 易犯错误及纠正方法：

a. 屈伸不明显，近似踢摆动作。

纠正方法：强调收髋，屈膝后再弹踢出去。

b. 力点不明显，没有爆发力。

纠正方法：强调挺膝，绷紧脚尖。

（2）侧踹腿。

① 动作说明：一腿支撑，一腿屈膝提起，脚内扣，脚尖勾起。

② 要求与要点：挺膝，展髋；踹腿要脆快有力。

③ 教学步骤：

a. 先做侧压腿、侧摆腿练习。

b. 立正成抱肘姿势，一腿屈膝上提，脚尖上勾，向斜下方踹出，与膝盖同高。

c. 手扶一定高度的物体，做侧踹腿练习，身体可向物体方向稍倾。

d. 左右交替做侧踹腿练习。

④ 易犯错误及纠正方法：

a. 脚尖向上侧踹腿。

纠正方法：强调将腿内旋后再踹出。

b. 力点不明显，收髋。

纠正方法：多做仆步压腿，侧压腿等练习；强调侧踹时要有爆发力。

案例4 体操技能教材教法

1. 前滚翻

(1) 动作要领：由蹲撑始，身体前移，两腿蹬直离地，同时屈臂，低头含胸经后脑、背腰臀部依次向前滚动，当腿至前上方约45°时（腿与地面夹角），迅速屈膝抱腿，同时上体紧靠大腿成蹲立。

(2) 动作规格：滚动圆滑，有直腿过程。

(3) 教学方法及其要求：

① 原地滚动。要求：向后滚动时积极倒上体，向前滚动时上体积极前跟，团身紧，滚动幅度大。

② 原地滚动抱腿成蹲立。要求：仰卧屈体滚动，当前滚至腿与地面夹角为45°时迅速抱腿团身起成蹲立（可利用高低位做，即滚动于垫子上，蹲立于地上）。

③ 利用斜面，由高往低做前滚翻。要求：在约20°的斜面上练习，做滚翻时腰部肌肉保持适度紧张而不放松。

④ 在帮助下完成整个动作。当练习者前滚速度小时，帮助推其背部成蹲立。

(4) 保护与帮助：保护帮助者开腿跪立在练习者的侧前方（近侧腿跪，远侧腿立），一手压其颈部，另一手压其大腿后部帮助团身前滚，当前滚过背部后顺势推其背部帮助成蹲立，当练习者动作初步学会但滚动速度小时，可直接推其背部。

(5) 易犯错误及纠正方法：

① 滚动不圆滑。

产生原因：未低头，以头顶着地或松腰。

纠正方法：强调低头，以后脑着地及腰部适度紧张，采用教法④纠正。

② 滚动速度小，团身不紧。

产生原因：屈臂过早而影响腿用力蹬地，或没蹬直腿，或松腰，抱腿过早而缩短了转动力矩。

纠正方法：强调先蹬地后屈臂动作，采用教法③纠正；明确抱腿团身时机，采用教法②纠正。

③ 方向不正。

产生原因：在屈臂时两臂出现依次屈臂或低头时偏头着地。

纠正方法：强调两臂同时屈臂，低头要正。

④ 收腿成蹲立时,脚掌打地。

产生原因:先收小腿后收大腿。

纠正方法:强调主动先收大腿自然收小腿,采用教法②纠正。

2. 鱼跃前滚翻

(1) 动作要领:由半蹲两臂后举开始,两臂向前摆起,同时两脚蹬离地并积极向后上方摆起,使身体向前上方跃起,空中保持含胸、紧腰、梗头。当两手撑地后顺势屈臂低头做前滚翻。

(2) 动作规格:腾空时臀部应达腰水平高度,髋关节弯曲角度大于90°且腿在水平角度以上,滚动圆滑。

(3) 教学方法及其要求:

① 练习手撑远处前滚翻。可在练习者前面划一线,使学生明确手撑的位置。

② 脚蹬在跳箱盖上手撑低处做前滚翻。要求:蹬摆腿积极有力,髋关节大于90°,屈臂缓冲做前滚翻。

③ 半蹲在跳箱盖上做鱼跃前滚翻。可前面铺软海绵垫,作稍有腾空到较高腾空的鱼跃前滚翻。

④ (在帮助下)做越过障碍物的鱼跃前滚翻。设置障碍物应靠近练习者。

⑤ 在帮助下完成或可加1-3步助跑。

(4) 保护与帮助:保护帮助者站在练习者侧前方,当练习者蹬地上摆时顺势托其大腿帮助前滚翻。

(5) 易犯错误及纠正方法:

① 没有腾空过程。

产生原因:两臂没向前摆作稍有领臂制动动作或身体前倾至失去重心后再蹬地。

纠正方法:强调两臂前摆作稍有领臂制动动作和身体前倾将失去重心时用力蹬地跃起,或采用教法④纠正。

② 空中髋关节弯曲小于90°或腿低于臀部水平位。

产生原因:腿蹬离地后不主动向后上摆起或收腹。

纠正方法:强调腿蹬离地后积极向后上摆起同时主动伸髋。可采用教法②纠正。

③ 滚翻时砸胸。

产生原因:腾空时松腰、低头收腹抱腿太早。

纠正方法:强调跃起时紧腰、先屈臂后低头,当腿至前上方(与地面夹角45°)时再收腹抱腿。

3. 侧手翻

（1）动作要领：由站立始，两臂向前上方摆起，左腿前举向前跨出一大步成弓箭步，接着后腿向后上方摆起，前脚蹬地摆起，同时上体积极下压，左手在两脚延长线前手掌外展90°撑地并带动肩头身体向左转体90°，右手依次向前撑地经分腿倒立，接着左右手依次顶肩推手，一腿落地屈膝蹬直，另一腿侧身落地成两臂侧举分腿站立姿势。

（2）动作规格：空中一个"面"，地上一条"线"，倒立分腿大，动作要连贯。

（3）教学方法及其要求：

① 做有人扶持的手倒立再分腿。要求：在有人扶持瞎掰成手倒立，然后再分开腿，以体验分腿倒立动作。

② 由分腿手倒立（教法①），在帮助下侧起成分腿站立。要求：练习者两手依次用力顶肩推手；帮助者站于练习者背后先帮助扶持成分腿手倒立，然后助其侧翻下。一侧手扶住腰部并以同侧肩抵住其腰部保持其平衡，另一手抄其另一侧肩并上提帮助翻转。

③ 在帮助下完成。

④ 在地上划一直线进行练习。可先划相距一尺两线，要求其手脚均在线内，逐步过渡到在一条直线上练习。

（4）保护与帮助：保护帮助者站在练习者前举腿的侧前方，当练习者摆臂举腿时顺势两手依次扶其腰部，交叉帮助翻转。

（5）易犯错误及纠正方法：

① 空中屈髋没经垂直面。

产生原因：先手撑地后摆腿或低头。

纠正方法：强调抬头、先摆腿后手撑地，再前脚蹬地。采用教法①纠正。

② 翻转速度慢。

产生原因：前脚先蹬地后摆腿或同时做，或前跨距离小，前腿直腿着地，或空中依次顶肩推手迟。

纠正方法：强调先摆腿后蹬地；前跨距离要大（一大步），成弓箭步，推手要及时，即身体重心在支撑手上即顶肩推手。可采用教法②纠正。

③ 方向不正，手脚不在一条直线上。

产生原因：前脚跨出时就偏离方向，或手撑地时上体就急于转体，或两手同时撑地。

纠正方法：强调前脚向正前方跨出；手撑地时上体仍保持正对前方；掌握两手依次撑地的节奏。

4. 单杠骑撑前回环

（1）动作要领：（以右腿在前为例）由骑撑始，两手反握杠，直臂顶肩撑杠后引，接着右腿上举前跨出，以左大腿上部靠压杠，同时挺胸紧腰梗头上体积极向前倒，当身体回环至四分之三将近杠水平位时，右腿主动前身下压杠积极制动，同时翻腕直臂撑杠，上体积极抬起挺胸梗头成骑撑。

（2）动作规格：回环过程后腿与身体保持伸直，分腿大，动作稳定。

（3）教学方法及其要求：

① 两手握体操滚穿于裆下，一腿站立另一腿前举，前腿迅速向前跨出一大步，后腿迅速蹬地后举，同时两臂后引将杠压于大腿后上部。要求上体挺胸梗头紧腰保持不变，前跨快后举腿快，移重心快，前跨落脚力量大。

② 由杠上骑撑，帮助者托其前腿做撑杠前跨上体前倒动作。要求：帮助者以两手和肩托其前腿，练习者在教法①基础上要大大地做前跨前倒体动作，上体保持挺胸梗头紧腰，并上体与前腿之间角度基本不变。

③ 在帮助下完成。

（4）保护与帮助：保护帮助者站在练习者杠后右侧，一手从杠下翻握其手腕处，另一手托其腰部，当将上成骑撑时，换握成一手托其前腿，另一手不变仍托其腰背部帮助上成骑撑。

（5）易犯错误及纠正方法：

① 上体前倒时松腰屈髋或屈臂拉杆。

产生原因：上体向下倒体，松腰或上体先倒腿后走，不直臂撑杠后引与后腿处。

纠正方法：强调紧腰并上体与腿紧张成一体同时前跨前倒，并始终保持紧腰，肘关节外挺直臂撑起积极后引于后腿处，采用教法①、②纠正。

② 回环速度小。

产生原因：前跨幅度小，或前跨与上体前倒动作慢，或回环过程中松腰、屈臂等。

纠正方法：强调两臂将身体撑离杠搞，前跨大，前倒猛，动作快，保持两腿分开远伸紧腰，肘关节始终外挺直臂。采用教法②、③纠正。

③ 制动迟或制动力量小或没有制动。

产生原因：没掌握制动的时机及力量，或不会制动。

纠正方法：强调回环至四分之三时，前腿积极前伸并以大腿下压杠制动，如回环速度快则可提前制动或大腿压杠力量大些，速度慢则可稍迟一点制动或大腿压杠力量小些。可在帮助下纠正，帮助方法为帮助者站在前右侧，当练习者回环至四分之三时一手挡住其前小腿，另一手压其前大腿帮助制动及完成动作。

5. 体操技能教学的四种练习方法

（1）升降制练习法。

升降制练习法是指在练习过程中，根据学生是否完成任务，采用不同器械、站位及行走路线进行练习，以区别完成者与未完成者，并重点指导未完成者的一种练习方法。即在练习中实现目标者归为一个群体，未实现目标者归为另一个群体，并在每次练习后都采用一定形式将二者区分开来。

升降制练习可以是单器械，也可以是双器械。如：采用一副器械进行跳马屈腿腾越教学，可规定做出第二腾空挺身动作的学生从右边行走，而未达到要求的学生则从左边走。如第一次做出挺身动作，第二次却没有达到要求的则"降位"，由原来的从右边行走变为从左边行走，反之则"升位"。此时教师对每一个学生的练习情况及时给予评价。如果采用双器械的升降制练习，可事先将器械编为一号器械和二号器械。达到要求的，在一号器械上练习，未达到要求的，在二号器械上练习。一号器械上练习的学生如果动作质量下降，立即降到二号器械。而二号器械练习的学生，一旦动作达到要求，立即升到一号器械。此时，教师在两器械间观察。当大多数升位时，重点再放到二号器械，以指导差生，使整体水平提高。通过教学实践，多数同学都能通过努力达到预先规定目标，即"升位"。

升降制练习方法一般适合单个动作的练习，实施时，对场地和器械有不同的要求：① 器械升降，必须具备两副以上的器械或场地；② 行走路线升降，可以是一副器械或场地；③ 站位升降，可以在具备①或②两项条件的基础上进行。

（2）累计总数练习法。

累计总数练习方法是指在练习时根据完成动作需要的时间和次数来设定总目标，再将所有实现目标者的次数累计计分，并对每一个体完成情况予以区别，以激发学生努力完成动作的一种练习方法。例如，在进行前手翻练习时，可规定群体完成的目标是五十个，练习时，任何一人完成一次动作均加上一，达到总目标后，检查每一个人完成了几次。也可以规定群体总目标是记录二十分钟完成动作的总次数，到规定时间后，再检查每个人的完成情况，对于完成次数少或没能完成动作的学生，教师再给予重点辅导。

累计总数练习法一般适用于单个动作的练习，尤其适合动作处于完成与未完成之间时。在群体总目标的激励下，练习者会发挥自己最大的努力去进行练习,常常收到较好的效果。

(3)质量统计练习法。

质量统计法是学生根据教师制定的统计内容,进行个体练习,群体统计的方法。体操练习中,由于受器械限制,当一个学生进行练习时,一般情况下,群体中的其他人都坐观等待。如果教师布置任务不明确或课堂要求不严,就会出现学生散漫的现象,其结果不仅影响了课堂纪律,还影响了在场练习的个体的情绪。在这种状况下,练习者会感到没有压力而松松垮垮甚至不想练习,这对完成教学任务是不利的。而采用质量统计练习法时,它能将个体的尊重需要与所要实现的目标结合在一起,还能充分地调动群体的积极性,培养学生判断错误的能力。当运用质量统计法进行练习时,练习者每一次都不愿意自己出现缺分等不符合要求的错误动作而被群体成员记录下来。统计者则将自己当作裁判员,不愿与其他成员的统计有出入,也总是认认真真,一丝不苟地观察练习者的每个细小动作。

质量统计练习方法一般在提高单个或成套动作质量时采用。运用时应注意以下几点:① 教师应科学地制定评分标准;② 学生对每一个动作的规格及分值应明确;③ 组织过程一定要紧凑,否则影响练习密度;④ 学生必须是基本上能完成单个或成套动作时。

(4)对抗赛练习法。

对抗赛练习法是指练习时将学生分成两个人数相等的小群体,以某个练习目标为计分标准,按每个群体得分多少评定胜负的一种练习方法。使用此方法的前提必须是两副器械。进行对抗赛练习法教学时,对教师的要求较高。因为学生分别在两副器械上练习,教师必须具备较好的观察能力和准确的分析能力。

对抗赛练习法既适用于单个动作的教学,也适用于成套动作的教学。例如在进行鱼跃前滚翻辅助练习时,要求练习者站在一层跳箱盖上向垫子做前滚翻,撑手距离在 1.0 米以上,并体会蹬、撑、滚,达到要求的给予计分。也可采用群体间——找对手的方法,胜者得分,看哪组得分最多。当大多数同学达到练习目标时,再增加难度,将撑手距离加至 1.2 米以上。以同样方法进行练习,最后逐步过渡到相似动作的练习。无论是群体间的总对抗,还是群体间找对手的对抗,群体成员间都充满了不甘落后互相帮助的学习气氛。

参考文献：

[1] 张志勇.体育教育论[M].北京:科学出版社,2005.

[2] 龚正伟.体育教学论[M].北京:北京体育大学出版社,2004.

[3] 邓星华,谭华.新编体育教学论[M].上海:华东师范大学出版社,2008.

[4] 张雪临.体育教学法[M].北京:中国广播电视出版社,2000.

[5] 理查德.阿兰兹.学会教学[M].上海:华东师范大学出版社,2007.

[6] 季浏.体育与健康课程与教学论[M].杭州:浙江教育出版社,2003.

[7] 黄汉升主编.体育科学研究方法[M].北京:高等教育出版社,2006.

[8] 王崇喜,李高峰."体育、艺术2+1项目"实验中足球技能等级评价标准的研制[J].北京体育大学学报,2007(8).

[9] 毛永新,汤景山.体操教学中几种练习法的设计与运用[J].中国学校体育,1995(增刊).

[10] 袁野.球类实践课教法教程.[M]].南京:南京师范大学出版社,2001.

第二部分

运动技能知识篇

第五章 运动技能与身体素质

【本章提要】 本章从力量素质、速度素质、柔韧素质、耐力素质、灵敏素质、协调素质、弹跳力素质与运动技能形成的关系方面进行了论述，并介绍了运动员身体素质练习方法。通过阅读本章的内容，使运动员能够从自己的实际情况出发，制订练习计划，选择练习方法。

由运动技能的概念可知，运动技能是通过运动技术在力量、速度、柔韧、耐力、灵敏、协调等素质的强化下发展而来的，是"硬化"和"锤炼"过的运动技术，所以运动技能是在运动技术学习的基础上通过训练发展而成的，当然对于已经具备优异运动素质的运动员，掌握了运动技术的同时也就基本形成了运动技能。

人的身体素质可以分为多种，它们都与运动技能有着紧密的关系，但是从运动技能形成的专项身体素质来看，力量素质、速度素质、柔韧素质、耐力素质、灵敏素质、协调素质、弹跳力素质与运动技能的关系更加密切（图5-1）。田麦久教授主编的《运动训练学》（2010版）中显示：选择频数由高到低的是力量训练、移动训练、弹跳训练、速度训练、耐力训练、协调训练，其余依次为柔韧训练、平衡训练。而在这些训练中，重点训练的素质按照频数高低依次为绝对力量、弹跳能力、反应速度、耐力素质、移动能力、柔韧素质、灵敏素质。加强速度和力量训练在不同运动项群中训练内容的区别与调整，也已经成为体校教练员训练的共识。

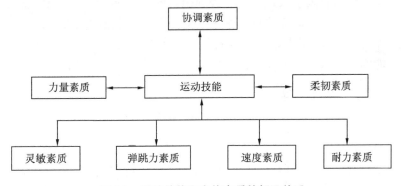

图5-1 运动技能和身体素质的相互关系

运动技能的发展和提高,要求学习者具有良好的身体素质。可以说身体素质是运动技能基础,但随着运动技能水平的提高,身体素质也会得到发展。身体素质的提高又为进一步提高运动技能打下了良好的基础。所以运动技能与身体素质的关系是相辅相成、相互促进、相互影响的。由于运动项目的各自不同的特点和技术风格,其进行的身体素质训练和技能训练也各有侧重,两者的结合也视运动项目的不同而各不相同,但是不管在哪一类的运动项目中都离不开对运动员进行身体素质的训练,只是训练的方法、方式、二者的关联性因运动项目的不同而不同。例如,排球运动是技能主导类对抗性运动项目,运动员身体形态要符合灵活性高、移动快和挥臂动作快的要求,由于排球运动又是隔网对抗项目,球网的高度相对较高,因此,对运动员的选拔要在灵活的基础上身高尽量的高,体重也要适当。其中,身高、指高及体重是衡量排球运动员身体形态发展水平的重要指标。在排球运动员身体素质方面要求排球运动员移动和挥臂速度快、灵活性高,弹跳力要好和耐力水平要高。在排球运动项目上通常采用30米移动跑、米字移动跑、助跑摸高、30秒双摇跳绳和立定跳远等指标来测试排球运动员身体素质基本情况,它们能反映出运动员速度、灵活和弹跳能力等情况。其中弹跳力是构成空中优势及争夺网上优势十分重要的因素,因此弹跳力是排球运动员身体素质中最为重要的一项基本运动素质。

第一节 运动技能与力量素质

一、力量素质概述

力量是指肌肉紧张或收缩时表现出来的一种能力,它是身体素质的基础。发展力量的锻炼项目有举重、体操和各种器械联系等。在学习任何动作技能时,都需要克服一定的阻力(如重力、摩擦力等),因此,在运动技能的发展与提高过程中,力量素质的提高是不可或缺的。

二、力量素质的种类

(一)力量素质的表现形式

力量素质的表现形式是多方面的。一般包括最大力量(单纯力量、绝对力量)、速度性力量(爆发力)、耐久性力量(力量耐力)等。

(1)最大力量:是指完成某一动作(练习)时,各相关肌群协力所能克服的最大负荷的能力。最大力量专注于使肌肉产生最大张力,从这个角度看,也可称为单纯力量。

(2)速度性力量:是指力量和速度的结合即速度性力量。不仅要求发挥可能大的肌张力,而且要求在短时间内快速收缩,使之达到最大功率输出,使负荷以最大加速度移动,即人们通常所说的"爆发力"。

(3)耐久性力量:是指力量与耐力的结合,即维持自身一定力量水平上的持续工作的能力。

(二)肌肉收缩的机械特征

肌肉收缩有四种基本形式,这四种形式的收缩不同程度地应用于各种体育活动中。

(1)等张收缩:肌肉缩短,张力增加的收缩叫等张收缩。它是最常见的一种收缩形式,用于一切提举活动中。等张收缩又称动力性收缩或向心收缩。等张收缩时,在整个关节活动范围内,张力都没有达到最大值,当负重屈肘时,尽管负荷恒定,但是关节运动到不同角度时,张力是不同的。肘关节角度在115°－120°时,肱二头肌张力最大,30°时张力最小。张力最小的角度所能举起的最大重量才是整个关节活动所能举的最大重量。因为肌肉的张力必须大于负荷才能动。这是动力性力量训练的一个缺点。

(2)等长收缩:肌肉收缩时,长度不变、张力增加的收缩叫等长收缩。这也是常见的一种收缩形式。例如,臂伸平举一重物,或试图举起固定不动的物体等都是等长收缩的例子。等长收缩亦广泛地应用于运动训练过程中,摔跤就是个典型的例子。等长收缩也叫静力性收缩。

(3)离心收缩:肌肉收缩时,张力增加,但肌肉长度反而变长的收缩叫离心收缩。长度变化与等张收缩正好相反,运动中称为"退让工作"。例如,负重慢慢下蹲,下山和下楼梯时,肌肉都要做离心收缩。可见离心收缩现象,在体育运动中也是很普遍的。

(4)等动收缩:这是一种很"新奇"的收缩形式,至少对体育运动来说是这样。肌肉以最大力量收缩,但速度始终恒定的收缩叫等动收缩。这种收缩在运动中也常见,例如自由泳的划臂动作。

虽然等张收缩和等动收缩都是向心收缩,但是二者收缩形式是不相同的。等动收缩在整个动作过程中始终以最大张力进行收缩;而等张收缩不是这样,它的速度是变化的,并且相对较慢,这就限制了肌肉的做功能力(包括力量和速度)。而在很多情况下这正是决定运动成绩的主要因素。

要进行等动练习,需要有特殊的设备,该设备上有一个速度控制器,不管张力多大,速度始终保持恒定。如一个人用力以最快速度完成动作,结果肌张力在整个动作过程中始终达到最大,但速度却不是很快,而是保持恒定。很多等动练习器都能预先调定速度,每秒关节活动度从0°-200°,在实际训练中一般每秒大于100°。等动练习器大都能标出肌肉的张力。在训练中便于评定和控制,这是一大优点。理论和实践都证明,等动训练有利于提高运动能力。

三、影响力量素质的因素

（一）组织结构方面

力量首先取决于肌肉单位横断面积所能产生的最大张力,肌肉的横截面积越大,力量也越大。通过训练肌肉加强代谢,在结构上使肌纤维增粗。肌纤维结构发生变化,是力量提高的物质基础。

力量也取决于肌肉群对于骨杠杆的牵拉角度。这种作用对于一些技术成熟、稳定的运动员来说变化不是很明显,能表现稳定的力量。但对于技术不稳定的运动员来说,牵拉角度的变化,所表现出的力量也不尽相同。

力量还决定于两种类型肌纤维的组成百分比,白肌纤维收缩速度快、张力大,是力量素质的主要因素,在一块肌肉中白肌纤维占的比例越大,肌肉收缩可获得的张力和速度越大。

（二）生理功能方面

运动单位是指一个运动神经元同它所支配的一组肌纤维。参加收缩的运动数量越多,肌肉收缩将表现出更大张力,同时运动单位的类型也与此有关。

完成动作时相关肌群的协调能力,是提高肌力的又一途径。根据各肌群在完成动作中的作用,以便将肌群区分为原动肌、对抗肌、协同肌、固定肌等,在运动中各肌群密切配合,保证动作的方向、幅度、力量和速度。改善这种协调关系,使动作更为有效合理,是提高力量的重要方法,特别是对抗肌的合理放松减小对原动肌张力的抵抗,是非常重要的。

肌肉发力前,使之拉长至最适宜初长度,是发挥力量的一种方法,在一定范围内,肌肉收缩的初长度越长,则肌肉收缩时产生的张力和缩短的程度就越大。

四、发展力量的训练方法

力量训练的方法多种多样,发展力量的目的不同,力量训练的手段与方法也不同。

（一）负荷的性质

（1）等长力量练习：即静力性力量练习，使运动员克服不可能克服的阻力的练习，等长力量练习的力量可随意调节，如举杠铃可以轻推，也可竭力推。静力性力量练习对发展静力性力量是必要的，同时也有助于发展最大力量。

（2）等动力量练习：是一种需通过专门器械——等动练习器进行力量练习的方法。等动练习时肌肉一直以某种张力进行收缩，并且收缩速度始终恒定。等动练习在整个关节活动范围内，在可调节的不同速度条件下，都保持肌肉的最大张力，因而在动作的整个过程中，肌肉都得到最大力量的有效训练。

（3）超等长练习法：超等长练习法也叫超长练习法。肌肉先做退让工作，并且肌肉被极度拉长，然后再尽快转入克制工作。这种练习的目的在于发展爆发力。其生理机制就是牵张反射。

（二）负荷强度

力量负荷的强度主要体现在阻力或负荷重量的大小上。在力量训练中，常将负荷分为若干级别。分级标准以最大力量的百分数或竭力重复次数负荷重量的相对值来划分。

随着力量负荷强度的增加，负荷数量必然相对减少，从而导致负荷总量的减少。因此重负荷的力量训练对人体主要是功能性的，有影响其调节功能，发展最大力量的作用。随负荷轻度减小，负荷数量增加，负荷量加大，对肌肉结构性影响增加，促使肌纤维增粗。同时，对发展肌耐力的作用也增加。轻负荷指一般轻器械练习，轻负荷力量练习的重点在于提高负荷节奏（速度），要求运动员以最大速度完成练习，保证最大功率输出，主要用以发展爆发力。

（三）负荷的数量

练习的重复数与负荷强度相关，强度增大则重复数减少。不同强度与数量的匹配具有不同的作用。发展绝对力量，采用极限强度（90%以上），反复数 1-3 次。采用较大强度（75%），快速、反复数 6-8 次的练习，主要是改善肌肉内协调能力，发展爆发力。

（四）负荷的节奏

采用练习的负荷性质确定之后，便是负荷强度、数量和节奏这三个基本符合因素的匹配。调节负荷节奏，即完成练习的速度，它与负荷的强度、数量密切相关。应该指出，在完成练习时对运动员来说，任何负荷强度的练习，都应要求在主观上尽可能地以最快速度完成动作。

（五）负荷的方式

负荷的方式是指持续或间歇两种方式。力量训练一般都采用间歇训练方式。间歇时间长短，根据训练目标、运动员训练水平、负荷的节奏以及发展肌肉的数量而定。

第二节 运动技能与柔韧素质

一、柔韧素质概述

柔韧性是指大幅度完成动作的能力，它取决于有关肌肉、韧带的弹性和关节活动范围的大小，也取决于肌肉紧张和放松协调能力。发展柔韧的练习有摆腿、踢腿、压腿、甩腰、慢劈、纵横叉等。柔韧素质是指人体关节活动幅度的大小以及跨过关节的韧带、肌腱、肌肉、皮肤及其他组织的弹性和伸展能力。因此，运动员要想做出漂亮的动作，必须练好柔韧素质。

帕查路（Pechdl）认为：运动员柔韧素质不足将导致运动技能出现的弊病有以下几点：首先，有损于动作的掌握，不利于学习某些动作，甚至达不到动作技能的基本要求。其次，影响力量、速度、协调、平衡能力的进一步发展，互相间的互补作用受到阻挠。再次，柔韧素质差在学习动作时容易受伤。最后，限制技能的发展前途，对快速、有力、轻松、富有表现力的动作影响更大。

二、柔韧素质的种类

（1）一般柔韧性：是指保证一般练习顺利进行所需要的柔韧素质。例如排球运动员在速度练习时，需要加大步幅时所需要的腿部柔韧性。

（2）专项柔韧性：是指专项体能或专项技术所需要的机体的柔韧性，由各专项动作的生物力学结构所决定。如排球运动员扣球时所需要的手臂和腰部的柔韧性。

（3）主动柔韧性：是指依靠相应关节周围肌肉群的积极工作，完成大幅度动作的能力。主动柔韧性不仅反映对抗肌的可伸展程度，也反映主动肌的收缩力量。

（4）被动柔韧性：是指被动用力时，关节所能达到的最大活动幅度，是在一定外力协助下完成或外力作用下表现出来的柔韧水平。

三、影响柔韧素质的主要因素

（一）关节结构的解剖学特征

关节结构特征是决定关节活动方向和幅度大小的基本因素，它是影响柔韧性的最不易改变的因素，基本上由遗传决定。例如，膝关节仅能屈伸并在微屈的条件下可有少许旋内、旋外活动，而绝不可能进行背屈或大幅度旋内、旋外活动。柔韧性的发展只能限制在关节结构所允许的范围内，超过这一限度，必将导致关节损伤，降低关节的稳定性。但在关节结构许可的范围内，关节活动幅度可有一定幅度的增加。

（二）关节周围软组织的弹性

关节周围软组织的弹性不仅取决于性别、年龄特征，如男性与女性肌肉组成成分不一样，则弹性不一样，一般女性优于男性，儿童少年优于成人。而且还取决于中枢神经系统的兴奋性，肌肉被动牵张，肌梭和腱器官均受到刺激，肌梭的传入冲动使该肌收缩，腱器官的传入冲动则使该肌放松。训练可能使其兴奋阈值发生适应性变化，使肌梭兴奋阈值升高，腱器官的兴奋阈值降低。

（三）关节周围组织的体积大小

关节周围组织体积的大小对关节活动有限制作用。身体脂肪含量和关节周围各组织的体积是限制关节活动的重要因素，如大腿后群肌肉肥大，必然就影响小腿后折叠。然而训练过程中肌肉的发达是不可避免的。为解决关节活动幅度和肌肉体积增加的矛盾，必须有针对性地进行柔韧训练，才能更好地提高运动技能水平。其一方面受先天遗传的影响，另一方面也受后天训练的影响。研究证明，10分钟跑后，膝关节软骨较静止时增厚12%－13%。原因是运动时关节软骨交替受到挤压和减压的作用，促使关节液渗入软骨，结果使关节软骨弹性增大。

（四）中枢神经系统的调节功能

神经系统兴奋与抑制过程与运动中肌肉的基本张力有关，特别是中枢神经系统调节对抗肌之间的协调性的改善，以及关节幅度常因对抗肌群不能充分放松而受到限制。因此，改善肌群内的协调，特别是改善原动肌和对抗肌肉之间的协调，也是提高柔韧性的主要方面。

（五）心理因素

心理紧张度可通过中枢神经系统影响到有机体各部位的工作状况，心理过度紧张会使神经过程由兴奋转为抑制，严重影响身体各部位的协调能力，从而影响到柔韧性。

(六)疲劳程度

当肌肉工作时间过长时,会产生疲劳现象,其弹性、伸展性均下降,造成肌肉收缩与放松不完善。各肌群内协调能力降低,这时主动柔韧性下降,被动柔韧性提高。

四、发展柔韧素质的训练方法

(1)练习柔韧时,动作频率不宜太快,应主要采用中等或较慢的频率,这样能延长力对关节的作用时间,避免肌肉和韧带拉伤。

(2)柔韧素质的发展需要意志的练习,练习时疼痛感强,见效慢,停止练习便有所消退,只有持之以恒才能见效。

(3)掌握合理的柔韧发展水平。如根据排球技术的要求,柔韧性的发展并非越大越好,只须符合排球技能要求,并能顺利完成动作即可。

(4)在训练课中,柔韧训练应与专项准备活动相结合,练习前应安排不少于10分钟的热身运动,提高肌肉温度,避免肌肉拉伤。开始时动作幅度不要达到极限,以后循序渐进,逐渐增大幅度,直到最大。

(5)柔韧性练习与力量训练相结合,柔韧的发展是在肌力增长前提下的发展,而肌力的增长又不能因肌肉体积的增长而影响关节活动幅度。力量的增加可间接使柔韧素质得到提高,如排球运动员在开展力量训练的同时,柔韧素质也有所增长。

(6)柔韧素质的发展要从小培养,儿童少年阶段是发展柔韧性的最佳时期,年龄越大,柔韧性越差。儿童少年时期关节韧带的伸展性大,少儿时期开始系统训练,是发展柔韧素质的重要手段。成年以后,经常坚持练习,已获得的柔韧性可以保持很久。

(7)柔韧性练习之后应结合放松练习,每个伸展练习之后,应做相反方向的练习,使供血供能机能加强,有助于伸展肌群放松和恢复。

第三节　运动技能与耐力素质

一、耐力素质概述

耐力是指人体长时间进行肌肉活动的能力,它包括一般耐力和专项耐力。发展耐力的基本途径,一是增强肌肉力量,提高肌肉耐久力的练习;二是改善神经系统的调节能力,提高心肺功能。其锻炼项目有长跑、足球、游泳、爬山等。耐力是维持人体持续运动的能力,是人体健康和体质强弱的重要标志,在运动技能学习过程中需具备相应的耐力水平。

二、耐力素质的分类

（一）根据氧代谢特征

（1）有氧耐力：指有机体在氧气供应比较充足的情况下,坚持长时间工作的能力。通过有氧耐力训练可以提高运动员机体输送氧气的能力,为以后提高运动负荷提供前提条件。

（2）无氧耐力：指在运动过程中,运动员机体在氧气供应不足的情况下,能坚持较长时间工作的能力。无氧耐力工作使机体长时间处于供氧不足的状态下,这样就会产生"氧债"。

（二）根据耐力素质的表现形式

（1）心血管耐力：指机体在运动中循环系统保证氧气到达细胞以支持身体的氧化能量过程和运送代谢残渣的能力。

（2）肌肉耐力：指运动员在一定外部负荷或对抗一定阻力(外部阻力或人体本身阻力)的情况下,能坚持较长时间或多次重复运动的能力。例如排球运动员在五局比赛中,要进行反复的扣球、拦网、发球、防守等动作。因此,保持良好的肌肉耐力,有利于运动员保证运动技能水平的发挥。

（3）速度耐力：指运动员将获得的较高或最高速度一直保持到终点的能力。

三、影响耐力素质的因素

（一）中枢神经系统的调节能力

耐力练习要求运动员的中枢神经系统具有长时间保持兴奋和抑制节律性转换以及运动中枢与内脏中枢的协调活动能力,借以保持肌肉收缩和舒张的良好节律以及运动器官和内脏器官活动之间的协调和配合。中枢神经系统工作能力下降是造成疲劳的主要原因(博姆帕,1975),为了保持良好的运动能力,应防止中枢神经出现疲劳。

（二）机体能量储备的合理利用

有机体经过长时间的活动,必然要产生疲劳,使其工作能力下降,限制了运动的时间及水平的发挥,这是有机体的一种自我保护。但是,疲劳又是提高有机体工作能力所必需的,它是有机体机能恢复与提高的刺激物,没有疲劳的刺激,有机体机能就不会得到提高。运动员在运动技能学习过程中机体的机能节省化、协调性的完善、力量的合理分配都能有效地提高能量储备的利用率。机能的节省主要反映在随着运动技能练习水平的提高,在单位时间内能量消耗减少;协调性的完善可以减少不必要的能量消耗;力量的合理分配可以提高能量的利用效率。

（三）有氧能力

有氧能力是指机体在氧参与下产生能量的能力,它也决定着运动员的耐力水平。很强的有氧能力可以保证速度的稳定,并可以使有机体各个系统在疲劳、内环境产生变化时,机能积极性仍然保持在必要的水平上（博姆帕,1960）。

（四）骨骼肌的糖无氧酵解供能能力

疲劳产生的原因是由多方面的因素所造成的：长时间的活动后,体内能量物质大量被消耗,又得不到及时补充,于是产生疲劳;活动后某些代谢产物（如乳酸、二氧化碳等）在肌肉中大量堆积使肌肉收缩能力下降,造成肌肉疲劳;活动后血液中 PH 值下降,细胞外液水分和离子浓度以及渗透压发生变化,使内环境稳定性失调从而导致疲劳;由于以上因素的变化,使皮层神经细胞能力降低,神经活动过程抑制占主导地位,形成大脑皮层的保护性抑制,出现疲劳。

根据不同的工作特征,疲劳可分为脑疲劳和体力疲劳。不过在体育运动中,更值得重视的是体力上的疲劳。当疲劳出现时,运动速度、力量、神经肌肉的协调配合能力就会下降,从而导致灵敏性和动作准确性降低,妨碍技术水平的正常发挥,甚至会造成动作失败,影响运动成绩。

无氧耐力的供能主要来自于肌糖原的无氧酵解,肌糖原主要受肌纤维百分构成和糖酵解酶催化活性的影响。无氧系统能量的释放与运动强度直接相关,从事不同代谢性质运动项目练习的运动员,其肌纤维百分构成和糖酵解活性有各自的项目特征。

（五）个性心理特征

在运动中个体的参与动机和兴趣,以及面临活动的心理稳定性、努力程度、自持力和意志品质对耐力的发展起着非常重要的作用。尤其是在长时间运动出现疲劳的情况下,意志品质的作用体现得尤为明显。例如,在排球比赛中,经过多个回合的攻防较量还无法得分,在进攻队员和防守队员都出现疲劳时,哪一方拥有更坚强的意志力,就可能成为得分的一方。

四、发展耐力素质的训练方法

耐力素质练习的方法较多,而且各种方法都有其各自的特点。总的来说,这些特点基本上又体现在耐力素质练习过程中,在练习强度、持续时间、间歇时间与方式、重复次数等因素的组合与变化上。目前,常用的耐力练习方法主要有以下几种：

(一) 持续练习法

持续练习法是指在相对较长的时间里（不少于 30 分钟），以较为恒定的强度持续地进行练习的方法。持续练习法具有持续刺激机体的作用，有利于改善大脑皮层神经过程的均衡性，提高心血管系统和呼吸系统的功能，能较经济地利用体内储备的能量，有利于发展有氧和一般耐力。

持续练习法由于持续时间较长，又没有明显的间歇，所以总的练习负荷量较大。但是练习时的强度较小，而且比较恒定，变化不大，一般在 60% 的强度上下波动。练习对机体产生累积性的刺激比较和缓。持续练习时，内部负荷心率一般控制在 140－160 次/分钟的范围内为宜。

(二) 重复练习法

重复练习法是指不改变动作结构和外部负荷表面数据，在相对固定的条件下，按照既定间歇要求，在机体完全恢复的情况下反复进行练习的方法。重复练习法能使能量物质的代谢活动得到加强，并产生超量补偿与积累，既有利于发展有氧耐力，又有利于发展无氧耐力。重复练习法每次练习的负荷量与强度可大可小，根据具体任务、目的而定。由于每次练习前均需恢复到原来开始练习前的水平，即心率在 100－120 次/分钟的水平上，故每次练习可以保证强度在中等偏大或极限强度（90%－100%）范围内，从而使有机体的耐力水平得到有效的提高。如长时间的重复练习，强度稍大于持续练习法，有利于有氧耐力的提高，而强度在 90% 以上的练习，则有利于无氧耐力的发展。

(三) 间歇练习法

间歇练习法是指在一次（或一组）练习之后，按照严格规定的间歇负荷和积极性间歇方式，在机体未完全恢复的情况下从事下一次（或一组）练习的方法。间歇练习法与重复练习法较相似，主要区别在于间歇上的不同要求。重复练习法的间歇是采用完全恢复的间歇负荷和无严格规定的间歇方式（多以消极性的静息为主）进行的。而间歇练习法则是以未完全恢复的间歇负荷和积极性的间歇方式进行的。运动员总是在未完全恢复的状态下进行下一次练习，有明显的疲劳积累，对机体的刺激强度较大，有利于提高机体的心肺功能和无氧代谢能力。

间歇练习法的持续时间与练习强度之间形成一种对应关系：强度大，时间少；强度小，时间稍长。据此间歇练习法可分为"低强度间歇练习法"和"高强度间歇练习法"。

构成间歇练习法的基本要素有练习的数量、强度、间歇的时间与方式和重复次数等。不同的练习目的对这些要素的组合变化要求也不相同。

如以周期性项目中跑的练习为例,发展一般耐力时,每次练习的距离要长,组数要多,中小强度;发展力量耐力时,负重量较轻、中等强度,练习次数和组数较多。又如可在练习中提高每次练习的强度(适用于周期性短跑项目和举重项目)、增加重复练习的次数(适用于周期性长跑项目和球类项目)和调整间歇时间等基本要素,加大对运动员机体的刺激,贯彻超量负荷原理,从而提高有机体的机能能力。

（四）变换练习法

变换练习法是在变化各种因素的条件下反复进行练习的方法。由于耐力练习比较枯燥,采用变换练习法可以在一定程度上提高运动员的练习兴趣和积极性,从而提高练习的效果。

变换练习法所变换的因素一般有练习的形式、练习的时间、练习的次数、练习的条件、间歇的时间、方式与负荷等。以上因素只要改变其中一个因素,就会由于这一因素的变化对运动员机体造成负荷刺激的变化。因而变换练习法的核心是变换运动负荷。

变换练习法可以提高练习的兴趣和积极性,在运用时要注意贯彻循序渐进原则,各种因素的变换一开始不能太突然,以免机体一下子不能适应,造成受伤。

（五）放松练习法

放松练习法是指运用游戏或比赛的方式进行练习的方法。这种方法能较快地提高运动员练习的兴趣和积极性,放松并在练习中充分发挥主动精神,使机体能够承受较大强度的负荷,有利于提高有氧耐力和无氧耐力。

（六）高原训练法

高原练习法主要利用高原空气稀薄,在缺氧情况下进行训练。这有利于刺激机体,改善呼吸及循环系统的机能,提高最大吸氧能力,刺激造血功能,增加循环血中红细胞和血红蛋白的数量,提高输氧能力,因而高原训练具有提高运动员对氧债的承受能力,进而提高有氧耐力和无氧耐力的水平。

（七）循环练习法

循环练习时的各站内容及编排,必须符合专项特点的要求进行选择和设计,同时应根据"渐进负荷"或"递增负荷"的原则安排练习。

以上所介绍的耐力练习方法基本上是单一类型。在实际发展耐力素质的练习过程中,往往还要采用综合练习法,即组合练习法和循环练习法。通过各种方法的综合排列,使得练习过程变化更大,更具选择性,从而有效提高耐力水平。

第四节　运动技能与速度素质

一、速度素质的概述

速度是指人体进行快速运动的能力,表现形式有反应速度、动作速度和周期性运动中的位移速度。反应速度是指人体对情况突变或预定信号产生反应的快慢,如短跑的起跑、守门员的扑球等。动作速度是指人体完成单个动作或成套动作所用时间的长短,如跳跃项目的起跳速度、投掷项目的出手速度等。位移速度是指人体在单位时间内移动的距离,如走、跑、游泳等。发展速度素质的方法很多,可选择一些动作频率高和反应速度快的运动项目,如短跑、球类等。因此,速度素质的发展水平很大程度上决定着运动成绩的高低和比赛胜负,是衡量运动员身体训练水平的重要指标。

二、速度素质的分类

（一）反应速度

反应速度是指人体对外界刺激的反应快慢,即运动员接受刺激后,产生应激反应的速度。反应速度还表现为运动员完成动作时,对各种动作结构、动作节奏快慢变化的控制能力和应变能力。

（二）动作速度

动作速度是指人体或人体某一部分快速完成单个动作或成套动作的能力。在单位时间内完成动作数量多则动作速度快,反之则动作速度慢。

三、影响速度素质的因素

（一）感觉器官的特征

反应时是指运动员接受刺激与做出第一个肌肉动作之间的反应时间,当感觉器官受到外界刺激时,兴奋沿传入神经传入中枢,大脑根据以往的经验进行分析,刺激条件越复杂,中枢系统分析的时间就越长,产生的应答时间也越长。如听觉感受的速度慢于视觉感受的速度。

（二）中枢神经系统的兴奋性和神经过程的灵活性

肌肉活动受神经系统的控制,神经过程的灵活性主要指运动神经中枢兴奋与抑制间的快速转换速度。运动生理学研究发现,运动技能越熟练,神经肌肉间的协调和调整能力越好,神经过程的灵活性越高,动作速度和移动速度也越快。

(三) 肌纤维类型的构成比例

肌纤维分为白肌纤维、红肌纤维和中间肌纤维（Barnard等，1971），人体白肌纤维的比例越高，快速运动的能力越强。

(四) 运动员的心理特征和运动技能水平

坚强的意志力与注意力的高度集中是获得高速度的重要保证。运动员的个性心理特征与情绪、时间、知觉有关，对于速度水平的提高也有影响。运动技能掌握的熟练程度，对速度和反应时都会产生影响。掌握合理有效的运动技能可以减少做功时间，有效地使用能量而快速完成动作。此外，掌握熟练的运动技能，还可以使对抗肌之间更为协调和放松，从而保证动作完成。

(五) 肌肉中ATP含量和分解合成速度

速度素质的练习大都是在较短的时间内进行的，从能量传递过程看，速度练习强度大、时间短，基本上是在无氧条件下完成的。而在无氧条件下的能量供应主要依靠ATP系统功能。因此，速度素质主要取决于肌肉中ATP的含量和在神经冲动作用下的分解和再合成速度。

(六) 肌肉爆发力的发展水平

力量是引起人体加速度的动因。在大多数运动项目中，爆发力的发展水平是制约动作速度和移动速度的重要因素之一。在训练和比赛过程中，运动员快速运动的阻力来自于重力、器械阻力、环境阻力以及对手等。为了克服这些阻力，必须提高肌肉收缩的力量来增加完成动作的技能。

四、发展速度素质的训练方法

(一) 结合专项需要

速度素质的练习应结合运动员所从事的运动专项进行。如在排球运动中动作复杂多变，要求运动员能在瞬间对各种复杂多变的情况做出应答反应。

(二) 分解运动法

就是分解应答反应的动作，使之在较为简单的条件下，通过提高分解运动的速度来提高反应速度。

(三) 完善技术法

动作速度的提高，在很大程度上取决于完善的运动技术。这是因为动作幅度大小、工作距离长短、工作时间多少、动作的方向、角度及用力部位等都与动作速度大小极为密切。

(四) 结合力量练习

发展力量是提高移动速度的途径之一，尤其是发展爆发力。结合力量训练时，运动员应以较快或很快的速度重复某一负重的力量练习，使其获得较好的速度力量，以促进移动速度提高。

（五）放松训练法

人体在充分放松状态下，肌肉张弛有度，能减少肌肉本身的内阻力，增大肌肉合力，使速度素质得到提高。生理学研究证明，肌肉紧张度达60%－80%，动作就会失去协调性，已有的快速能力将无从发挥。

第五节　运动技能与灵敏素质

一、灵敏素质概述

灵敏是指人体表现出来的快速随机应变能力，它既与神经系统反应有关，又与力量、速度、协调性密切相关。发展灵敏素质的锻炼项目有体操、武术和各种球类等。它是运动员运动技能和各种素质在运动中的综合表现，是一种复杂的素质。对大多数的运动员而言，敏捷性是一项相当重要的运动能力，甚至是决定胜负的关键所在。如排球运动的"鱼跃救球"、扣球时准确的"空间感"等，都需要具备良好的灵敏素质，才能将技术发挥得淋漓尽致。而敏捷性能力与肌力、反应时间、速度、爆发力以及协调性有密不可分的关系，甚至可以说是这些基本运动能力的综合表现。没有良好的灵敏素质，运动技能也难以发挥到较高水平。

二、影响灵敏素质的因素

（一）感觉器官的功能

运动分析器与本体感受器的灵活性与准确性，以及肌肉收缩的协调性与节奏感是影响灵敏素质的重要原因。皮层神经过程的灵活性与分析综合能力强，神经过程的灵活性好，兴奋与抑制转换得快，机体在环境发生变化时能够迅速地做出判断和反应。随着运动形式的变化，动作的性质及强度都将发生变化，肌体必须迅速对情况做出判断。通过长时间的系统训练，可使上述能力得到全面提高。

（二）智力与思维的发展水平

在运动中，各种运动技能的灵活应用，战术思想的具体实施，大脑神经活动过程兴奋与抑制的转换程度与快速工作能力的平衡均取决于良好的智力水平和敏捷的思维判断。例如，优秀的运动员在竞赛中不仅能表现出高超的运动技能，而且也能表现出敏捷的思维能力，能迅速解决竞赛过程中出现的复杂和潜在的技术问题。

（三）学习运动技能时经验的积累

长期学习各种运动技能，可以丰富运动员的实践经验，巩固运动技能的掌握程度，灵敏素质是多种运动技能和身体素质在运动中的综合表现，掌握的运动技能数量越多而且越熟练时，灵敏素质才能更加充分地表现出来，动作协调稳定且高度自动化，在活动中则表现得更加灵活省力。

（四）其他因素

发展灵敏素质需要有一定的力量、速度、耐力及柔韧性等素质，这样才能真正地适应复杂的环境变化，做出准确的反应。此外，灵敏素质还受年龄、性别、体型和疲劳程度等因素的影响。在儿童期，男女灵敏素质差别不大；在青春期以后，男子明显优于女子。一般情况下，过高而瘦长、过胖或"梨形"的人缺乏灵敏性，但不同运动项目对体型的要求不一样。身体疲劳时，动作反应迟钝，爆发力、速度及协调性等都会下降，灵敏素质也会显著下降。

三、发展灵敏素质的训练方法

灵敏素质是人体综合能力的反映，受遗传因素的影响很大。佩奇托（1971）认为，所有运动员都应不断学习本专项和其他专项的新技能，否则协调（灵敏）能力以及进一步学习的能力就可能下降。发展灵敏素质需从专项特点出发，综合发展爆发力、反应力、速度等一系列的动作。

（1）结合运动技能的目的性：不同的运动项目要求有不同的灵敏技能，为了获得良好的训练效果，就应当紧密结合专项训练。

（2）结合其他项目动作训练：例如排球运动员在防守时经常做出鱼跃和滚翻的动作，这就要求具有良好的灵敏素质，因此结合体操运动中前滚翻、后滚翻、侧滚翻、鱼跃前滚翻的动作进行辅助练习，有利于提高排球运动技能。

（3）结合反应判断训练：反应可以分为两类，一类是对即将发生的动作有事先预知，并做出规律的动作反应，称为单纯反应。就对灵敏性的影响而言，复杂反应显然比单纯反应更为重要。

（4）结合爆发力训练：爆发力是力量与速度的综合表现，由于在敏捷性的动作表现上，会反复出现起动、制动、再起动的过程，因此具有良好的爆发力，对灵敏素质的提高尤为重要。

前面我们主要介绍了运动技能学习与力量、柔韧、速度、耐力、灵敏的相互关系。但事实上，对运动技能有影响的身体素质还有许多，而且有着专门性的影响，只是在不同的技能中，某种素质所发挥的作用不同而已。

第六节　运动员身体素质练习方法

一、身体素质练习的基本方法

（一）单项重复法

单项重复法是指锻炼者在相对固定的条件下，按照计划和要求反复练习同一内容的方法。这种方法适用于：第一，运动负荷较小或用时较短的项目；第二，运动技术比较复杂、难于掌握的项目；第三，运动负荷安排较大，难以一次完成的练习。此法关键是一次练习完毕后，间歇时间应当充分，这样可有效地提高锻炼者的无氧、有氧混合代谢能力，提高各种技术应用的熟练性与机体的耐久性。重复多次要根据锻炼者身体素质情况，科学安排，不得超过负荷极点。

（二）循环练习法

循环练习法是根据身体的需要，确定循环练习的各项练习内容，在一次练习中一次循环进行练习的方法。这种练习法，可以弥补单一练习对身体发展作用比较单一的不足，使各练习之间的作用互相补充，有利于身体的全面发展。此外，由于锻炼内容多样，能够调动锻炼者的积极性。

运用循环锻炼时，关键是要按照全面性原则去搭配项目。就大学生而言，锻炼时既要发展四肢，也要发展躯干；既要运动胸背部，又要运动腰腹部；既要追求形态的健美，又要追求包括意识技能、素质的全面发展。

（三）变换锻炼法

变换锻炼法是指通过不断变换运动负荷、练习的形式以及条件，以提高锻炼者的积极性、适应性及应变能力的方法。运用变换锻炼法，能够提高中枢神经系统的调节能力，发展身体的调节能力和适应能力，同时，对于修订锻炼计划、活跃锻炼气氛也具有一样意义。

如刚参加锻炼时，可多做些诱导性练习和辅助性练习。随着锻炼水平的提高，应加大练习的难度，如用越野跑代替在田径场上的长跑等。由于锻炼条件的变化，可使锻炼者的皮层不断地产生新的刺激，提高兴奋性，激发锻炼的兴趣，从而提高机体对负荷的承受力，提高锻炼效果。另外，不断地对锻炼的内容、时间、动作速率等提出新的要求，可调节生理负荷，使机体不断产生适应性变化，达到更好地锻炼身体的目的。

（四）连续锻炼法

连续锻炼法是指在运动锻炼中，为了保持有价值的负荷量而不间断地连续进行运动的方法。此方法要求负荷强度较低,负荷时间较长、无间断地连续进行运动。从增强体能出发,需要间歇就停一会儿,需要连续就接二连三地进行下去,所以不能仅讲究间歇,还要讲究连续,连续、间歇、重复都是在整个锻炼过程中实现的。连续、间歇、重复等各有其具体的作用,连续的作用在于持续负荷量不下降,维持在一定的水平上,使身体充分地受到运动的作用。

（五）间歇锻炼法

间歇锻炼法是在运动过程中,对多次锻炼时的间歇时间做出严格规定,使机体处于不完全恢复状态下反复进行锻炼的方法。该方法关键在于间歇时间的严格控制,使机体处于不完全恢复状态,使锻炼者心脏功能明显增强,提高有氧代谢供能能力,增强体质。

（六）负重锻炼法

负重锻炼法是指用杠铃、哑铃、沙袋等重物进行身体锻炼的方法。用负重方法去提高运动负荷,并不是越重越好,而应采用低于最大摄氧量和最大心血输出量（由心室压入主动脉的血氧量,通常以毫升/分来表示）的负荷。例如杠铃,在具体应用上以45秒钟内尽全力举15－20公斤重量的一半,并以该重量举8－10次,作为应用标准进行锻炼,经过一段时间锻炼后,按锻炼的机体反应和效果进行调整。上肢锻炼方法,如图5-2、5-3、5-4;腰腹部锻炼方法,如图5-5;下肢锻炼方法,如图5-6、5-7。

图5-2 仰卧"飞鸟"

图5-3 坐姿肩上推

图5-4 站立弯举哑铃

图5-5 上斜仰卧负重屈腿上抬

图5-6 负重正面登高台

图5-7 前蹲

（图片2－6来源：王卫星,蔡有志.体能—力量训练指南）

（七）巡回锻炼法

巡回锻炼法是指锻炼者到不同锻炼项目站上去，进行不同内容的锻炼的一种方法。在进行锻炼时，可以按不同锻炼项目设立若干个站。一个站一个项目，锻炼者依次在站上进行巡回锻炼。各站的项目若选择恰当，可以达到全面锻炼的目的。一般设立 6－12 个站。如图 5-8 所示。

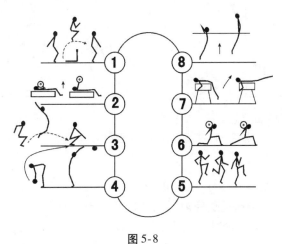

图 5-8

二、发展速度的练习方法

（一）游戏法和比赛法

在比赛条件下以极限的动作速度和移动速度完成练习。分组完成练习，可提高这一方法的效果。图 5-9，游戏：拉网捕鱼。图 5-10，游戏：两人拍击。

（二）变速法

大强度（进行 10－15 秒）的动作与小强度（15 秒以上）的动作较有节奏地交替。上肢练习方法如图 5-11 俯卧撑起击掌；下肢练习方法如图 5-12 立定跳远、5-13 单腿跳。

图 5-9　拉网捕鱼　　　　图 5-10　两人拍击

图 5-11 俯卧撑起击掌

图 5-12 立定跳远　　　图 5-13 单腿跳

(图 9-13 来源：张英波. 现代体能训练方法)

（三）重复法

以最快速度重复进行练习 10-15 秒，每次间隔 1 分钟以内。

速度能力是指运动员完成运动动作的快慢。速度能力由三个部分组成：(1) 简单和复杂的动作反应速度，即动作的反应潜伏时间；(2) 单个动作的速度，即在无外部阻力的条件下完成动作所需要的时间；(3) 动作频率，即单位时间内完成动作的数量。

三、发展耐力的练习方法

（一）匀速练习法

这种方法的实质是，在脉搏为 150 次/分的条件下，以比较均匀的中等速度进行长时间的练习(20 分钟以上)。越野跑、滑雪、游泳等都是这种练习形式。

（二）重复变速练习法

它的特点是有计划地加快进行练习的速度，致使产生氧债(短时间的)，而这些氧债应待以后用中等速度进行练习和随意休息的方式加以消除。提高练习强度之前，应在脉搏为 140-160 次/分的条件下进行练习，而在提高强度后，应在脉搏为 180 次/分的条件下进行练习。例如，发展一般耐力，可采用：2 公里跑(每跑 300 米后加速跑 30-50 米)；500 米游泳(每游 90 米后加速游 10-15 米)。

（三）循环练习法

依次进行发展力量、速度、灵敏性的练习，可采用不同的结合法。

四、发展灵敏性的练习方法

发展灵敏性,应逐渐地由简入繁,既要掌握向左的练习,又要掌握向右的练习,要在双人练习和分组练习中加强锻炼者的对抗性。灵敏性练习要求锻炼者注意力很集中,动作准确和快速。因此,最好把这些练习安排在练习课的前半部,当锻炼者十分留心,注意力集中的时候进行。如队形队列的练习。

为了发展灵敏性,一般采用能让锻炼者借助机智和快速动作解决突变局面的各种练习。球类运动(篮球、足球、手球等)活动性游戏、器械操练习、技巧运动、能克服障碍的个别田径运动项目(跨栏跑)最符合这类练习的要求。以排球为例:(1)距墙2米准备姿势站立,接身后教练员以各种变化抛向墙体的反弹球练习(图5-14)。(2)守门员练习,近距离快速抛出上、下、左、右各种球,要求练习者将球挡出(图5-15)。

图 5-14　　　　　　　　　图 5-15

五、发展柔韧素质的训练方法

(一)主动与被动拉伸练习

柔韧练习也称作伸展练习,根据其不同训练效应,相应地被区别为主动和被动柔韧练习两类,而每类还区分为动力和静力两种形式。主动动力柔韧练习是练习者依靠自己的力量,将肌肉、肌腱、韧带等软组织拉长,提高其伸展性的方法,如踢腿、拉肩。主动静力柔韧练习是练习者在动作最大幅度的情况下,依靠肌肉力量保持静止姿势的练习,如扶杆控腿、成桥静止(图5-16)等。被动动力柔韧练习为借助外力,灵活性地加大动作幅度的柔韧练习。如利用肋木屈体压腿。被动静力柔韧练习为借助外力来保持固定姿势的练习(图5-17)。

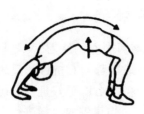

图 5-16　背桥图　　　　图 5-17　屈体站立转体拉肩

（二）拉长肌肉和结缔组织的训练

拉长肌肉和结缔组织的训练有快速爆发式牵拉和缓慢牵拉练习两种方法，前者在进行牵拉练习时有疼痛感，并且在准备活动不充分时较易拉伤肌肉，如排球运动中扣球时挥臂练习；缓慢牵拉练习是有关部位肌肉、韧带缓慢拉长至一定程度（有轻微的疼痛感觉）。因超过关节伸展限度小，不易引起损伤和疼痛，并可以有意识地放松对抗肌。因此，锻炼效果较爆发式牵拉练习效果好，如"跪立挺身后仰"（图5-18）、"直膝坐立体前屈"（图5-19）等练习。

图 5-18　跪立挺身后仰　　　　图 5-19　直膝坐立体前屈

（图片 15-18 来源：王卫星，蔡有志. 体能—力量训练指南）

六、发展弹跳力练习的方法

（1）连续深蹲蛙跳（图 5-20）。

（2）连续跳起空中收腹（图 5-21）。

（3）跳起单手交替摸篮圈，连续进行（图 5-22）。

图 5-20　　　　　　图 5-21　　　　　　图 5-22

(4）负沙衣连续直腿跳、半蹲跳、深蹲跳（图5-23）。
(5）双脚起跳连续过栏架（图5-24）。
(6）跳台阶练习（图5-25）。

图5-23　　　　　图5-24　　　　　图5-25

(7）负杠铃全蹲、半蹲练习（图5-26）。
(8）两腿分立于蹬上，手提壶铃蹲跳练习（图5-27）。
(9）负杠铃提踵练习（图5-28）。

图5-26　　　　　图5-27　　　　　图5-28

(10）杠铃卧推练习（图5-29）。
(11）杠铃连续向斜上方快速推举练习（图5-30）。

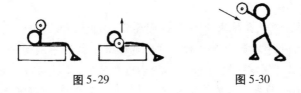

图5-29　　　　　　　　图5-30

七、发展腰腹部练习方法

(1）垫上仰卧起坐练习（图5-31）。
(2）背肌练习（图5-32）。
(3）斜板仰卧起坐练习（图5-33）。

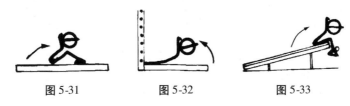

图5-31　　　　　图5-32　　　　　图5-33

(4) 肩负杠铃做左、右转体练习(图5-34)。
(5) 双手持杠铃片做体绕环练习(图5-35)。
(6) 在攀登架上做举腿绕环练习(图5-36)。

图5-34　　　　图5-35　　　　图5-36

专栏9　中国排球运动员各项身体素质考核的具体方法介绍

1. 60米、100米、800米、1500米跑

在400米跑道田径场地进行测试，需跑道若干条，地面平坦，秒表若干块，秒表使用前应校正。测验时，受试者每组不少于两人，用站立式起跑，允许一手扶地，穿球鞋不能穿钉鞋。当听到"跑"的口令后开始起跑。发令员在发出跑的口令同时摆动发令旗，计时员视旗动开表计时，受试者胸部触到终点线的垂直面停表。记录以秒为单位，精确到小数点最后一位。

2. 36米移动

36米移动测试在排球场地进行(图5-37)。受试者站在一方进攻线后，看手势启动，同时计时员开表计时。运动员从进攻线到中线前进后退两个来回。前进时必须用双手摸到中线，后退到进攻线时，必须双脚均退过进攻线。着地后(不需手触线)，再接着改为侧身滑步或交叉步移动(不许转身)至中线两个来回，用单手摸线，然后做钻网跑，不能触网，单手摸对方进攻线，折回终点时单手摸出发线，停表计算时间。记录以秒为单位，精确到小数点后一位。

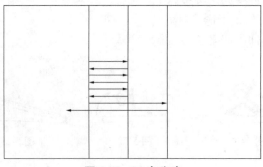

图5-37　36米移动

3. 助跑双脚和单脚起跳摸高

助跑起跳摸高是反映排球运动员弹跳好坏的重要指标。用电子摸高器测试,每次测试时规定一种,侧双脚起跳时必须用双脚起跳,侧单脚起跳时必须用单脚起跳,助跑距离和方向不限,连续测两次取得最好成绩。

4. 立定三级跳

在沙坑前6米、8米处各设置一块起跳板,其尺寸、规格与跳远踏板相同。受试者面向沙坑,双脚平行站立,从立定姿势开始起跳,要求第一条双脚起跳单脚落地,第二条另一侧腿单脚落地,第三条双脚落入沙坑。每人测两次以最远一次算成绩。

5. 羽毛球掷远

测试在室内场地进行,地面划一条起掷线。受试者将羽毛球站上白色粉末,手持羽毛球头,两脚左右或前后开立,站在起掷线后,原地经肩上将球掷出。投掷时,允许一脚离地但不能踩上或超越头掷线。每人掷两次以最远一次计算成绩。

6. 平板收腹

仰卧在木板或板凳上,用带子捆住膝关节,看手势做30次仰卧收腹。要求用左手摸右脚尖,用右手摸左脚尖,第30次摸到脚尖为止停表,两臂可以自由摆动,每人测一次,手没能触及异侧脚尖或仰卧时双肩胛骨未能触木板不计次数。

7. 身体前屈手摸深度

受试者赤脚站在立位体前屈测量计平台上,两脚尖分开约5-10厘米并与平台前沿齐平。脚跟并拢,两腿伸直,上体尽量前屈,双臂及手指伸直,两手并拢,用两手中指尖轻轻推动标尺上的游标下滑,直到不能继续下神为止,不允许单臂下伸或膝关节弯曲。

8. 灵敏

测试方法为:距离墙壁4米处设有两个相距1米直径小于0.05米并可以升降的立柱,两立柱顶端横架一根直径0.02米的横杆,立杆和横杆成为栏架,栏架与墙壁平行,在墙、栏的延伸线上距墙9米处的地面上有一条与墙壁平行0.05米宽,0.05米长的标志线。栏架高度从横杆下沿到地面,女子甲、乙组为0.75米,男子甲、乙组为0.80米,男女儿童组为0.65米。运动员必须靠墙手倒立,倒立后双脚并拢、伸直、停顿后(3秒)、再听信号返下,立即转身移动至栏架前钻过栏架,然后双脚跳回(必须双脚跳落在两立柱垂直投影之内,不许踩线)。再双脚跳过,绕栏架跑一圈,然后钻回,再双脚跳过,最后移动摸标志线(向标志线方向为"过",向墙壁方向为"回")。

不允许的行为有:不按照方法所规定的顺序进行,在测验中跳跃或钻过栏架时碰掉横杆,绕栏架一圈时身体和手触及栏架,手未触及标志线,单脚起跳越过栏架,跳栏架是双脚或一只脚未落在立柱垂直投影线内或踩线。

9. 连续摸高

连续摸高是测试排球运动员弹跳耐力的方法。运动员连续原地起跳,用手触摸摸高器10次,计算10次的平均成绩,在连续起跳过程中不应有停顿或垫步。

10. 连续五次助跑双脚起跳摸高

被测试者从距离篮板3米以外,采用助跑双脚起跳方式摸高。在20秒钟以内,用前后进撤的方法完成5次。计时从第一次助跑起动开表到最后一次手触篮板停表,最终成绩为最9高成绩加最低成绩除以2。凡在20秒内未完成5次摸高者,不予丈量成绩。每人允许测3次(包括犯规次数在内)。

11. 助跑摸高净跳高度

(1)测直立手足间距。运动员直立于表尺杆的一侧,以右上肢侧贴近标尺尽量上举,双脚并拢,不能提踵,量取右手中指指尖至足底平面的垂直距离。

(2)助跑摸高。运动员单脚助跑起跳,助跑4-6步,以其跳脚异侧手摸摸高显示器,量取中指尖至地面的距离,每人测三次取最好成绩。

(3)计算净跳高度。用助跑摸高高度减手足间距即是助跑摸高净跳高度,记录以厘米为单位。

12. 6米×16次移动计时

6米×16次移动是评价运动员起动、快速变换方向以及突然改变动作的灵活性和速度的能力。该项为二传手、自由人测验。在排球场内两条进攻线上各放置1个瓶子,测试者在球网下往返16次,每次必须用手触倒瓶子。计时从队员手离瓶子开表到第十六次手触瓶子停表,手不触倒瓶子不计其数,身体触及球网被视为犯规。每人允许测3次(包括犯规次数在内)。

13. 9米×10次移动计时

在排球场地进行测验。运动员由一侧边线沿端线向另一侧边线移动,往返5个来回计时。

参考文献:

[1] 田麦久.运动训练学[M].北京:人民体育出版社,2008.

[2] 邓树勋,王健,乔德才.运动生理学[M].北京:高等教育出版社,2005.

[3] 曹青军.运动训练——理论与实践[M].北京:北京理工大学出版社,2010.

[4] 刘大庆.运动员竞技能力非衡结构补偿理论[M].北京:北京体育大学出版社,2005.

[5] 程锡森,金海波.运动项目概论[M].天津:天津大学出版社,2010.

[6] 李遵,等.体能训练学[M].北京:北京科学技术出版社,2001.

[7] 浦钧宗,高崇玄,等.优秀排球运动员机能评定手册[M].北京:人民体育出版社,2006.

[8] 丁跃东.初探初中生运动技能与体能发展有机结合[J].体育教育,2011(3).

[9] 陈小平.试论专项能力的训练——对我国体能类项目训练中存在的主要问题的探析[J].中国体育科技,2001(1).

第六章 运动技能学习曲线

【本章提要】 通过本章的学习,可以正确认识运动技能学习曲线。通过对构成学习曲线的依据及其能够说明的问题做进一步的分析探讨,为教学和训练提供科学准确的理论依据。

第一节 运动技能学习曲线的类型

学习曲线是表示单位生产时间与所生产的产品总数量之间关系的一条曲线。学习曲线有时也称练习曲线。评估学生运动技能学习和掌握的情况,可以通过观察的方法,观察其运动技能学习的过程进步情况,把观察的结果用运动技能学习曲线描记下来,横坐标记录成绩,纵坐标记录练习次数或时间。我们把这种曲线称为运动技能学习曲线。

依据杨锡让教授研究,运动技能学习曲线有线形学习曲线、先快后慢的负加速形学习曲线、先慢后快的正加速形学习曲线、S形学习曲线、高原平台学习曲线等多种形式。这些曲线的变化互相交错,在学习过程中会受到个体差异及动作难易程度等多方面的影响。

一、线形学习曲线

线形学习曲线是大学生运动技能学习中最为常见的一种类型,技能水平与学习时间成正比(如图6-1)。随着学习时间的延长,运动技能水平的提高随之加快,曲线的表现形式为从低到高。对于一些简单运动技能,这种线性学习曲线的出现率比较高。如篮球的单手肩上投篮技术动作技能的学习过程中,由于动作技术相对简单,投篮技术相对容易掌握,动作的条件反射容易建立,开始学习时也比较容易上手,同时,肩上投篮也是很基本的篮球动作,使用的频率较高,练习的也较多。在一般的投篮练习过

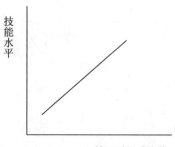

图6-1 线形学习曲线

程中,对练习者的身体素质也没有弹跳、力量等方面的特别要求,也很少有其他动作对其产生负迁移影响,随着动作不断被强化,技能水平也不断提高。这样的过程很清晰地反映在记录图中。值得注意的是,该线形学习曲线多应用于记录普通人群特别是初学者学习简单运动技能的情况。

二、先快后慢的负加速形学习曲线

先快后慢的负加速形学习曲线在运动技能的学习中较为多见,其特点是在练习初期进步快,后逐渐地减慢(如图6-2)。其主要原理可以通过排球运动中各项不同的运动技能为例来分析说明。排球的每一项技术在不同的练习者之间,在不同的练习周期中,或多或少地都会有初期技能水平提高快,而后期提高较慢的情况,主要是:

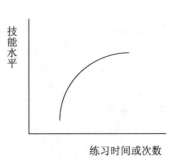

图6-2 先快后慢的负加速形学习曲线

(1)在学习排球技术初期,过去已经掌握的与新技术有关的相似动作环节及动作经验对新技术有正迁移作用,如羽毛球的挥臂击球动作可以帮助排球扣球挥臂击球动作的练习。又如在先学习了扣球挥臂击球动作后再进行上手发球的学习就容易很多,这也是由于技术间产生正迁移的原因。但是,随着技能的提高,迁移对技术提高的影响越来越小,可提取的有用的练习方法亦越来越少,新的运动条件反射需要建立,困难也就越来越大,技能提高也就较缓慢。

(2)随着技能水平的提高,要求身体素质必须相应的提高,以适合运动技能的要求。如在扣球技术的学习中要想扣出高质量的球,在掌握技术动作以外,对弹跳、力量、爆发力等素质的要求也会提高,但身体素质的提高,需要更多的时间和花费更大的力气,这也是造成技能曲线升高缓慢的一个重要因素。

(3)在技术学习初期,技术被分解为具体的局部动作,较整体的练习简单,也容易掌握。如扣球技术动作的挥臂动作、击球手法、助跑起跳的分解练习相对容易掌握,但分解到了中后期各个局部动作需要协调,并且要逐渐合并为完整动作,其动作之间的关系逐渐复杂,难度也逐渐加大,所以技能的提高速度明显减弱。

(4)就心理学角度来分析,刚开始学习兴趣浓厚,学习情绪也高涨,特别是看到自己提高的速度很快,更加激励了自己的学习热情。但是排球运动是一门苦差事,随着运动技能难度的增大,会影响学习者的练习情绪,这也是运动技能学习曲线形成由快到慢的原因。

三、先慢后快的正加速形学习曲线

先慢后快的正加速形学习曲线显示的是练习的开始阶段提高缓慢,练习一段时间以后学习曲线呈上升趋势(如图6-3)。有些项目练习,练习初期进步比较缓慢,以后逐渐加快。一些复杂的技能学习,在开始阶段需要掌握有关的基础知识和基本技能,所以进步较慢,但经过一段时间练习后,由于掌握了有关的基础知识和基本技能,进步就加快了,如学识字、学游泳就是如此。教师在指导这类学习时,应着重

图6-3 先慢后快的正加速形学习曲线

加强练习初期的基础知识和基本技能练习和训练。该学习曲线反映的主要为技术动作比较复杂难以掌握,对初学者有很大学习困难的运动项目。比较典型的例子有花样游泳,因为该项练习要求具备很强的力量素质、协调性、柔韧性、灵敏性、平衡以及潜泳和游泳的技术能力,是身体、心理、智力等多方面综合素质能力结合的体现。初学者往往身体素质跟不上,经过一段时间的练习才逐渐适应和得到提高。另外艺术体操、游泳也是如此,只有适应了这些项目的特点难点,以先慢后快的形式提高运动技能水平,运动技能才会得以发展和掌握。

四、"S"形学习曲线

"S"形学习曲线的特点是在技能学习过程中有时进步的快,有时进步的较慢,呈不稳定状态(如图6-4)。在多数情况下,练习初期进步较快,以后逐渐缓慢。练习的进步先快后慢的主要原因是:开始练习时,学生对已熟悉的部分任务,可以利用过去的经验和方法,而且开始时教师往往把复杂的学习分解为一些比较简单的任务进行练习,比较容易掌握,加之练习初期兴趣

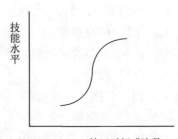

图6-4 "S"形学习曲线

浓,情绪饱满,比较努力,所以练习初期进步较快;后期,可以利用的已有经验相对地逐步减少,而且要把整个的学习联系和协调起来,比简单的局部学习任务复杂而困难,加之后期学习积极性可能会降低,所以成绩提高

较慢。教师在指导这类学习时,应加强后期的指导和训练。

这种曲线发生的主观影响因素包括学习者有无良好的学习动机,有无对运动技能学习的浓厚兴趣,在学习全程注意力能否高度集中,机体的疲劳状况和学习中的情绪变化,等等。客观的影响因素包括学习的时间、内容、学习的氛围、教师的指导水平等。

五、高原平台学习曲线

高原平台学习曲线表现为开始学习提高不明显,经过一段练习后,学习曲线逐步提高,但是过一段时间后又停滞不前,再练习,再提高,再停滞,稍后又有所提高(如图6-5)。出现这种现象的原因可能是:

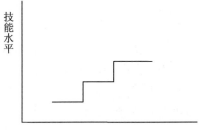

图6-5　高原平台学习曲线

(1)身体素质的发展落后于技能的发展,而当身体素质提高了就会有突出进步。例如在羽毛球运动中,在掌握好拉高远球技术后,可学习跳起扣杀技术,由于受弹跳及力量素质影响,在一段时间里,技能水平可能会停滞不前。但随着训练时间的延长,身体素质的全面提高,跳起扣杀球技术的时机、力量及角度的把握都会突破停滞状态,得到提高和进步。

(2)技术复杂程度的影响。在不同的时间里集中于某一部分的练习,只提高相应练习部分的技能,对整体而言却停滞不前。如在排球的传球技术中,近距离对墙进行手型练习、手指拨球练习,在一段时间的练习里,对传球的整体技能的提高不会产生影响。

(3)运动技能的提高需要改变旧的动作结构和完善新的运动技能方式,在完成这一改造之前,技能处于停顿状态。

(4)伤病的影响和学习兴趣动机的低迷也会造成技能停滞的现象。

影响运动技能学习曲线的因素是多方面的,甚至在练习相同技能的时候,由于不同学习者个体的学习态度、努力程度、个体的体力以及动作特点、难度等都会对曲线走势造成影响。学习的进程,常常因人而异,在练习曲线上明显地表现出个别差异。练习曲线上表现的个别差异的原因有:学生的个性特点不同,知识经验不同,努力程度不同等。因此,教师必须分析产生个别差异的具体原因,分别采取不同的具体措施,使青少年的学习顺利地进行和提高。

第二节 正确认识运动技能学习

一、运动学习的分析

运动学习是指学习者通过练习或经验所引起的具有潜在性和持续性的内部变化过程。这种变化过程表现在两个方面，即运动技能的质和量都会获得提高和改变，同时心理机能也变得精密敏锐，促使技能活动更加准确。运动学习与知识、技能和意向的基本特征有紧密的关系。通常认为，知识和意向通过经验而取得，技能则通过实践而取得。一位教师可以告诉学生哥伦布于1492年发现美洲，从此，只要不忘记，这些学生就算已经知道这一事实，而且再次接触时就能做出反应。一个事件或一项活动，例如吃冰淇淋或饮好酒，凡是经验过而且喜欢，就会变成需求和意向的目标。有些活动，像开汽车或打棒球，涉及的不仅有知识和意向，还有技能。反复进行这些活动或进行实践，就能改进技能。这里要专门讨论一下学习和实践之间的关系。大多数关于学习的理论，甚至有关行为的一般理论，都对学习和作业之间的关系给予注意，并将二者严格区分。按传统的观点，人们认为学习从未被人真正直接地观察到，许多理论把学习看成一种中介的变因，它介于环境中某一刺激和某人的某一反应或作业之间，并使二者联系起来。学习并未被直接观察到，但其中发生了学习这一过程。

二、运动技能保持与消退

运动技能的学习过程是持续的、起伏多变的渐进过程，有时提高快、有时提高慢，这些都是正常现象，是暂时的。需要认识运动技能学习过程中的停滞和倒退现象，在技能学习过程中由于各类的影响因素，技能的提高会出现停滞的"平台"现象，甚至出现倒退，从而运动技能学习曲线也就表现出各种各样的形式。引起这样的情况发生的因素有很多，比如学习者自身的主观学习问题因素或者是教师指导方面的因素等。这时我们应给予正确的认识，有针对性地解决问题。在此要提出的是，在技能学习中所出现的一些技能倒退现象在很大程度上是由于练习者主观的因素造成。不良的情绪、消极的态度动机、疲惫的身心等都会对技能的学习和掌握造成负面影响，是技能倒退的诱因。一旦此种倒退情况出现，应立即调整心绪、调节状态，严重时亦或停止练习，待身心状态恢复正常后再进行学习。

三、发挥两个信号系统的作用

发挥第一信号系统的作用主要是利用直观的形象刺激,比如正确的示范、形象的讲解。如在排球扣球技术的教授中,首先要进行完整动作的示范,让学生对扣球有个直观的了解,然后再进行分解示范与讲解。发挥第二信号系统的作用主要是利用精确的、鼓励性的语言,在扣球中,为使学生掌握好起跳时机,老师可给以提示性语言"跳",为使学生掌握扣球时机,可以说"扣",如果做得好,就说"好球""漂亮",以此鼓励。教会学生勤于动脑,对动作进行分析、回忆、想象,有利于加速动作技能的形成。

四、合理地运用好反馈

运动技能学习中的反馈,就是通过输入和输出信息,使师生获得在技能过程中的各种信息,并在师生间的信息交换中,不断地发现问题、解决问题。首先教师在教授的过程中给学生一个正确的表象,在不断的练习过程中与教师的修改中,学生在自我练习中自觉利用反馈,加强联系。如在原地正面上手传球学习中,可以先让学生观看正确的技术动作,然后通过讲解、示范,让学生模仿,对正确动作老师要进行鼓励和肯定,对错误动作要及时纠正;然后再示范给学生正确的技术动作,再让学生练习。如此反复,促使学生分化抑制的发展,尽快地形成精确的运动技术的分化。教师应注意的是,在给予反馈信息时要及时,简单明了,抓住问题的关键。

五、充分利用迁移原理

迁移就是将某些已掌握的技能运用到新技能的学习中,它们可能是积极促进的一面,也可能是相互干扰的一面。例如在篮球学习中,先学习原地正面单手肩上投篮技术要领,对后面学习急停跳投和抛投就有良好的影响。这是因为这些动作的基本环节相同,在大脑皮层内原来形成的运动条件反射的基本环节可作为新技术的基础。反之,就会产生相互干扰,比如,在田径运动中先练习了跨栏的技术动作节奏后就会很严重地影响到短距离平跑项动作和节奏的学习掌握,产生很大的阻碍和负面作用。因此,科学地安排各技术间的学习顺序是很重要的。一般地,我们可以把基本部分相同的动作编为一组教学。

六、调动学生学习的积极性和自觉性

调动学生学习的积极性和自觉性,就是端正学生的学习动机,使其在学习中建立适宜的兴奋状态。在练习中,我们可以通过改变教学方法来提高学生的积极性,可以通过比赛或游戏来调动大家的学习兴趣。如在练习网球回球的准确性时,我们可以在场地的网前或底角部位摆上小桶或者标志杆进行比赛,以击中击倒标志物的多少计分,击中或者击倒得一分,同样的回击 20 个球,看最终谁的得分多。又如在排球跳发球练习中,我们可以通过降低球网的高度等来提高发球飞行速度。

体育活动是未来社会的一种生活方式,而体育运动技能又是体育活动的表现方式,因此,体育教学应把学生体育运动技能的学习作为教学的核心,加强运动技能与学生体育技能相关理论的研究,提高学生体育技能习得过程与结果的质量。

参考文献:

[1] 杨锡让.实用运动技能学[M].北京:高等教育出版社,2004.10.

[2] 宋元平,马建桥.排球运动技能学习分析[M].北京:北京体育大学出版社,2010.

[3] 杨锡让,张禹.运动技能学学科现状与发展[J].北京体育大学学报,2005(7).

[4] 杨霞.浅谈如何进行运动技能教学[J].科技信息,2007(2).

[5] 陶成,张鸣琴.论运动学习与学习曲线[J].哈尔滨体育学院学报,1993(3).

[6] 中国体育科学学会,香港体育学院.体育科学词典[M].北京:高等教育出版社,2000.

第七章 运动技能学习与运动竞赛

【本章提要】 通过本章的阅读，能使读者了解到运动竞赛对运动技能发展的大周期的影响、运动竞赛对运动技能学习中创新性的要求、运动竞赛对运动技能学习过程中心理素质的要求，并能使我们重点了解到运动技能学习过程中的运动竞赛安排，以及运动训练竞赛中意志努力和意志品质的培养等内容。

第一节 运动竞赛对运动技能学习过程的制约

运动技能学习过程的各个部分包括：运动竞技能各个要素（身体素质、协调素质、柔韧素质、平衡素质、灵敏素质、力量素质等）相互之间的比例以及相互联系的程序；技能学习过程中的负荷量和负荷强度等参数的比例控制；运动技能学习过程的各个环节（感知阶段、分化阶段、泛化阶段、巩固与提高阶段）的顺序以及相互关系。

所谓运动技能学习过程的结构，是指运动技能学习过程的各个组成部分具有相对稳定的程序、相互之间的合理比例以及总的顺序。在各竞技项目中，运动技能学习过程的结构，是以提高运动员竞技水平为基础的。竞赛的特点还规定着运动技能学习的实效性、创新性，并且要根据运动员个人竞技能力的特点安排专项运动技能的学习。

一、运动竞赛对运动技能发展的大周期的影响

运动技能是我们人类通过后天的学习获得的一种特殊的行为技能，而这种技能也应同样存在着一个不可违背的、发展的周期性规律，我们可以这样设定，一个人一项运动技能从形成、成熟、熟练、自如运用到技能、体能、智能均处在最佳状态时的顶峰，再到技能减退、体能下降、智能衰退、退出竞技体坛为一个周期。运动技能形成的大周期主要是依据运动员在其成长过程中，运动能力逐渐提高，直到在重大比赛中获得最佳竞技成绩，这整个过程为运动技能形成的一个大周期。

（一）运动技能形成的大周期

运动技能形成的大周期可以从两个方面来计算和研究，即以年头为时间单位和以小时为时间单位两种。

（1）以年头为时间单位的方式来记录其运动能力的成长过程。一名优秀的运动员运动技能形成的周期规律可以用十年周期理论来总结。比如，前美国NBA篮球巨星、飞人迈克尔·乔丹，以空中飞人傲居世界篮坛。但在其成长过程里我们看到的是：从他萌生"我要赢得金牌，总有一天，我要参加奥运会"的1972年，到1982年在东海岸学校篮球锦标赛中的争冠亚军决赛时的以最后一记投篮，为北卡罗来纳大学篮球队获得NCAA冠军，这期间，乔丹用了10年。在那12年后的洛杉矶奥运会上他不仅实现了自己童年的梦想和在厨房中的宣言，而且使他成为了世界各地篮球迷们心中最耀眼的篮球明星。篮球明星乔丹用了十年的努力，使自己成为篮坛的巨人，在中国也有一位十年磨一剑的超人，他就是前国家体育总局局长、前中国女排主教练袁伟民，虽然袁伟民谦虚地说："……为了达到这个目的，经过了几代人的艰苦努力！"但这十年的奋斗过程是十年周期理论、十年运动技能形成周期规律的又一个佐证。

（2）以小时为单位的方式来记录其运动能力的成长过程。按每年365天，平均每天用于专业训练时间为3小时，扣除每周休息一天的3小时，全年为53周，这样计算的结果是365×3＝1095小时，53×3＝159小时，1095小时－159小时＝936小时，也就是说每个运动员每年用在专业训练上的时间是936小时，那么10年时间就是9360小时，这应是起步阶段中应具备的时间保证。通过这样的计算，再和以年限为计量单位的运动训练相比较，我们就会发现10年是最基本的技能形成的时间和年限保证。

（二）运动竞赛可以缩短运动技能形成的大周期

时间与训练层次之间也存在着互为因果的辩证关系。时间量是技能形成的基本保障，而训练层次则可在不同程度上缩短技能形成的时间过程。我们以国家队的训练和比赛为训练的最高层次代表，那么，在从事训练和比赛的国家队运动员的成长速度，不论在技术上、生理上、心理上都要优于其他级别队的运动员。这是因为，首先国家队的队员参加比赛的级别高，其比赛的激烈程度、竞争对手的强大等因素都促使运动员在心理和生理、技术和战术等方面的成长速度加快。对高水平技术动作的理解和高水平战术的运用也较早。

二、运动竞赛对运动技能学习中创新性的要求

运动竞赛中,任何一种运动项目,取得好成绩的核心问题是如何运用最先进的运动技术,或者说改革已有的运动技术,这就是技术突破问题。旧有的运动训练理论,把运动训练与运动竞赛看成一个周期性的过程,强调训练期、准备期、竞赛期的连续性和合理安排,然而近 20 年来的运动竞赛告诉我们,这种长周期的理论已被突破。就以田径运动为例,从年初的室内田径联赛到室外的巡回赛,一个优秀的田径选手在一年中至少要参加 20、30 场高水平的比赛,特别是那些参加黄金联赛的顶尖级的职业运动员在黄金周期间几乎是一周时间便有一次高强度比赛。从这个意义上讲,高水平的运动竞赛已没有了传统意义上的训练、比赛截然分明的时间安排,以赛代训、赛训结合,是当今高水平运动竞赛的特征,田径如此,球类运动更如此,这便是运动技术第一位的明证。获得和运用技术有两种机制:一是依靠自身的创新;二是依靠学习强国的先进技术。这两种策略都是运动成绩进步的关键。

运动技术是在竞争中通过你追我赶而发展的,竞赛是个杠杆,在运动竞赛中,比较优势,分出高低,知此知彼,相互切磋,相互激发,相互提高。运动竞赛对运动技术的创新性要求决定着运动员在运动技能学习过程中的创新,运动员只有在运动技能的学习过程中不断创新运动技能,才能超越竞技强队,创造优异的运动成绩。否则只引进、借鉴别的队或者别的国家运动队的先进技术,就只能跟随在其他队或国家的后面,永远不可能超越,这是运动实践已证实了的。

技术是运动员实力的主要部分,是争胜的主要因素。运动员只有掌握了先进、全面、扎实的技术才有可能在世界大赛中夺得优胜。技术创新包括新技术、新的高难动作方面的创新,用先进的方法来完成已有的动作、技术和动作组合、编排、连接方面的创新。我国体操金牌教练曾经有过多次因技术创新而取得重大胜利的事例,表 7-1 是我国体操运动员首创并以他们的名字命名的部分动作。

表 7-1　以中国体操运动员命名的创新动作

命　名	动　作
李月久空翻	自由体操分腿侧空翻 1 周半同时转体 90°前滚翻
童非大挪移	鞍马马端支撑全旋隔两环挺身转体 180°成另一马端正撑
吴国年	鞍马俄式挺身转体 720°同时移三位
李宁 2 正吊	吊环支撑后翻成后悬垂前摆上成支撑

续表

命 名	动 作
李小双压上	吊环从支撑开始慢落下成悬垂再直臂压上成十字支撑
李小鹏空翻	双杠挂臂前摆屈体后空翻两周成挂臂
李小鹏跳	跳马踺子后手翻转体180°接直体前空翻转体900°
吴佳妮腾越	高低杠腹弹底杠后摆上向前分腿腾跃成高杠扭臂握悬垂
程菲跳	跳马踺子上板转体180°前手翻直体前空翻转体540°

（引自魏旭波,2007年）

我国竞技体操运动的发展,反映出我国体操运动形成了自己的完整规律,然而竞技体操在体坛上想取得好成绩且长盛不衰,"新、难"动作始终是竞技体操的趋势,这些技术离不开创新。一个国家想要在一个项目永远称霸,必须不断创新。在改革开放前期,我国在自己没有技术的时期,别人创造出来,我们再学习,相当于"克隆"。改革开放之后,我们之所以能在体操运动中立于不败之地,主要是敢于创新。

我国乒乓球项目之所以能够在国际乒坛上长盛不衰,并非他们有什么亘古不变的制胜技术、战术,也不是因为他们掌握着放之四海皆准的秘密武器,而是他们在继承发扬自己的技术特长的同时,能够针对世界乒乓球运动的发展趋势,特别是针对主要对手每个时期的技术特点进行创新,在适应与反适应、控制与反控制的矛盾中牢牢地掌握着主动权。有统计表明,世界乒乓球新技术、新器材最突出的有46项,由中国原创的有27项,占总数的58.7%。从表7-2中国乒乓球运动员创新的典型技术中,可以窥见金牌教练在创新方面的部分成果。

（引自李少丹,惠民.运动竞赛学.北京体育大学出版社,2005.7）

表7-2　中国乒乓球运动员创新的典型技术

运动员	典型技术
容国团	正手转与不转发球
徐寅生	正手奔球
李富荣	直拍近台左推右攻
许绍发	高抛发球
曹燕华	反手高抛发球技术
刘国梁	直拍横打
丁松	横拍攻削结合
孔令辉	横板反手快"撕"技术

（引自魏旭波,2007年）

三、运动竞赛对运动技能学习过程中心理素质的要求

当今竞技体育比赛胜负之间的差异已经非常微小,运动员需要在心理上占据优势才能获得胜利,心理技巧决定了运动员最终的胜负。当运动员的身体素质和战术意识达到较高水平时,心理状态就成为比赛成功的关键因素,良好的心理意志品质能够保障运动员在各种不利条件下都有上佳的发挥,因此,运动员在运动技能学习过程中,加强心理素质训练是重中之重。

(一)运动员赛前心理状态越好,在运动竞赛中表现出来的竞技水平越高

赛前心理很明显地表现出两种状态:一种是良好的心理状态,表现为信心足、情绪高、自信心强、比赛欲望强烈等,这些表现对比赛都是有利的;另一种是不良的心理状态,则表现出对比赛信心不足、做新难动作犹豫、当别人在比赛中失误时自己随着紧张、无法自制等。表7-3 为5名体操健将级运动员赛前心理特征与比赛成绩情况对比。

表7-3　五名体操健将级运动员赛前心理特征与比赛成绩表

姓名	赛前良好心理状态	比赛地点	得分	赛前不良心理状态	比赛地点	得分
周××	信心足、情绪高	南宁	9.4	当别人晃动掉下时,自己随着紧张、无法自制	昆明	8.9
袁××	信心足、情绪高,想在比赛中发挥好水平	长沙	9.3	信心不足,做新难动作犹豫	长沙	8.6
卓××	信心足、情绪高	突尼斯	9.75	对比赛把握不大	南京	8.8
武××	信心足、情绪高	西德	9.65	对比赛把握不大,思想集中不起来	南京	8.1
张××	自信心强,很想比赛	南昌	9.3	当别人晃动掉下时,自己随着紧张、无法自制	长沙	8.65

由表7-3 可以看出,运动员赛前心理状态非常重要,赛前具有良好的心理状态(信心足、情绪高,想在比赛中发挥好水平等)往往能使得运动员在比赛中获得良好的运动成绩,而赛前不良心理状态(信心不足,做新难动作犹豫,思想不集中等)则影响比赛成绩的发挥。在运动技能学习过程中加强心理素质的训练,可以提高运动员在正式比赛前保持一个良好

的心理状态。

（二）运动员比赛中心理素质越强，其竞技水平往往发挥得越好

运动心理学家大量的研究表明：运动员取得优异成绩与心理状态的直接反应有很大关系。运动员心理状态良好，其竞技水平往往也发挥得好，并且运动员在发挥最大潜力时，也是其心理状态最好之时。从某种程度上讲，良好的心理适应性与良好的运动成绩之间，有一种双向正促进作用。

运动员发挥出最好水平，取得好的运动成绩时，通常伴有以下心理状态：(1)心理镇静，身体轻松；(2)能量充分动员，无焦虑情绪；(3)乐观，兴致勃勃；(4)协调自如，毫不费力；(5)机敏，思维集中于当前比赛上；(6)自信，具有较好的控制力。另一方面，运动员心理状态不稳定或失态，必然导致竞技水平不稳定或失常。运动员在无伤痛等情况下，竞技水平不及平时训练水平，也是其心理状态失衡之表现。也就是说，不良的心理状态与不良的运动成绩之间，也有一种双向负促进作用。

运动员水平发挥失常，成绩不理想，通常伴有以下心理状态：(1)心理失衡，身体僵硬；(2)情绪焦虑，精神萎软；(3)悲观气馁，毫无斗志；(4)动作机械呆板，费时费力；(5)思想涣散，注意力不集中；(6)缺乏自信心，不能自我调控。随着现代竞赛的日趋激烈，运动成绩的迅速提高，竞技运动中的心理适应能力极大地影响着运动员体能及技、战术水平的正常发挥，运动成绩的获取或竞赛的胜负更多地倾向于心理占优势的一方。为使运动员在运动竞赛中发挥出最高的竞技水平，应在平时的运动技能学习过程中加强心理素质训练。

第二节　运动技能学习过程中的运动竞赛安排

一、运动技能学习认知阶段运动竞赛安排要适当

在运动技能形成的认知阶段：在技能学习的初期，练习者的神经过程处于泛化（或类化）阶段，内抑制过程尚未精确建立起来；注意范围比较窄；知觉的准确性较低；动作之间的联系不协调，特别是肌肉的紧张与放松配合不好；多余的动作较多，整个动作显得忙乱紧张，完成的动作在空间、时间上都不精确；能初步利用结果的反馈信息，但只能利用非常明显的线索；意识的参与较多。

在此阶段，练习者主要是通过视觉观察示范动作并进行模仿练习，较多地利用视觉来控制动作。因此，动觉的感受性较差，对于动作的控制力不

强,难以发现自己动作的缺点和错误。运动技能学习的认知阶段,运动员处于肢体运动支配大脑的阶段,而在此时安排过多的运动竞赛不仅仅使运动员心理受极大影响,而且容易形成错误的动力定型,一旦形成肢体的条件反射,对以后技能的学习都是极为不利的。而适当的运动竞赛可培养运动员的学习兴趣,提高其肢体的反应能力,还可以缩短运动员的认知周期。

二、运动竞赛的等级、次数和密度在运动技能第二阶段后应遵循循序渐进原则

运动技能形成的联系阶段:练习者经过一定的练习之后,初步掌握了一系列局部动作,并开始把个别动作联系起来。这时,练习者的神经过程逐渐形成了分化性抑制(或差别抑制),即只有条件刺激才能引起条件反射性反应,而近似刺激具有抑制作用,不引起条件反射性反应。近似刺激在相应皮质细胞内形成的抑制过程叫分化性抑制。在动作的联系阶段:兴奋和抑制过程在空间和时间上更加准确,内抑制过程加强,分化、延缓及消退抑制都得到发展;注意的范围有所扩大;紧张程度有所减少,动作之间的干扰减少;多余动作趋向消除,动作的准确性提高;识别错误动作的能力也有所加强;初步形成了一定的技能,但在动作之间的衔接处常出现间断、停顿和不协调现象。

在此阶段,练习者的注意主要指向技能的细节,通过思维分析,概括动作的本质特征,逐步完善地意识到整个动作,把若干个别动作结合成为整体。这时视知觉虽然起一定作用,但已不起主要作用,肌肉运动感觉逐渐清晰明确,可以根据肌肉运动感觉来分析判断。在此阶段安排一定量的运动竞赛对运动技能的学习具有一定的巩固作用,同时有利于运动员较快地进入运动技能的完善阶段。

全过程运动员对于不同性质的运动项目(速度性、力量性、耐力性、难美性、准确性、集体对抗性)运动技能学习的过程中,掌握各项运动技能的阶段划分的时间有所不同。但无论什么项目,其全过程运动技能学习过程中的竞赛安排的次数和密度都应该遵循循序渐进的原则。

随着运动技能学习的阶段性推移,运动员的运动技能水平不断提高,运动竞赛的安排应根据运动技能学习过程各阶段中技能掌握的程度及竞技能力提高的程度而定,恰当的安排比赛的次数和密度,并且合理地选择和安排不同级别、规模的竞赛,熟悉比赛规则、技术环境、器材设备与场地。在运动技能完全掌握的第三个阶段(动作运用完善阶段),要注意比赛的综合性,在比赛中时刻提醒运动员将各项运动技能联合起来,且逐步提高运动竞赛的次数和密度,使运动员的运动技能以及竞技水平得到全

面的提高与发展。

三、运动竞赛的内容要依据运动技能学习的阶段特征进行安排

为使运动员掌握最佳的运动技能,在运动竞赛中取得优异的运动成绩,根据运动员个人特点,以及运动技能学习过程的阶段性特征,有重点地按一定的顺序合理搭配安排运动技能学习的内容,依靠竞赛训练的方式促进运动技能的掌握,即在比赛条件下组织学生进行运动技能的练习,并合理地安排运动负荷。运用竞赛法进行运动技能学习的特点是:竞争性强、能激发学生的学习兴趣,提高练习的积极性,最大限度地表现机体的各种机能能力;发展身体素质,培养学生在比较复杂的条件下合理运用已经掌握的技术、技能,提高运动技术水平,培养勇敢、顽强、坚毅、集体主义精神等优良品质。

随着运动技能学习的阶段推移,运动技能的学习内容逐渐地从分到合,从局部到完整,根据运动技能学习的阶段特征,在运动技能的学习过程中,要按照运动技能形成的规律来安排比赛内容,促使运动员以最快的速度掌握最佳的运动技能,促进竞技能力水平的提高,在重大比赛中创造优异的运动成绩。

表7-4 运动技能形成过程中比赛内容的安排

运动技能形成	粗略掌握动作阶段	改进提高动作阶段	动作运用自如阶段
比赛内容安排	注重动作的质量,比好	着重看动作的质量,比好;适当安排比数量、比速度等,即比快、比多、比高、比远等	主要着眼点在动作的数量、速度等,即比快、比多、比高、比远等,并注意比赛的综合性
作用	建立正确的动作表象和概念,防止和排除错误与多余动作	掌握动作的技术细节,提高动作质量,初步形成动力定型,并适当注意调动学生练习的积极性	进一步巩固已形成的动力定型,不断提高动作的自动化程度和机体能力。多运用综合性比赛来调动学生学习的积极性

(引自李宏博,2007年)

四、观看运动竞赛应贯彻运动技能学习始终

在运动技能学习过程中观看运动竞赛对于技能的学习具有引领功效。在运动技能学习的认知阶段,儿童模仿能力极强,安排运动竞赛的播

放可以缩短运动技能的认知时间;在全面基础训练时期观看运动竞赛对于学到的运动技能起到巩固作用;而在完善阶段安排更高层次的运动竞赛对于运动技能的创新具有特别影响。

五、要力求专项辅助动作与竞赛动作相一致

以举重项目为例,众所周知,强大的力量只有通过正确合理的技术动作才能表现出来。从解剖学、生理学来分析,人体的肌肉力量除了取决于肌纤维的类型、肌纤维的数量、肌肉的横断面积、神经过程的强度外,还取决于主动肌、协同肌、支持肌、对抗肌的协调活动,这样才能动员参与工作的肌群最大限度地发挥出更大的力量,有效地完成动作,这就是我们常讲的正确合理的技术。因此,我们如果只有强大的力量,没有正确合理的技术,要想表现出良好的运动成绩是非常困难的。所以,在训练中,特别是在青少年的训练中,要认真处理好抓、挺的技术与专项辅助动作技术训练的关系,力求专项辅助动作的技术与竞赛中抓、挺的技术相一致,这样才能有效提高训练效果。

第三节　运动训练竞赛中意志努力和意志品质的培养

运动训练实践证明,培养运动员达到优异的运动成绩,取决于运动员的身体、技术、战术、意志和理论训练的统一。而意志训练是这个统一体的一个必不可少的组成部分,没有意志训练,要在运动上取得成功是不可思议的。

一、意志

意志是指人们为了达到既定的目的,而在行动上所表现出来的自觉地克服困难的心理过程,它是人们更高级的、有意识的对自己的行为和活动进行自我控制和调节的表现。

意志品质是意志的具体表现,它包括目的性、坚定性、顽强性、果断性、主动性、勇敢精神和自制力等。其中每一品质的心理结构,都与智力、情感和意志有直接关系。良好的意志品质是在紧张比赛中最大限度地发挥机能水平的必要保证。

二、体育运动中的意志努力

在体育运动中,人的意志努力是十分重要的。意志努力或者表现在

把注意力集中于所要完成的行动上,或者表现在行动本身的动机方面。就运动员而言,其意志努力还表现在:(1)克服肌肉活动的惰性,使其迅速进入兴奋状态或肌肉力量加大、速度加快、耐力增强等方面;(2)克服疲劳和厌倦等情绪方面;(3)严格遵守生活制度和训练制度方面;(4)克服思维惰性方面;(5)在做某些带有危险性的动作时克服胆怯、困惑、惧怕的心理方面。

意志努力的不同程度依赖于困难的性质和特点,在体育运动中,为了克服困难,运动员就要做出努力。这种自觉的动员自己的身心去克服困难,达到所提出的目的过程就是意志努力的过程。一个人总是以自己的意志行动来克服困难的,所有的各种各样的困难可以分为以下两类:

(1)客观上的困难。它受制于对象和现象本身的特点。例如,耐力方面要求达到甚至超过有关人体极限能力的水平,要求表现者进行灵敏而又协调的高难度的体操练习,等等。此外,还有场地条件和气候条件的变化,以及其他一些意外的障碍等,也都属于客观上的困难。

(2)主观上的困难。它受制于主体本身的特点,受制于它所形成的对周围现实的态度。例如:有一次国家拳击队运动员到游泳馆训练,他们中许多队员都是重大国际比赛和全国比赛的参加者。教练员建议他们从三米高处跳水,谁知在第一次课上大多数人都未能使自己克服危险和恐惧感而完成跳水动作。尽管完成这些任务在客观上是不困难的,但主观上不想独立克服这样或那样的困难,不习惯于有条理的和顽强的付出努力。

克服客观上困难的意志努力是掌握必要的运动知识和训练技术。克服主观上困难的意志努力是与培养义务感和对所承担任务的责任感相联系的,也与一个人的抑制不良情绪的能力所确立的生活信念和行动的道德准则有关。

在体育运动中的意志力努力,既包括自觉地克服客观上的困难,又包括自觉地克服主观上的困难,去到达预定目标的过程。经过努力,愈能克服巨大的主、客观上的困难,说明意志努力的积极程度愈大。

三、体育运动中意志品质的培养

运动员的意志品质是在训练和比赛中得到锻炼的,它需要经过多年精细的、有目的、有意识的培养。也就是说,意志品质的培养应成为训练过程中的固定内容,成为教练员和运动员自觉努力的目标。

(一)在训练中培养目的性

一个人在行动中有明确的目的性,并充分认识到自己的行为对社会的意义,才能坚定地克服各种困难和障碍。运动员的意志品质主要是由其心理状态所决定的,而其程度取决于运动员对参加训练目的的认识程度,运动员如果对参加训练的目的明确,在心理上就产生了克服困难的自觉性。这种自觉性越高,克服困难的意志力就越强,所表现出来的意志行动也就越强。

(二) 在训练中培养果断性和勇敢精神

教练员在训练中应有计划地安排一些具有冒险性的练习,即要求克服能引起畏缩和动摇的因素的这种练习,包括技巧、跳水、拳击,以及允许合理冲撞的球类运动,特别是冰球等运动。例如,在冰球训练中为培养运动员的胆量和勇敢精神,可以在训练中有个附加的练习——不用球杆防守,还要从对手处夺得冰球。如果以高级冰球运动员体力冲撞为每次训练课 70–100 次的话,那么为了使运动员"习惯"于这种体力冲撞,在训练中就可以组织这样的教学比赛,比赛者可以有 110–140 次的体力撞击次数,使运动员不怕碰伤。

(三) 在训练中培养坚定性和顽强性

教练员要广泛地采用各种各样的专门练习和完成练习的不同条件,以培养队员坚定性和顽强性。例如:为了增强篮球运动员训练强度和建立超过比赛的训练难度,可以采用把假想的对手积极对抗列入练习;延长超过比赛规则所规定的时间;限制完成练习任务时间,特别要求队员在疲劳状态下表现出新的意志的努力,全力在最后几分钟打出高水平;等等。对运动员来说,坚定性和顽强性非常重要,一个运动员要取得优异成绩,必须坚持不懈地进行艰苦训练,比赛时更需要顽强的精神,才能战胜各种困难取得胜利。

(四) 在训练中培养主动性和自制力

主动性表现在运动员处于各种困难条件下能积极动脑筋想办法完成训练和比赛任务。自制力表现在行动中能善于控制自己的情绪,约束自己的言行,运动员必须积极开动脑筋,有效地控制自己的情绪和行动,才能在紧张复杂的训练和比赛中充分发挥出自己的运动水平。

训练中,教练员首先要使运动员具备良好的技术和战术水平,并经常要求他们对比赛的形势进行分析和处理,必要时可要求他们独立地制订比赛计划,还要经常表扬那些在训练和比赛中表现的主动的运动员。

意志品质是在克服困难过程中表现出来的,又是在克服困难中培养起来的。所以,在学生掌握运动技能训练中,培养意志品质一定要使训练任务逐渐复杂化。训练任务难度提高时,应善于挑战和提出对运动员来说是相当大,然而又是能克服的困难,如果困难过大,又不能克服它,反而导致丧失信心,逃避困难;训练任务过轻,又会使运动员出现轻视或怠慢的态度,表现不出意志的努力;尽可能使训练条件接近于比赛条件,甚至比比赛的条件更困难、更复杂和更紧张,经常让运动员参加这种训练,就可以造成有效的心理紧张负荷。为了培养运动员的意志品质,就必须在训练中设置困难并动员其去克服它们,使之通过必要的意志努力,培养起良好的意志品质。

专栏10　有哪些人接近或达到整体构建体育经验的高级阶段

解决这一个问题,首先要明白"整体构建体育经验的高级阶段"的概念,通过查找资料和引擎搜索并未查到这一完整短语的概念,可见这一短语并不是一个专业术语,需要分解再整合。显然,这一短语中的关键点在于"体育经验"和"高级阶段"这两个词语。

体育(physical education,缩写PE或P. E.),是一种复杂的社会文化现象,它以身体与智力活动为基本手段,根据人体生长发育、技能形成和机能提高等规律,达到促进全面发育、提高身体素质与全面教育水平、增强体质与提高运动能力、改善生活方式与提高生活质量的一种有意识、有目的、有组织的社会活动。这是广义上的体育,体育的含义有狭义和广义的区分。狭义的体育即身体教育,是通过身体活动,增强体质,传授锻炼身体的知识、技能、技术,培养道德和意志品质的有目的有计划的教育过程。它是教育的组成部分,是培养全面发展的人的一个重要方面。本篇文章中的体育指的是狭义的体育,甚至可以简单的理解为某个体育项目。经验,指人们在同客观事物直接接触的过程中通过感觉器官获得的关于客观事物的现象和外部联系的认识,并能对以后从事类似事物提供指导。所以体育经验就是某人长期从事某项或多项运动项目的训练、比赛或指导,从而具备了熟练的技术运用能力和经验。

高级阶段指的是达到不一般的高境界,所以整合起来"整体构建体育经验的高级阶段"就是某人凭借自己的运动经历和运动知识对某个运动项目或某一类型的项目构建起独有的自动化经验体系的高级阶段。整体构建体育经验高级阶段的人群通常都是经过长期专业化训练或培训的明星级运动员或教练员,以下我们列举一些具有整体构建体育经验高级阶段的体育明星及其运动生涯的主要事迹。

中国网球女皇李娜。李娜,世界知名网球运动员,1983年出生于湖北武汉,6岁开始练习网球,2008年北京奥运会女子单打第四名,2009年决定单飞,2011年获法国网球公开赛女子单打冠军,2014年获澳大利亚网球公开赛女子单打冠军(成为澳网百年历史上亚洲选手首个澳网单打冠军及公开赛以来澳网最年长的单打冠军),2014年9月19日宣布退役,退役后在家乡自办网球培训学校。李娜是亚洲历史上女单世界排名最高选手,最好成绩排名世界第二。所以对于李娜而言,无论是网球训练、比赛还是教学都具备世界高级的体育经验。

世界羽毛球名将林丹。1988年,5岁的林丹开始接触羽毛球,2002年—2004年开始崭露头角,在一些地区竞标赛中获得不错成绩;2005年—2007年渐入佳境,获得中国羽毛球大师赛男单冠军;2008年创造辉煌,林丹由此成为羽毛球历史上首位赢得全英赛、世锦赛、世界杯和奥运金牌的球员。2010年,林丹在成为亚运会男子单打冠军的同时,也成为了羽毛球运动历史上第一位集奥运冠军、世锦赛冠军、世界杯冠军、亚运会冠军、亚锦赛冠军、全英赛冠军以及多座世界羽联超级系列赛冠军于一身的全满贯球员。

世界乒乓球名将张继科。1993年张继科随父亲学习乒乓球,2000年进入山东鲁能乒乓球队,2001年进入国家二队,2003年进入国家一队。2012年伦敦奥运会乒乓球男单决赛张继科以4比1战胜王皓夺冠,实现了世锦赛、世界杯、奥运会三项冠军的大满贯,创造收获大满贯的个人最快纪录(445天),成为中国男乒历史上继刘国梁和孔令辉之后第三位大满贯选手。后因负伤退隐,2016年复出,获得里约奥运会冠军。

跳水女皇郭晶晶。1988年,7岁的郭晶晶开始学习跳水;1992年,郭晶晶进入了河北省跳水队;1993年入选中国国家跳水队,1998年参加在澳大利亚举行的世界游泳锦标赛,获女子跳台第二名;2001年,郭晶晶参加了在福冈市举行的第九届世界游泳锦标赛,女子单人3米板、女子双人3米板及女子1米板冠军。2002年,郭晶晶在全国跳水冠军赛中获得女子1米跳板冠军与女子3米跳板冠军;2008年收获了自己在奥运会历史上的第四枚金牌,2011年1月22日,郭晶晶正式宣布退役。

世界游泳名将孙杨。孙杨,1991出生于浙江杭州,中国国家游泳队队长,男子1500米自由泳世界纪录保持者,男子400米自由泳奥运会记录保持者。2012年伦敦奥运会男子400米自由泳、男子1500米自由泳冠军;2016年里约奥运会男子200米自由泳冠军。孙杨是历史上第一位包揽男子200米、400米、1500米自由泳奥运金牌的游泳运动员,史上第一个世锦赛男子800米自由泳三连冠。是一个极具天赋的体育明星。

篮球巨星姚明。姚明,出生于上海的篮球世家,9岁开始在上海徐汇区少年体校开始接受业余训练,14岁进入上海青年队;17岁入选国家青年队;18岁穿上了中国队服。2002年,他以状元秀身份被NBA的休斯敦火箭队选中,2011年从NBA退役,服役于火箭队的9年中最佳排名来到NBA第4。退役后姚明回国继续从事篮球产业和公益活动,2017年选任中国篮球运动协会主席。

中国著名女排国家队队员朱婷。2010年,朱婷进入中国女子排球少年队(国少队)。2012年,朱婷进入中国女子排球青年队(国青队)。2013年正式入选郎平执教的中国国家女子排球队,现为队中主力主攻手,郎平评价为世界三大主攻之一,披2号球衣,同年底首次参加2013年世界女排大奖赛总决赛获最佳主攻称号;2016年,朱婷率领中国女排获得2016年里约奥运会女排冠军,并获得里约奥运会女排最有价值球员,同年获得2016"中国90后10大影响力人物",2016 CCTV体坛风云人物年度最佳女运动员提名奖,来到运动生涯的高峰期。

跨栏名将刘翔。刘翔,中国男子田径队110米栏运动员,中国体育田径史上、也是亚洲田径史上第一个集奥运会冠军、室内室外世锦赛冠军、国际田联大奖赛总决赛冠军、世界纪录保持者多项荣誉于一身的运动员。2004年,刘翔在雅典奥运会上以12.91秒的成绩追平了世界纪录,夺得冠军。2006年,在瑞士洛桑田径超级大奖赛中,以12秒88打破了保持13年的世界纪录夺冠。2012年,世界110米栏排名第一,时隔五年后重登榜首。2012年伦敦奥运会刘翔因伤退出比赛以后几次尝试复出,但仍没有理想的表现。2015年4月7日下午,在微博正式宣布退役。

台球神童丁俊晖。丁俊晖,中国男子台球队运动员,斯诺克球手。8岁接触台球,13岁获得亚洲邀请赛季军,从此"神童"称号不胫而走。职业生涯共获得11次排名赛冠军(单赛季第五次在大型排名赛称雄,追平亨德利的最高纪录)、2次PTC分站赛冠军以及1次温布利大师赛冠军,共打出6次单杆147。2014年世界台联宣布中国斯诺克球手丁俊晖已确定在新的世界排名榜上跃居世界第一,成为台联有史以来第11位世界第一,同时也是首位登上世界第一的亚洲球员。2015年,世界台联官网公布新的一期世界排名,丁俊晖在世界台联排名重回第一位置。2016年斯诺克6红球世锦赛决赛丁俊晖获得冠军。同年获得2016 CCTV体坛风云人物年度最佳非奥项目运动员奖提名奖。

这些明星级别的运动员具备构建体育经验高级阶段的能力,他们之前的训练和参赛经历对他们整个运动生涯及其都具有重要意义。他们形成的自动化的经验即使在他们退役之后也能运用到培训或教学之中。

参考文献：

[1] 刘建和,等.运动竞赛学[M].北京：人民体育出版社,2008.

[2] 田麦久.运动训练学[M].北京：人民体育出版社,2005.6.

[3] 邓树勋,王健.高级运动生理学——理论与应用[M].北京：北京体育大学出版社,2003.6.

[4] 田麦久,熊焰.竞技参赛学[M].北京：人民体育出版社,2011.12.

[5] 李少丹,惠民.运动竞赛学[M].北京：北京体育大学出版社,2005.7.

[6] 耿培新,梁国立.人类动作技能概论[M].人民教育出版社,2008.

[7] 丛文.对"淡化竞技性运动技能"的质疑与解析[J].中国学校体育,2006.

[8] 田麦久,等.竞技参赛理论文集[M].北京：北京体育大学出版社,2008.

[9] 梁慈民.论竞技体育前沿技术[M].北京：北京体育大学出版社,1998.

[10] 马特维也夫.竞技运动理论[M].哈尔滨：黑龙江科学技术出版社,2005.

第三部分

实践运动技能篇

第八章 运动项目的技能学习分析

【本章提要】 通过本章的阅读，能使读者了解几类典型的运动项目的运动简介、基本技术学习分析，并了解其技能教学中易犯错误与纠正方法和教学注意点等知识。

运动技能学习，总是围绕一定的运动项目来进行的。以下我们选取几类典型的运动项目，对其进行技能学习分析。

第一节 田径运动的技能学习分析

一、田径运动简介

田径运动英文为 track and field，田径运动是径赛、田赛和全能比赛的统称。以高度和距离长度计算成绩的跳跃、投掷项目叫"田赛"。以时间计算成绩的竞走和跑的项目叫"径赛"。田径比赛由田赛、径赛、公路跑、竞走和越野跑组成，此外还包括部分田赛和径赛项目组成的"全能"项目。

早在远古时期，先民为了获得生活资料，在与大自然及禽兽的生存斗争中，不得不奔跑追逐猎物，跳越各种障碍，投掷石块和简易捕猎工具。这样在生产劳动中逐渐形成了走、跑、跳跃和投掷的各种技能。随着社会的发展，人们有意识地把走、跑、跳跃、投掷作为练习和比赛形式。

田径比赛起源于古希腊的古代奥运会，根据记载，最早的田径比赛始于公元前776年在希腊奥林匹克村举行的第一届古代奥运会上。当时的比赛项目只有一个田径项目——短距离赛跑，跑道为一条直道，全长192.27米。公元前708年的第10届古代奥运会上，跳远、铁饼和标枪等田赛项目被正式列入了比赛项目。公元前490年，传说希腊士兵菲利皮迪斯从马拉松城一直跑到雅典城，为的是报告希腊军队打败了波斯军队的喜讯。当跑到雅典时，菲利皮迪斯精疲力竭而死。人们为了纪念他，在田径比赛中设立了马拉松跑比赛项目。

在奥林匹克之父顾拜旦的提议下,1894年6月,在法国巴黎举行了首次国际体育大会。国际体育大会决定把世界性的综合体育运动会叫做奥林匹克运动会,并决定于1896年在希腊举行第一届现代奥运会,在这届奥运会上田径的走、跑、跳跃、投掷等项目,被列为大会的主要竞技项目。

田径运动被人们称为"运动之母"。在一百多年的发展中,伴随着田径技术和训练方法的发明,田径成绩不断提高。例如跳高技术就经历了跨越式、剪式、俯卧式和技术、背跃式跳高技术,在训练方法上出现了至今在训练中使用的间歇训练、马拉松训练、法特莱克训练、持续训练和大运动量训练等训练方法,促进了全世界的田径运动不断发展。

20世纪初外国传教士将现代田径运动带进中国,当时只在教会学校之间开展田径比赛,后来田径运动逐渐普及到全国的国立、私立学校。1932年中国首次参加第10届洛杉矶奥运会。中国短跑运动员刘长春参加了100米和200米的比赛,他成为中国奥运第一人。新中国成立后,我国田径运动得到迅速普及,运动成绩迅速提高。1956年,女子跳高运动员郑凤荣采用剪式跳高技术以1.77米打破了当时1.76米的世界纪录。1983年朱建华三次打破世界男子跳高纪录。90年代王军霞多次获得世界中长跑冠军,被称为"亚洲神鹿",2004年雅典奥运会刘翔夺得110米栏冠军,2015年刘虹获得女子20公里竞走金牌同时打破世界纪录。

目前正式的奥运会田径比赛项目:

男子:100米、200米、400米、800米、1500米、5000米、10000米、马拉松、3000米障碍跑、110米跨栏、400米跨栏、跳高、撑杆跳高、跳远、三级跳远、铅球、铁饼、链球、标枪、十项全能、20公里竞走、50公里竞走、4×100米接力、4×400米接力等24个小项。

女子:100米、200米、400米、800米、1500米、5000米、10000米、马拉松、3000米障碍跑、100米跨栏、400米跨栏、跳高、跳远、三级跳、撑高跳高、铅球、铁饼、标枪、链球、七项全能、4×100米接力、4×400米接力、20公里竞走等23个小项。

二、田径运动的基本技术

(一)短距离跑

短距离跑项目指400米及400米以下的径赛项目,短距离跑技术划分为:起跑、加速跑、途中跑(弯道跑)、终点跑4个技术阶段。(图8-1)

图 8-1

1. 起跑

（1）技术动作。

当听到"各就位"口令后，运动员轻松地走到起跑器前，有力腿在前，两脚依次蹬在起跑器的抵足板上，两手靠起跑线后沿支撑，四指并拢与拇指成"八字形"，虎口向前，两手距离与肩同宽或稍宽，头向下看，躯干自然弯曲，后腿膝关节触地，身体大部分重量落在前脚和后腿膝关节之间，注意听"预备"口令。当听到"预备"口令后，平稳地抬起臀部，同时身体重心向前移，形成臀部高于肩、肩超过起跑线 10 厘米左右的身体姿势。两脚脚掌紧贴起跑器抵足板，注意力集中听枪声准备起跑。

（2）学习的重点和难点。

a. 重点是当听到"预备"时逐渐抬高躯干，形成快速启动的身体姿势。

b. 难点是控制好稳定的起跑姿势，注意力集中。

（3）起跑动作易犯错误及纠正方法（见表8-1）。

表 8-1　起跑动作易犯错误及纠正方法一览表

易犯错误	纠正方法
重心靠后	明确动作方法与要求；帮助学生体会重心前移位置
身体重心不稳	减小两臂之间的距离；控制重心前移的速度；加强手臂支撑力量

（4）起跑的练习方法。

a. 学习安装起跑器：介绍普通式起跑器的安装方法和要求。

b. 分解练习法：把动作分解为三个部分，安装起跑器、各就位、预备在教师口令的指挥下做分解动作，无起跑器集体练习，重复进行以强化动作结构。

c. 两人一组相互帮助与纠错。

d. 结合起跑器练习。

2. 加速跑

（1）技术动作。

听到发令枪声后，双手迅速推离地面，两臂前后摆动，前腿迅速充分蹬伸，后腿（摆动腿）蹬离起跑器前摆。起跑后的最初几步的步长变化是第一步约为三脚半—四脚掌长,第二步约为四脚—四脚半长,以后的步长约逐步增加半个脚掌,直到途中跑的步长。起跑后的加速跑段躯干前倾角度逐渐转为正直,最后逐渐接近途中跑的姿势,加速跑段距离约为25－30米。

（2）学习的重点和难点。

a. 重点是听到枪声后迅速蹬地,逐渐加速。

b. 难点是步幅逐渐增大,躯干逐渐抬起。

（3）加速跑技术易犯错误及纠正方法（见表8-2）。

表8-2 加速跑技术易犯错误及纠正方法一览表

易犯错误	纠正方法
听到枪声后动作慢	强调预备口令后注意力集中；各种听信号起跑练习
身体抬起过早	明确动作方法与技术要求；利用物体限制步幅；拉橡皮带跑；强调逐渐抬体、不有意识抬头

（4）加速跑的练习方法。

a. 讲解示范技术动作。

b. 分解练习法：练习第一步；击掌、口令等起跑练习；不同预备姿势加速跑练习,如原地小步跑逐渐前倾接加速跑,原地高抬腿逐渐前倾接加速跑；各种姿势下听信号转身跑；俯卧听信号加速跑。

c. 限制练习法：一人弹力带一人练习；起跑后跑逐渐加大的限制线或海绵块。

d. 游戏练习法：听信号追逐跑；钻山洞。

3. 途中跑

（1）技术动作。

上体姿势基本正直,腿的后蹬快速有力,前摆抬腿高,摆臂积极,两臂前后摆动协调配合,后蹬充分、快速积极,步幅大,步频快,重心位置高,重心移动平稳。

（2）学习的重点和难点。

a. 重点是步频快,步幅大,正确的跑步姿势。

b. 难点是蹬摆结合,后蹬充分。

（3）途中跑技术易犯错误及纠正方法（见表8-3）。

表8-3　途中跑技术易犯错误及纠正方法一览表

易犯错误	纠正方法
后蹬不充分,"坐"着跑	明确动作方法;后蹬跑;高抬腿跑;各种跳跃练习;加强下肢力量练习
摆臂不正确	明确动作方法与技术要求;原地站立摆臂练习;坐地上摆臂练习;手持轻器械摆臂练习;30-60米中速跑改进摆臂技术

(4) 途中跑的练习方法。

a. 讲解示范技术动作。

b. 练习法:跑的专门练习、不同速度、不同距离跑、上坡跑、下坡跑、各种跳跃练习、跳绳、跳台阶。

c. 两人练习法:同步跑、追逐跑。

d. 游戏练习法:追逐跑、钻山洞、让距跑、接力跑。

e. 限制练习法:跑方格。

f. 负重练习法:拉轮胎跑、拉人跑、推小车跑。

4. 终点跑

(1) 技术动作。

上体姿势努力保持基本正直,后蹬快速有力,高抬大腿,加强摆臂,在距离终点1-2步时,两臂后摆,躯干前倾,跑过终点。

(2) 学习的重点和难点。

a. 重点是保持步频和步幅,加强摆臂。

b. 难点是克服疲劳,防止躯干后仰,步频下降过快。

(3) 终点跑技术易犯错误及纠正方法(见表8-4)。

表8-4　终点跑技术易犯错误及纠正方法一览表

易犯错误	纠正方法
身体后仰"坐"着跑	明确动作方法;加强速度耐力训练
压线不充分	明确压线技术要求和时机;原地压线练习;强调压线时保持抬头动作;快速跑动中压线练习

(4) 终点跑的练习方法。

a. 讲解示范技术动作。

b. 练习法:原地压线、不同速度跑动中压线练习、速度耐力练习。

c. 集体练习法:原地听信号压线练习;短距离跑压线。

(二) 蹲踞式跳远

跳远按空中姿势不同可分为蹲踞式、挺身式和走步式三种姿势。跳远技术分为助跑、起跳、腾空和落地四个技术阶段(图8-2)。

图8-2　蹲踞式跳远

1. 动作方法

助跑14—16步,要固定步长和步幅;发挥出可控速度,约个人最大速度的95%。起跳时倒数第一步缩短步幅,起跳腿快速迈向起跳板,做到三快:上步快、摆臂、摆腿快、蹬伸快。蹲踞式跳远要求在腾空的最高点后腿前上抬,与前腿并拢,靠近胸部,上体前倾,落地时两臂后摆,伸小腿,落地时主动屈膝,使重心快速通过着地点或侧倒方式着地。

2. 学习的重点和难点

    a. 重点:起跳技术。

    b. 难点:助跑与起跳的衔接。

3. 跳远技术易犯错误及纠正方法(见表8-5)

表8-5　跳远技术易犯错误及纠正方法一览表

易犯错误	纠正方法
步点不准	确定助跑距离;固定启动方式;固定加速方式;改进起跳技术
起跳腿蹬伸不充分	助跑起跳越过一定高度的障碍;加强起跳腿的退让蹬伸能力如跳栏架、跳深练习、各种下肢力量训练

4. 跳远的练习方法

    a. 讲解示范技术。

    b. 学习起跳技术:原地放脚起跳模仿练习、上一步起跳、原地起跳摆臂突停、三步助跑腾空步练习、利用起跳板做腾空步、腾空步越过障碍、腾空步头顶标志物。

    c. 学习助跑技术:丈量步点(步数乘2减2或者反跑);确定助跑启动方式;反复助跑;节奏跑;听信号助跑;按标记助跑;第二标志调整练习;发展短跑练习。

d. 学习空中技术:完整原地练习、原地腾空步支撑腿并腿练习、上步成腾空步并腿落入沙坑、踏上跳箱完整练习。

e. 学习着地技术:立定跳远、原地单腿支撑伸膝练习、成腾空步并腿伸膝练习,原地伸膝着地屈膝跪倒练习。

(三) 跨越式跳高

跳高技术按过杆动作不同可以分为:跨越式、俯卧式和背越式三种跳高技术。跳高技术分为助跑、起跳、过杆和落地四个技术阶段(图8-3)。

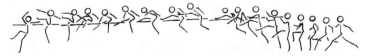

图8-3 跨越式跳高

1. 动作方法

直线助跑,助跑角度一般与横杆成30°-60°,助跑距离一般在10-15米,最后几步速度要加快,起跳点与横杆投影线距离一般在60-80cm。助跑到最后一步时,起跳腿以大腿带动小腿迅速向前伸出,用脚跟先着地并迅速过渡到全脚掌,屈膝缓冲,当身体重心移至起跳点的上方时,起跳腿迅速充分蹬伸,摆动腿膝关节微屈,向前上方摆起,两臂积极配合摆动,使身体向上腾起。当摆动腿脚跟越过横杆高度时,同时,起跳腿积极向上抬起,膝盖靠近胸部,小腿自然上摆与横杆平行,接着上体抬起,摆动腿同侧臂随摆动腿内转下压带动身体沿纵轴向内旋转,使上体和臀部能顺利过杆,过杆后用摆动腿领先落地。

2. 学习的重点和难点

a. 重点:助跑与起跳技术的衔接。

b. 难点:摆动腿过杆后的内旋下压。

3. 跨越式跳高技术易犯错误及纠正方法(见表8-6)

表8-6 跨越式跳高技术易犯错误及纠正方法一览表

易犯错误	纠正方法
助跑节奏紊乱,助跑与起跳衔接不好	调助跑步点、按画好的每步标志反复进行练习;慢、中速助跑练习;采用绳间跑3、5、7步培养节奏感和目测距离的能力
前冲大,跳不起来	明确起跳腿蹬伸时机;逐渐提高高度或橡皮筋代替横杆,克服害怕心理,强化起跳拔腰练习;上步向上前摆腿练习
"坐"着过杆,臀部及大腿碰落横杆	明确起跳时;三步、五步助跑起跳的结合练习;原地或上步改进起跳脚快速着地和蹬伸练习;上步摆动腿和手臂上摆、提肩、拔腰练习;加强下肢力量练习

4. 跨越式跳高的练习方法

a. 介绍完整技术:示范和讲解。

b. 分解练习法：原地放脚起跳模仿练习、上一步起跳、原地扶杆摆动腿摆动练习、上步跨过低橡皮筋练习。走跨过横杆、原地抬起摆动腿,摆动腿下压时,提拉起跳腿。

c. 游戏练习法:跨越斜拉的橡皮筋、四角跨越橡皮筋追逐跑。

d. 限制练习法:将橡皮筋代替横杆,拉成斜线、助跑起跳头触及标志物。

（四）背向滑步推铅球

推铅球技术分为:握持铅球、预备姿势、滑步、最后用力和缓冲五个部分(图8-4)。

图8-4　背向滑步推铅球

1. 动作方法

推球手五指自然分开,铅球置于指跟处,铅球放在锁骨窝处,铅球靠在颈部,肘外展接近与肩平行。背对投掷方向,站立在靠近投掷圈后沿,两脚前后开立,滑步前做1-2次预摆动作,滑步具体方法是身体前倾,同时抬左腿,然后团身,屈右腿,左腿收在右腿附近,成团身弓背姿势,滑步开始时,身体重心后移,左腿伸展,向投掷方向摆出,然后,左腿内收于身体下方,重心大部分落在右腿,最后用力开始于左脚着地时,右腿蹬转,上体向前上方向翻转,左臂屈肘向前上方向摆动,当身体正对投掷方向时伸右臂,将铅球推出,铅球出手后迅速交换腿,降低重心,维持身体平衡。

2. 学习的重点和难点

a. 重点:最后用力的用力顺序。

b. 难点:滑步与最后用力的衔接。

3. 背向滑步推铅球技术易犯错误及纠正方法(见表8-7)

表8-7 背向滑步推铅球技术易犯错误及纠正方法一览表

易犯错误	纠正方法
滑步时重心起伏大	明确动作要领:摆腿方向和蹬伸时机;扶肋木摆腿练习;原地摆腿收腿练习;原地摆腿成大分腿,收腿练习;在斜坡上练习滑步;先抬起左腿,下压时收右腿练习
最后用力不协调	明确最后用力方法;原地蹬转练习;两手搭肩翻转练习;徒手蹬、转、伸练习;负重转体练习;推轻器械原地或者滑步推铅球练习
推球	明确伸臂推铅球的时机;正面推球、与投掷方向成90度推球、转体推球;原地推铅球练习;推轻器械练习

4. 背向滑步推铅球的练习方法

a. 讲解示范完整技术。

b. 分解练习法:由于背向滑步推铅球技术较为复杂,一般将最后用力和滑步技术分解学习。滑步练习包括:俯身抬腿团身练习、连续俯身抬腿练习、蹬摆练习、后摆腿触及标志物、分腿成大劈叉收腿练习、连续收腿练习。最后用力练习包括:原地双脚跳起,空中转髋落地、原地双脚跳起,空中转髋复原后练习、落地转髋练习、右脚撑地练习、蹬伸转髋练习、平面转体练习、附身90度、135度、180度转体练习。

c. 限制练习法:滑步超过限制线、摆腿超过一定距离的限制线、扶肋木摆腿练习。

d. 比赛法:持不同器械比投掷远度、左右手推铅球、分两组各组自行安排出场顺序比赛、原地推铅球比赛。

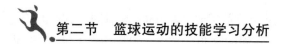第二节 篮球运动的技能学习分析

一、篮球运动简介

篮球运动既是一项综合性的游戏,又是一个现代竞技体育项目。它是将球投入对方篮筐以得分多少决定胜负的集体球类运动项目。篮球运动是1891年由美国马萨诸塞州斯普林菲尔德市基督教青年会训练学校体育教师詹姆士·奈史密斯博士发明的,篮球运动诞生后,传播得很快。1892年传入加拿大和墨西哥,1893年传入法国,1895年传入中国,1901年传入日本和波斯(今天的伊朗),1905年传入俄国。1904年美国青年

会男子篮球队在第3届奥运会上进行了表演,此后,篮球运动逐步在全世界开展起来。1932年6月18日在瑞士日内瓦成立了国际业余篮球联合会(简称国际篮联)。1936年第11届奥运会上,男子篮球被列为正式比赛项目。1950年和1953年分别举行了第一届世界男篮和女篮锦标赛。1948年起,在许多国家的少年儿童中开始出现小篮球活动,受到国际篮联的重视,于1968年成立了"国际小篮球委员会"。1976年第21届奥运会又增加了女子篮球比赛。自20世纪80年代以来,世界篮球竞技运动已经成为一种新兴的现代体育产业和为国际交流服务的工具。

篮球技术的教学内容,主要包括移动技术(指跑、跳、急停、转身、投篮等无球的动作方法)、控制支配球动作(指接球、传球、运球、投篮等有球的动作方法)、争夺球动作(指抢球、打球、断球、抢篮板球等动作),以及由这些动作相互结合所构成的组合式技术动作教学。

二、篮球运动的基本技术学习分析

(一)移动技术

移动技术的重点与难点:在移动技术环节上,强调脚的蹬地、碾地、抵地制动等脚部动作,以及腰胯的发力和身体重心的控制与转移,在学生掌握单个技术的基础上,能够综合运用各种移动技术。

1. 基本姿势

(1)基本姿势概述。

基本姿势是运动员在球场上保持一个稳定且便于移动的站立姿势。保持正确的基本姿势,能使身体各部位处于适宜的工作状态,以利于迅速、协调地完成各种攻守技术动作。

图8-5 准备姿势

动作要领:两脚前后或左右开立,与肩同宽,两腿弯曲,大腿与小腿间的夹角大约为130°左右,上体前倾,膝关节内收,脚跟稍提起,脚尖稍微内扣,重心在两脚中间,两臂自然下垂(图8-5)。

(2)易犯错误与纠正方法(见表8-8)。

表8-8 准备姿势易犯错误与纠正方法一览表

易犯错误	纠正方法
两腿直立,重心太高	运用正误对比和分解示范的方法,让练习者对技术动作有一个正确的认识,然后采用半蹲等方法练习
全脚掌着地,上体过于前倾	加强腿部力量,结合基本姿势的特点,采用深蹲跳等方法练习

（3）练习方法。

　　a. 模仿练习：练习者在原地做基本姿势的模仿练习，注意降低重心。

　　b. 原地基本姿势练习：听口令做基本姿势，教师给练习者纠正动作。

　　c. 练习者在原地做跳跃动作，听教师口令，练习者立即做出基本姿势。

2. 起动

（1）起动技术概述。

　　起动是队员在球场上由静止状态变为运动状态的一种动作，是获得位移速度的方法。进攻时突然快速的起动可以摆脱防守，防守时突然快速的起动可以抢占有利位置。

　　动作要领：从基本站立姿势开始，向前起动时以后脚的前脚掌用力蹬地，向侧起动时以异侧脚的前脚掌的内侧用力蹬地，同时身体迅速前倾或侧转，向跑的方向移动重心，手臂协调地摆动，充分利用蹬地的反作用力，迅速向跑的方向迈出。

（2）易犯错误与纠正方法（见表8-9）。

表8-9　起动技术易犯错误与纠正方法一览表

易犯错误	纠正方法
起动时身体重心过高，不便于迅速蹬地，重心移动不及时	教练可采用正、误对比和分解示范的方法，使队员对正确的技术有明确的概念
起动时后脚或异侧脚蹬地不充分，不能在短距离内发挥最大速度	原地做后蹬、侧蹬练习，做迅速向起动方向转移身体重心的练习

（3）练习方法。

　　a. 原地慢速体会正面起动和侧面起动练习，注意跟进起动方向，确定蹬地脚及脚的蹬地部位，正确掌握重心移动与蹬地的配合。

　　b. 正面起动练习和侧面起动练习，听教师口令，从基本姿势立即做起动动作，然后跑出10米后减速，要求学生注意力集中，反应快。

　　c. 向上跳起落地后起动练习，要求跳跃落地后弯腿缓冲与蹬地要衔接好，倒重心快。

3. 跑

　　跑是为了完成攻守任务而争取时间的脚步动作，在比赛中经常运用的跑有变向跑和侧身跑。

（1）变向跑。

① 变向跑动作要领。

　　从右向左变向时，最后一步用右脚前脚掌内侧用力蹬地，同时脚尖稍内扣，迅速屈膝，腰部随之左转，上体向左前倾，移重心，左脚向左前方跨出，然后加速前进。变向时，前脚掌内侧用力蹬地，另一脚步迅速朝变向方向迈出第一步(图8-6)。

图8-6 变向跑

② 易犯错误与纠正方法(见表8-10)。

表8-10 变向跑技术易犯错误与纠正方法一览表

易犯错误	纠正方法
变向时,脚尖没有内扣,腰没有带动上体转向,上体没有前倾	多做正面示范、分解示范、正误对比示范,使运动员建立正确的动作概念
变向后没有加速动作	用慢速度进行蹬地、转腰、跨步,跨步后加速的分解练习,然后再把分解练习后的正确动作连贯起来

③ 练习方法。

a. 变向跑的模仿练习,学生围着篮球场边线模仿变向跑,要求练习时速度不要太快,体会蹬地、转体、跨步等动作。

b. 在球场上放置障碍物,学生在慢跑中遇到障碍物就进行变向跑。

c. 学生两人一组,一人为防守队员,一人为进攻队员,学生做变向跑来摆脱防守。

(2) 侧身跑。

① 侧身跑动作要领。

在跑动时,头部和上体转向侧面或有球的一侧,脚尖朝着跑动方向。跑动时,既要保持奔跑速度,又要保持身体平衡,双手自然放在腰侧,密切注意观察场上情况。

② 易犯错误与纠正方法(见表8-11)。

表8-11 侧身跑技术易犯错误与纠正方法一览表

易犯错误	纠正方法
跑动时头部和上体没有转向有球方向	两人一组,沿篮球场上的圆圈练习侧身跑,跑动时转头侧身看同学
跑动时脚尖没有转向跑动方向,形成交叉步跑	在练习过程中用语言提示学生跑动时的脚尖转向

③ 练习方法。

a. 学生沿三分线做侧身跑练习,要求跑动时注意观察场上情况。

b. 学生在端线两侧场内 2 米,距边线 1 米处,排两个纵队,右侧学生做外侧身跑接内侧身跑,跑到另侧端线后排至左侧纵队队尾,左侧学生先做外侧身跑,接内侧身跑,跑至另一端线后排至右侧纵队队尾,依此交替练习。

4. 滑步

(1)滑步技术概述。

滑步是防守移动的一种主要方法,易于保持平衡,可向任何方向移动。

动作要领:两脚平行站立,两膝弯曲,上体略前倾,两臂侧伸。向左侧滑步时左脚向左迈出的同时,右脚蹬地滑动,向左脚靠近,两脚保持一定距离,左脚继续跨出。向后滑步时,一只脚向后撤步着地的同时,前脚紧随着向后滑动,保持前后开立姿势。向前滑步时,前脚向前迈出一步。着地同时,后脚紧随着向前滑动,保持前后开立姿势(图 8-7)。

图 8-7 侧滑步

(2)易犯错误与纠正方法(见表 8-12)。

表 8-12 滑步技术易犯错误与纠正方法一览表

易犯错误	纠正方法
蹬地与迈出脚没有同时进行,使滑步动作不协调	做慢速的模仿练习,让学生体会脚蹬地和迈出脚要同时进行
滑步时重心上下起伏	加强腿部力量,强调屈膝降低重心,以慢动作进行练习

(3)练习方法。

a. 慢速滑步练习,根据教师的手势或口令慢速做侧滑步、前滑步、后滑步练习。体会蹬迈动作,重心下降,身体不要起伏。

b. 快速滑步练习,运动员沿着三分线做快速滑步练习。

c. 全场一对一练习,进攻的学生通过运球变化来摆脱防守,防守的学生通过滑步保持一定防守距离来控制进攻的学生。

(二)传接球技术

传接球技术的重点与难点:掌握正确的持球手法,把握各种传接球技术身体的协调用力。

1. 双手胸前传、接球

(1) 双手胸前传、接球概述。

双手胸前传接球是一种最基本、最常用的传球方法,用这种方法传出的球快速且有力,可在不同方向、不同距离中使用,但多见于中、短距离。这种方法还便于和投篮、突破等技术动作相结合使用。

动作要领:双手持球于胸腹之间,身体保持基本姿势站立。传球时,双脚蹬地,同时双手持球,手臂先做一个由下而后再向前的弧线转动,当球转动到胸前位置时,迅速向传球方向伸臂,同时拇指下压、手腕翻转,最后通过拇指、食指、中指用力拨球将球传出。出球后,手心和拇指向下,其余四指指向传球方向。身体重心随球前移,保持新的身体平衡(图8-8、8-9)。

图8-8 传球手型　　　　图8-9 双手胸前传球

双手胸前接球的基本方法是:

接球时,眼睛注视来球,同时双臂主动伸出迎球,手指自然分开,两拇指成八字形,其他手指向上成"漏斗"形,当手指触球时,顺势收臂后引、屈肘,双手持球于胸前,保持基本姿势(图8-10)。

图8-10 双手胸前接球

(2) 易犯错误与纠正方法(见表8-13)。

表8-13 手胸前传、接球易犯错误与纠正方法一览表

易犯错误	纠正方法
持球手法不正确,两手触球部位错误	双手持球向前跨步放球,然后跨另一只脚去持球回到基本姿势,反复练习
接球时手臂没有主动伸出迎球,接球后不主动向后引球来缓冲来球力量	教练用语言进行提示并反复强调"伸臂迎球—引球缓冲"
传球时发力顺序不正确,两肘关节在传球时不是向前伸直而是先向两侧抬肘然后伸臂	让练习者一侧靠墙站立进行传球练习,限制其向两侧抬肘
在传球最后阶段,大拇指没有主动下压	通过要求增加传出球向后旋转的力度来实现

(3) 练习方法。

a. 练习者排成两列横队成基本姿势站立,每人持一球,在教练的口令下做向前跨步放球然后回到基本姿势,跨另一只脚持球然后回到基本姿势。要求保持正确的持球手法,眼睛要平视。

b. 原地徒手模仿传球和接球的手法,练习者在教师的口令下,将接球技术分解成伸臂迎球、触球缓冲两个环节进行体会练习。将传球技术分解为伸臂、翻腕、拨球三个环节进行体会练习。

c. 原地两人相互传接球,练习者两人一球,相距5-10米,面向对方站立,进行传接球练习。要求传出的球有力量,飞行轨迹是直线。

d. 移动中传接球练习,两人一球,在跑动中完成传接球练习,直至对面篮下,然后返回。要求传球快速准确。

2. 单手肩上传球

(1) 单手肩上传球概述。

单手肩上传球是用于中远距离的传球方法,传球时用力大,球飞行速度快,常运用于长传快攻。

动作要领:双手持球于胸前,两脚平行开立,右手传球时,左脚向传球方向跨出半步,右手靠左手拨送球的力量将球引至右肩上方,右肩关节引展,大、小臂自然弯曲,手腕稍后屈,持球的后下方,左肩对着传球方向,重心落至右脚上。传球时,右脚蹬地发力同时转体带动上臂,以肘领先前臂,手腕前屈,食指、中指、无名指用力拨球将球传出(图8-11)。

图 8-11　单手肩上传球

（2）易犯错误与纠正方法（见表 8-14）。

表 8-14　单手肩上传球易犯错误与纠正方法一览表

易犯错误	纠正方法
持球时肘关节过低	多做徒手模仿练习，反复强调引球时肩关节拉开，肘关节高于肩关节
传球时没有积极向前挥臂，手腕手指没有屈腕和拨球动作	采用相对较小的球为练习用球，强调传球时屈腕拨球

（3）练习方法。

a. 徒手模仿练习：队员成两列横排站立，徒手从预摆姿势开始，在教练的口令下将整体动作分解为引球—挥臂—屈腕—拨球四个环节完成，然后将四个环节连贯起来，形成完整的技术动作。

b. 队员成两列横队，两人一球，相距 7–9 米，根据教练口令做上步引球，转体挥臂，屈腕拨球练习，此练习可先采用排球进行辅助练习。根据队员掌握的熟练程度逐渐增加练习要求，如传球的准确性、速度、两人之间的距离等。

（三）运球技术

运球技术的重点与难点：掌握各种形式运球的身体基本姿势，及按压球时手臂、肘、手腕及手指的动作和身体的协调配合，掌握各种形式运球手触球部位及用力的大小和方向，及在各种运球方式下怎样用身体保护球。

1. 原地运球

（1）原地运球概述。

原地运球是行进间运球的基础，按运球的方法分为高运球与低运球。

① 高运球是在没有防守干扰的情况下，为了加快向前场推进速度和在进攻中调整进攻速度时常采用的一种运球方法，其特点是按拍球力量大，便于控制。

动作要领：运球时两腿微屈，上体稍前倾，目平视，以肘关节为轴前臂自然伸屈,运球时用手掌的边缘触球,用手腕的力量按拍球的后上方,球的落地控制在运球手臂的同侧脚的侧前方,球的反弹高度在腰胸之间(图8-12)。

② 低运球是进攻队员在受到对手紧逼或抢阻时,常采用低运球保护球或摆脱防守的一种运球方法。

图8-12 高运球

动作要领:两腿迅速弯曲,重心下降,上体前倾,用手腕的力量短促地按拍球的后上方,球的落地在体侧,用上体和腿保护球,使球控制在膝关节的高度(图8-13)。

图8-13 低运球

(2)易犯错误与纠正方法(见表8-15)。

表8-15 原地运球易犯错误与纠正方法一览表

易犯错误	纠正方法
运球时不屈膝而是弯腰	运球练习之前先进行身体姿势的练习,要求学生屈膝、直腰、抬头
运球时低头看球	在练习中加入一些辅助熟悉球性的练习
高运球时没有从肩部发力,低运球时手指手腕的动作僵硬不放松	进行徒手的运球动作练习,体会手臂的运球动作

(3)练习方法。

a. 原地徒手模仿练习,体会发力顺序及手臂的运球动作。

b. 原地高、低运球练习:学生每人一球,做高、低运球练习,注意运球时的身体姿势。

c. 原地做体前换手变向、向左右拨球的运球练习,要求不同的运球动作触球部位要正确,手腕动作幅度大。

2. 运球急停急起

(1)运球急停急起概述。

运球急停急起是指在运球推进时,利用速度变化摆脱防守的一种运球方法。

动作要领：在快速运球突然急停时，采用两步急停，使重心降低，手按拍球的前上方，使球停止向前运行。运球急起时，两脚用力后蹬，上体急剧前倾，迅速启动，同时按拍球的后上方，人、球同步快速前进（图8-14）。

图8-14　运球急停急起

（2）易犯错误与纠正方法（见表8-16）。

表8-16　运球急停急起易犯错误与纠正方法一览表

易犯错误	纠正方法
急停时球离身体太远	强调急停时用身体和腿保护球，球一定要靠近身体
急起时拍球的位置不正确，影响动作的速度	加强运球基本功练习，体会不同动作时的手触球部位和运球方法
急停时运球身体不协调，导致急停不稳	强调学生注意急停时保持正确的身体姿势和运球的位置，多加练习

（3）练习方法。

a. 慢速运球急停急起的动作练习：在篮球场两底线之间进行，运球5米急停一次，连续做，要求运球急停时两脚前后分开，身体重心下降，保持身体平衡，运球时靠近身体。

b. 听口令做运球急停急起的练习：学生向前运球，听教师的哨音做运球急停，再吹哨学生做运球急起，反复练习。

c. 一对一运球急停急起练习：全场一对一，进攻者通过急停急起摆脱防守。

3. 行进间体前换手变向运球

（1）体前换手变向运球概述。

体前换手变向运球是运用突然换手运球向左或向右改变运球方向来摆脱防守的一种运球方法。

动作要领：以右手运球为例，运球人从对手右侧突破时，先向防守人左侧做变向运球假动作，当对手向左侧移动堵截运球时，运球队员突然按拍球的右后上方，使球经体前右侧反弹至左侧前方，同时右脚向左前方跨出，上体向左转，侧肩挡住对手，同时换左手按拍球后上方，左脚跨出并用力蹬地加速，从对手的右侧突破（图8-15）。

图 8-15　行进间体前换手变向运球

（2）易犯错误与纠正方法（见表 8-17）。

表 8-17　行进间体前换手变向运球易犯错误与纠正方法一览表

易犯错误	纠正方法
在过人时假动作没有吸引到对方，换手变向运球时的距离过远或太近，导致不能摆脱防守	练习时强调体前换手变向过人的距离并加强重心移动时运球的稳定
换手运球时按拍球的部位不正确	加强运球基本功练习，反复练习推、拉变向的运球
换手后没有及时跨步侧身保护球	在原地做换手运球的练习，反复体会跨步动作，找准变向运球后球与身体间的距离

（3）练习方法。

a. 障碍物体前换手变向运球：学生从中线处向罚球线运球，在罚球线障碍物处做换手变向过人动作。

b. 多个障碍物连续的换手变向运球练习：全场设几个障碍物，让学生连续做变向换手运球练习。

c. 在消极防守下做换手变向运球练习：半场运球一攻一防，防守的同学可以跟着运球方向做滑步，不抢球，要求运球同学观察防守同学的位置，注意变向时机。

d. 在积极防守下练习体前换手变向运球：全场一对一，进攻同学尽力摆脱防守同学。要求变向要突然，变向后立即加速运球。

4. 运球转身

（1）运球转身概述。

当对手逼近不能用体前变向运球突破时可用运球转身摆脱防守。

动作要领：以右手运球为例，变向时，以左脚在前为轴，左右转身的同时，右手将球拉至身体的后侧方，并按拍球落在身体的外侧方，然后换左手运球，加速前进（图 8-16）。

图8-16 运球转身

(2)易犯错误与纠正方法(见表8-18)。

表8-18 运球转身易犯错误与纠正方法一览表

易犯错误	纠正方法
转身时身体重心不稳上下起伏或后仰	加强脚的基本功练习,反复练习转身动作
运球时不能一次性把球带到身体的后侧方然后换手运球	可先从半转身运球开始,逐渐完成转身带球的完整动作

(3)练习方法。

a. 在障碍物前做徒手的后转身练习:在场内设置障碍物,队员到障碍物处做后转身动作,要求后转身的脚步动作和转身的角度要正确,转身时身体重心平稳。

b. 运球转身练习:学生从重心向罚球线运球,在障碍物处,做运球转身,要求转身时最后一次按拍球的落点不要离身体太远,蹬、转要积极主动,转身后要换手同时保护好球。

c. 全场一对一练习:一人防守一人做运球转身练习,运球同学摆脱防守后,等防守的同学回到防守位置后,再进行练习。

(四)投篮技术

投篮技术的重点与难点:掌握投篮的用力协调性和出手动作,调整出手角度和抛物线提高投篮命中率。

1. 原地单手肩上投篮

(1)原地单手肩上投篮概述。

原地单手肩上投篮在比赛中运用广泛,出手点高便于结合和转换其他进攻技术动作,在不同的距离和位置都可以使用。

动作要领:以右手投篮为例,右脚在前,左脚稍后,两膝微屈,重心落在两前脚掌上;右手五指自然分开,翻腕持球的后部稍下部位,左手扶在球的侧上方,举球于同侧头或肩的前上方,目视球筐,大臂与肩关节平行,大、小臂约成90°,肘关节内收。投篮时,下肢蹬地发力,身体随之向前上方伸展,同时抬肘向投篮方向伸臂,用手腕前屈和手指拨球的动作,将球柔和地从食、中指端投出(图8-17)。

图8-17　原地单手肩上投篮

(2) 易犯错误与纠正方法(见表8-19)。

表8-19　原地单手肩上投篮易犯错误与纠正方法一览表

易犯错误	纠正方法
持球时肘关节外展,出球时成推球动作	强调大、小臂约成90°肘关节内收,小臂与地面垂直,教师可站在队员持球臂一侧,帮助调整肘关节位置
投球的弧度低	强调投篮时要抬肘向上伸臂,练习时可在投篮者前1米处站人,伸直手臂,迫使投篮者手臂向前上方伸展
投篮手法错误,手腕向里撇,无名指和小指拨球	反复做徒手投篮模仿练习,体会手腕前扣,食指和中指拨球动作

(3) 练习方法。

a. 持球基本姿势练习:学生成体操队形,人手一球,按教师的口令,队员做持球姿势练习。

b. 投篮手法练习:两人一球,相距5米相对站立,在教师的口令下做原地投篮练习,要求先做好持球基本姿势,在将球投出的过程中蹬地、提腰、伸臂、压腕及拨球五个环节应协调连贯。

c. 近距离投篮练习:学生站在罚球线前半米处依次进行投篮,投完后拿球排到队尾。

d. 罚球练习:学生站在罚球线后依次进行投篮练习。

e. 相同距离的五点投篮练习:将学生分为五组分别站在五个投篮点上,每人依次在各点上投一次篮,要求在没有正对球篮时也要保持技术动作的正确和规范。

2. 行进间单手肩上低手投篮

（1）行进间单手肩上低手投篮概述。

行进间单手肩上低手投篮是在快速跑动中超越对手在篮下快速投篮的方法，具有动作速度快、出手平稳的优点，多用于快攻和强行突破。

动作要领：以右手投篮为例，右脚跨出一大步的同时接球，接着左脚跨出一小步并用力蹬地起跳，右腿屈膝上抬，身体重心前移，双手向前上方举球。当身体接近最高点时，左手离球，右手外旋，掌心向上托球，并充分向球篮上方伸展，接着屈腕，食指、中指用力拨球，通过指端将球投出（图8-18）。

图 8-18　行进间单手肩上低手投篮

（2）易犯错误与纠正方法（见表8-20）。

表 8-20　行进间单手肩上低手投篮易犯错误与纠正方法一览表

易犯错误	纠正方法
投篮出手时翻腕、捻球	强调出球时应始终保持掌心向上，用屈腕和手指上挑的力量投篮，并在原地做举手托球、挑球的练习
投篮时大臂由下向上撩球	做起跳举球将球挑起的模仿练习

（3）练习方法。

a. 单手持球反复"挑球"练习：学生每人一球反复做将球上举—提肘—手指向上挑球的练习。要求掌心向上托球，手臂充分伸展，球离手时用手指拨球使球前旋出手。

b. 完整练习：一同学距离篮 5 米处持球，练习的同学跑动接球然后做接球投篮练习。

c. 半场运球行进间单手低手投篮练习：学生每人一球，运球到篮下做单手低手投篮练习。

3. 原地跳起单手肩上投篮

（1）原地跳起单手肩上投篮概述。

原地跳起单手肩上投篮出球点高,不易防守,可与传球、运球突破等动作结合,可在原地、行进间急停或背对球篮接球后转身等情况下运用。

动作要领:以右手投篮为例,两手持球于胸前,两脚左右或前后开立。两膝微屈,重心落在两脚之间,起跳时迅速屈膝,脚掌用力蹬地向上起跳,同时双手举球到右肩上方,右手持球,左手扶球的左侧方,当身体接近最高点时,左手离球,右手向前上方伸展,手腕前屈,食指、中指拨球,通过指端将球投出,落地时屈膝缓冲(图8-19)。

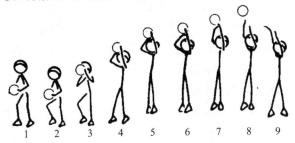

图8-19　原地跳起单手肩上投篮

(2)易犯错误与纠正方法(见表8-21)。

表8-21　原地跳起单手肩上投篮易犯错误与纠正方法一览表

易犯错误	纠正方法
投篮出手时机不正确,影响整体动作的协调	根据教师的口令"跳—投"做原地跳起投篮的徒手模仿练习
球飞行弧度过低	原因是抬肘不够且伸臂方向不正确,原地做持球抬肘伸臂的模仿练习,要求向上伸臂
投篮时手腕旋转,并用无名指和小指拨球	要求学生举球时手腕后屈,投篮时用腕前屈和食指拨球将球投出

(3)练习方法。

a. 徒手模仿练习:学生做双手持球的基本姿势,按教师发出的"跳—投"的口令做起跳、举球于肩上、腾空、投篮、落地的模仿动作练习。体会蹬地、展体、举臂的发力顺序。

b. 两人一球对投练习:学生分成两排相对站立,相距5米,做起跳、举球、腾空、投篮、落地的动作,相对的两人互相对投。要求腾空时保持腰背部肌肉紧张,上体保持正直或略后仰。

c. 罚球线后跳投练习:学生每人一球,在罚球线后依次进行投篮。

d. 运球急停跳起单手肩上投篮练习:学生向前运球到距篮5米处跳起投篮。要求急停接球和起跳的动作衔接要快。

第三节 排球运动的技能学习分析

一、排球运动简介

排球运动的学习是很有趣的,作为集体性的球类项目,它能调动人们的积极性,也需要很强的团队精神和个人技巧及个人的拼搏精神。但作为体育项目,它也有其独特的地方,排球运动员在场上的位置必须是轮转的,所以他们要担任不同的角色,学习各个位置的技术。高水平的排球训练队伍的运动员位置可以专门化,但作为一个排球爱好者,不论是否专业,全面的基础技术都是必须掌握的。

1895年美国马萨诸塞州的基督教青年会干事威廉·摩根(W.G. Morgan)创造了一种较为和缓、活动量适当的适合大多数人的排球运动。排球在创始之后,通过教会的传播和军队的军事活动逐渐传播到世界各地。一开始接触排球的国家只是把排球运动作为一种娱乐活动,直到1964年才被列入奥运会项目。1905年排球运动传入中国,经过100多年的发展,排球运动已成为对我国影响很大的运动项目之一,深受各阶层人们(特别是青少年)的喜爱。我国女排20世纪80年代曾在世界排坛取得五连冠,这也是中国至今在三大球项目上唯一获得的世界冠军。

二、排球运动的基本技术

排球技术是指在排球规则允许的条件下,运动员采用的各种合理的击球动作和其他配合动作的总称。全面、熟练、准确、实用是我国排球技术的指导思想,同时也是掌握排球技术应遵循的基本原则。排球技术分为有球技术(发球、垫球、传球、扣球、拦网等)和无球技术(准备姿势、移动)。无论进行哪类技术动作的教学都必须经过讲解、示范、组织练习、纠正错误动作等几个步骤来完成。

(一)准备姿势的动作分析

准备姿势和移动是排球基本技术内容之一,称为无球技术。准备姿势是为了更好地移动和完成各种击球技术而采取的身体姿势,合理的准备姿势就是把身体的重心调整到相对稳定的状态,为快速起动、迅速移动和击球创造更好的条件。排球运动中准备姿势的重心大都是靠前的,而每一项技术动作都有其专用的准备姿势。根据身体重心的高低可以把准备姿势分为三类:稍蹲准备姿势,半蹲准备姿势,深蹲准备姿势。

1. 稍蹲准备姿势

两脚左右开立与肩同宽，一只脚在前，两脚尖稍内扣，主要是为了增加身体的稳定性；两膝微屈，身体重心位于两脚之间，并稍靠近前脚，后脚跟稍提起，上体稍前倾，两臂放松，自然弯曲置于腹前，以便于快速移动，同时又是稍省力的姿势。两眼注视球并兼顾场上情况，两脚保持微动状态（图8-20）。

稍蹲准备姿势的目的是为了能在场上快速灵活地进行各种距离移动，因此应特别注意身体的重心稍高，膝微屈，两眼灵活观察来球及场上情况，能做到及时快速移动。

2. 半蹲准备姿势

两脚开立略比肩宽，两膝弯曲，膝盖的垂直线落在脚尖前面，脚跟自然提起，身体前倾，重心靠前，位置大约在两脚中点的垂直线上，两手放松，自然弯曲置于腹前，两眼平视，精力集中，注意来球，两脚始终保持微动（图8-21）。

图8-20　稍蹲准备姿势　　图8-21　半蹲准备姿势

半蹲准备姿势主要应用于向前和斜前方快速起动、移步或做倒地动作，位移较少，爆发力要求较多，因此重心应比稍蹲低，精力高度集中，肌肉适当放松。

3. 深蹲准备姿势

身体重心比稍蹲、半蹲姿势更低更靠前，两脚左右、前后开立更大，膝部弯曲程度大于半蹲准备姿势，身体重心更靠前，肩部超过膝部，膝部超过脚尖，两臂置于胸腹之间（图8-22）。

图8-22　深蹲准备姿势

深蹲准备姿势在防守时运用较多，但由于场上防守位置不同，身体姿势略有差异，主要是保持身体重心稳定，能在防守范围内快速反应接对方进攻球和场上小球等。因此应把重心降低，屈膝较深，同时保持一定的稳定性和灵活性。

(二)移动步法的动作分析

从开始起动到制动的这一过程叫作移动。移动的目的是为了及时接近球,将球与人的位置调整到最佳距离,以便于更好地接球和击球,同时移动也可以为自己更快地占据最佳位置争取空间和时间。运动员在场上的移动直接关系到场上其他队员的位置变换和战术配置,因此运动员应根据实际情况灵活、快速移动。移动的主要步法有:并步,交叉步,跨步,跑步。

1. 并步

(1)并步主要用于短距离移动。其特点是转身变换方向快,容易保持身体平衡,便于制动和向各个方向移动,是在比赛中运用较多的一种步法。

并步的动作要领:开始前做稍蹲准备姿势,并步时,前脚朝来球方向跨出一步,后脚迅速跟上并做好击球前准备姿势。

(2)并步学习的重点和难点。

a. 重点是在并步移动中移步速度快,转身灵活,重心保持稳定状态,对来球方向判断要准确。

b. 难点是在追求速度的时候重心的稳定性以及并步时灵活地掌握自己的身体姿势。

(3)并步动作易犯错误及纠正方法(见表8-22)。

表8-22 并步动作易犯错误及纠正方法一览表

易犯错误	纠正方法
重心不稳	开始练习时不能单纯追求快速,而要兼顾稳定性
来球位置的判断不明确	重复固定点练习,加强有球练习,增加对来球的时间和空间感

(4)并步的练习方法。

a. 重复练习法:把并步动作分解为三个部分,准备、移动、准备,练习时在老师口令下做分解动作,重复进行以强化动作结构。

b. 米字练习法:运动员以站立点为中心,向前后、左右、左前、右前、左后、右后八个方向依次或无序移动,此处可有人辅助,在旁边喊方向,听到口令后移动。

c. 有球练习:并步在初步掌握排球基本技能后可以在两人打防练习中强化巩固,在可控的范围内把球打到对方身体的一侧,类似米字练习法。

2. 交叉步

(1) 交叉步一般用于来球距离身体 2—3 米处的移动。它只适合侧方向移动,特点是步子大、速度快、制动好,便于观察及对准球。

交叉步的动作要领:稍蹲准备姿势,向左侧交叉步移动时上体稍向左转,右脚从左脚前向左交叉迈出一步,然后左脚再向左侧跨出一大步,同时重心移至左脚,身体面对来球方向,转成准备姿势击球(图 8-23)。

图 8-23　交叉步移动

(2) 交叉步学习的重点与难点。

a. 重点是交叉后接跨步步子要大,速度快,跨步后转身脚尖稍内扣以达到制动和稳定的效果,同时应注意交叉步在起动时除身体向移动方向转动和倾斜外,脚尖也跟着转动,便于起动脚交叉和支撑腿的用力。

b. 难点是在移动时的身体稳定性以及移动停止后的制动。

(3) 交叉步动作易犯错误及纠正方法(见表 8-23)。

表 8-23　交叉步动作易犯错误及纠正方法一览表

易犯错误	纠正方法
重心不稳	起动脚交叉进行之后制动脚跨步时控制身体重心不要起伏过大,维持一只脚落地状态不要成跳步
支撑脚方向不转动	有意识地控制膝盖外翻,带动支撑脚的方向变化
制动时不够稳定	制动时重心的转换要及时降低,脚尖要在跨步结束时直接内扣,身体的方向在跨步进行时就要转换

(4) 交叉步的练习方法。

a. 分解法:把交叉步分解成准备、屈膝、交叉、跨步、制动五个部分,仔细揣摩讲解中的重难点部分进行组合练习,初步熟悉动作结构之后按照并步练习方法中的重复练习法进行。

b. 游戏训练法：在排球场地三米线与端线之间的中线处站成一排，听老师喊开始后向左右两侧以交叉步形式触摸三米线和端线，在规定的时间内来回进行次数最多者和完成质量最高者为胜者。

c. 有球练习：两人对练，一人先给另一人抛球，抛球高度适中，距离接球队员身体 2－3 米，速度根据接球队员调整，让接球队员在可控范围内来回移动进行交叉步练习，熟练之后可加快练习频率。

3. 跨步

（1）在短距离移动中，跨步的速度最快，其中又以向前和斜前方跨步最为方便，实用频率最高，因为跨步的跨距大，便于降低重心进行低点击球。

跨步的动作要领：蹬地猛，跨步时，一腿用力蹬地，身体前倾，另一条腿向来球方向跨出一大步，身体重心移至跨出的脚上，重心放低，两臂做好迎球动作（图 8-24）。

图 8-24　跨步移动

（2）跨步动作学习的重点和难点。

a. 重点是蹬地猛、跨步大、体前倾、重心低。

b. 难点是跨步时身体重心的移动要由后面快速落到前脚以保持身体稳定，同时注意做好跨步结束时的迎球动作。

（3）跨步动作的练习方法。

a. 重复练习法：把跨步动作分解为三个部分，准备、移动、准备，练习时在老师口令下做分解动作，重复进行以强化动作结构。

b. 游戏练习法：可以把鸭步走分解改成跨步走，身体重心保持在一定范围内，沿场地边线和端线进行跨步追逐，身体重心起伏过大即为犯规，结合网鱼游戏进行，练习跨步重心的控制能力以及身体稳定性，同时锻炼身体的柔韧性和力量。

c. 有球练习：运动员准备姿势，教练员向运动员左前方和右前方轮流抛球，运动员根据教练员抛的球来回跨步迎球，接球后回到原位或者移动进行皆可。

（4）跨步动作易犯错误及纠正方法。

跨步动作由于蹬地力量大，跨步步幅大，容易造成身体重心的晃动，影响身体稳定性，从而对接球时手臂动作造成一定影响。因此在蹬地跨步时，上身和手臂要与下肢协调配合，重心跟着跨步的腿走。

4. 跑步

（1）在球离身体较远时采用跑步动作，一般多用于救远场球和高球，多结合其他三种步法运用。优点是速度快，可以随时改变方向，缺点是重心高,制动比较困难。

跑步动作的学习要领:跑步时一脚蹬地起动,另一脚迅速跟上,交替进行,步频要快,步幅由小到大,两臂配合移动,不要过早作击球动作的准备。球在侧向或后方时要边观察球边跑。

(2)跑步动作学习的重点与难点。

a. 重点是起跑时步频要快,步幅应由小到大,转身跑步时要注意观察球以便随时改变方向,在接近球时,又常用跨步、倒地和各种跳跃动作来制动使之完成击球动作。

b. 难点是跑步时手臂迎球的时机,以及在接近球时与其他步法的配合。

(3)跑步动作易犯错误及纠正方法(见表8-24)。

表8-24 跑步动作易犯错误及纠正方法一览表

易犯错误	纠正方法
起动时步幅步频混乱	开始练习时可以画点练习,养成由小步到大步的技术本能
跑步接制动动作不灵活	多进行有球训练,有意识的交叉步、跳跃或倒地动作

(4)跑步动作的练习方法。

a. 单人练习:教练员在球场中线中间位置向半场内任意位置抛球,穿插抛高球或矮球,运动员在场上来回跑步迎球,高球锻炼运动员跑步接交叉步或并步,矮球提高运动员接跨步或倒地等动作制动的能力,同时这种练习也可以锻炼运动员场上随时变向的能力。

b. 三人练习:教练员在球场中线中间位置向三米线与边线交叉点X和Y位置抛球,三名运动员a、b和c面对教练员在离端线约1米位置站定,在离球场端线和两边边线位置约1.5米位置放置两个障碍物,教练员先往左边X位置抛球,队员a绕过左边障碍跨步或倒地接球,教练员再向右边Y位置抛球,队员b绕过障碍接球,接球后原路返回,教练员两边循环抛球,三名队员配合接球。

(三)发球技术的动作分析(以右手击球为例)

队员在发球区用一只手将自己抛起的球向对方场区直接击出的技术动作称为发球。发球是比赛的开始,也是一项重要的进攻性技术。准确而又有攻击性的发球,不仅可以直接得分或破坏对方进攻战术的组成,还可以为自己的防守减少压力,为防反创造有利条件。同时不同的发球效果对比赛的气氛有很大影响,良好的发球可以鼓舞士气和打击对手的心理,攻击性不强或者发球失误则会失去发球权,给对手以组织进攻的机会。因此,在保证发球稳定性的前提下,应强调发球的攻击性和目的性。排球的发球技术大致可分为下手发球、上手发球、勾手发球和跳发球。而在实际教学中又以正面上手发球、正面下手发球、侧面下手发球为主要内容。

1. 正面上手发球

（1）正面上手发球技术概述。

正面上手发球是指发球队员面对球网站立,利用收腹转体动作带动手臂加速挥动,在头的右前上方用全手掌击球网的发球方法。正面上手发球准确性大,易于控制球的落点,击球点较高,可以充分利用胸腹和手臂的力量,具有较大的攻击性和准确性。

正面上手发球动作要领：面对球网,左手托球于体前,左脚在前呈自然站立,这样便于隐蔽和身体的自然右转。发球开始,左手将球抛起到身体的右前上方离手约1米的高度,距离身体约30厘米,抛球时手腕不要屈,避免球体旋转和不稳;同时右臂抬起,屈肘后引,手肘高度与肩持平,前臂注意上抬,手肘角度不宜过小,充分拉长胸腹和肩关节肌肉,上体向右侧转动,挺胸收腹,手掌自然张开。接下来挥臂击球,右腿蹬地,使力量由腿部传递到腰部带动上体向左转动,同时紧胸收腹,以胸腹力量带动肩部转动,肩带动上臂,上臂带动前臂,前臂带动手腕,将手臂像鞭子一样快速挥动;在手臂甩出后伸直的最高点击球,击球时用全掌击球的中下部,手指张开包裹球,手腕迅速推压球使球呈前旋飞行,手腕的推压动作应根据击球点的不同调整,击球点高动作稍大,击球点低动作稍小。（图8-25）

图8-25 正面上手发球

（2）正面上手发球技术的重点与难点。

重点：

a. 准备姿势：准备姿势的站立应根据每人的不同特点调整两脚开立大小,左脚在前以便于引臂和上体右转。

b. 抛球与引臂：抛球应平稳，以手臂上抬、手掌平托上送的动作抛到合适的高度；引臂时应注意前臂与上臂的夹角不要过大或者过小，维持在 90°左右。

c. 挥臂击球：击球时发力是从两脚开始的，而左脚主要维持身体平衡，右脚主发力，注重力的传递，脚→腰→胸→肩→肘→腕→掌→球，同时手腕的推压要根据击球点调整。

难点：

a. 抛球位置：每个人击球的位置都是不同的，多次抛球练习找到各自的抛球点，这是发球学习的基础。

b. 引臂：引臂时手肘的抬起高度，手肘的弯曲程度都直接影响击球的质量。

c. 击球点：挥臂的时机和速度与球的高度的契合是需要长时间锻炼的，过高或过低的击球将使发球的进攻效果等于或小于零。

（3）易犯错误与纠正方法（见表 8-25）。

表 8-25　正面上手发球技术易犯错误及纠正方法一览表

易犯错误	纠正方法
抛球不稳	手臂、手腕抛球时有一定紧张度，不要屈臂翻手腕，身体也不能过早的右转。
手臂后引不正确	运用合适的引臂姿势，多次训练养成习惯
手腕推压动作过大或过小	在最佳击球点击球，如果击球位置不正，则根据实际加大或减小手腕推压动作

（4）正面上手发球技术的练习方法。

a. 模仿练习：在正式击球前，进行模仿发球练习，模仿练习可集体进行。模仿练习可以进行分解练习，把完整动作分为 3 个部分：准备姿势、抛球与引臂、挥臂击球。练习者先在教师口令下做分解练习，要求动作到位，抛球、引臂和挥臂动作流畅。熟练后，进行完整动作模仿练习。

b. 原地击球练习：教师在练习者前侧，将排球举至身体右前上方固定，让练习者用完整动作击打。

c. 多人对练：掌握一定正手发球技术后，可将训练者分成两组在排球场对练，相互靠近的同学互相指导动作，这个练习要求同学体会发球动作，力量适中，增加对发球动作的空间架构的认识。

2. 正面下手发球

（1）正面下手发球概述。

正面下手发球攻击性不强，动作简单易学，适合初学者或水平不高的女生运用。正面下手发球一般是发球选手站在发球线外,面对球网,两脚开立与肩同宽,左手托球于体前腹部,右手手臂由后下方向前摆动,在接近球时左手将球轻微抛起,右手击球过网的发球方法。

正面下手发球的动作要领:发球线外面对球网站立,左脚稍在前,两脚开立,约与肩同宽,同时身体重心落在两脚之间,两膝微屈,上体微向右前倾,左手托球于腹前;发球开始后,右臂伸直,以肩为轴向后引动,身体随手臂引动向右侧稍转动,然后右脚蹬地,手臂由后向前摆动,带动身体重心往前移动,身体同时转正,同时左手将球抛起约一球高度,右手以全手掌、虎口或掌跟在腹前击打球的后下部;击球后,身体重心前移进入场地比赛(图8-26)。

图8-26　正面下手发球

(2) 正面下手发球技术的重点与难点。

重点:

a. 抛球:抛球的位置是在腹前,抛球高度约为一球高度。主要是防止右臂摆动回来时击球点的把握不准和手触球时不能连贯的发力。

b. 身体的转动:抛球引臂时,上体要跟随右臂的后摆有轻微的右转,在右臂回摆时转动回来。这样可以把蹬地转腰的力量传递到手臂上,增大击球的力度。

c. 击球:击球时注意击球点的把握,击球点不能超过肩的高度,击打球的后中下部,角度的不同将导致球飞行路线的不同。

难点:

a. 抛球:正面下手发球对抛球位置的把握是最基础也是最难的部分,这种手法的适用人群决定了学习这种手法的人缺少排球的球感,因此在抛球时特别需要注意抛球高度和挥臂击球的契合性。

b. 击球手法:初学者对于击球手法的选择是比较困难的,全掌包球对球的方向控制比较好,但这样经常由于发力不够而不能过网;虎口和掌跟击球虽然容易发力,但对球的方向的控制力稍差。

(3) 易犯错误与纠正方法(见表8-26)。

表 8-26　正面下手发球技术易犯错误及纠正方法一览表

易犯错误	纠正方法
抛球与引臂不协调	每个人应根据自身的特点，原地练习抛球动作，把球的高度固定后调整挥臂的速度和范围
击球点的位置不正确	有意识地控制手臂摆动的速度，在抛球不稳定的时候可以先慢后快或者直接加速挥臂
击球线路不明确	在练习中固定练习区域，多次重复练习寻找落点，巩固发球路线及落点的空间架构

（4）正面下手发球技术的练习方法。

正面下手发球技术的练习和上手发球的练习方法可以融汇运用，主要是为了练习发球的手感、抛球与摆臂的连贯性和发球时对球路线的掌控力。

（四）垫球技术的动作分析

垫球技术作为排球的基础技术之一，是比赛中最重要的防守技术，尤其是20世纪90年代以来，新规则中允许排球运动员比赛中可以用身体的任何部位击球，这对排球垫球技术的发展是一个挑战，也是一个契机。身体任何部位都可以击球增大了垫球技术的实用性，应变性也得到加强，垫球技术种类越来越多样化；但同时也容易造成防守时垫球动作选择的混乱，不能在对来球判断后及时地选择垫球动作，造成接球的失误。因此，在垫球技术中最常用的是前臂垫球。双手垫球的手型有三种：叠掌式、抱拳式和互靠式，叠掌式是一般初学者较为适用的手型。（图8-27、8-28、8-29）

图 8-27　叠掌式　　　图 8-28　抱拳式　　　图 8-29　互靠式

垫球技术在比赛中主要用于接发球、接扣球、接拦回球以及对小球的防守，是防守和组织进攻的关键环节，良好的接发球是组织一攻的基础，接扣球的好坏则直接关系到比赛中队伍的士气。另外，垫球技术也可以弥补二传传球的不足，辅助进攻。尤其是自由人诞生后，对垫球技术的运用更是达到了一个新的高度。但在比赛中我们可以看到，运用最多的是前臂垫球,而手、臂、头、肩等部分以及身体其他任何部位的垫球还是比较少的,因此,我们在此只对垫球中常用的几种技术动作作详细的介绍,包括:正面双手垫球、体侧双手垫球、背向双手垫球。

1. 正面双手垫球

(1) 正面双手垫球概述。

正面双手垫球是指运动员用前臂在身体正前方将球垫起的动作方法。这种垫球方法是最常用也是最基础的垫球技术,它适合于接发球、扣球和拦回球,也可以弥补上手传球,用垫二传形式组织进攻。

正面双手垫球技术的动作要领:正面双手垫球根据来球力量的大小不同,动作方法也是有区别的。首先垫轻球,提前做好准备姿势,面对来球,成半蹲或稍蹲姿势,迎球时,掌跟互靠,一只手叠放在另一只手掌中,手指重叠,大拇指紧贴平行向前,手腕微向下压,同时两前臂外翻成一个平面;当球飞到腹前约一臂距离时,两臂夹紧向球飞行的前下方插入,同时配合蹬地、跟腰、提肩、顶肘、压腕、抬臂等全身协调连贯性的动作,将来球垫起,然后身体重心跟随击球动作向前移动,击球瞬间,两臂要保持稳定,不能散开,身体随击球方向协调地将手臂继续抬送球。击球动作结束后,立即进入准备姿势继续比赛。(图8-30)

图8-30　正面双手垫球

垫中等力量球与垫轻球的动作相差不大,主要注意的是垫轻球手臂有一个抬送的动作,而中等力量球则主要是靠来球自身力量的反弹力将球垫起,不用额外附加手臂力量。

垫大力球则是要采用半蹲或深蹲姿势,手臂防守置于身前,由于来球力量过大,速度过快,只靠反弹力容易使球的方向改变或者回球过大,因此在接大力球时要在保持手臂和手型的同时,放松前臂的肌肉,同时含胸收腹帮助手臂适当回缩,而且还要根据来球的情况对手型和手臂的方向和动作做出应时的改变。双手垫球部位如图8-31所示。

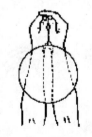

图8-31　垫球部位

(2) 正面双手垫球技术的重点和难点。

重点:

a. 准备姿势:准备姿势的选择要根据来球力量大小不同适当选择,

而且准备时重心应在保证可以快速起动的前提下适当降低,有利于迎球动作的选择。

b. 手臂和手型:垫轻球和中等力量球时手臂要夹紧,为了更好的注意回球的方向和力量,手型要保持固定,手腕微向下压。垫大力球时,前臂和手要保持适当的放松度,这是为了缓冲来球的力量并且及时对球的方向做出调整。

c. 击球点:不论哪一种来球,在击球时尽量都用前臂击球,位置在腹前高度,必要时可以采用高位垫球,即垫球时挺腰提膝,或者跳起用前臂垫球。

难点:

a. 手臂和手型的保持:迎击球时很多时候容易叠掌和夹臂不牢,或者在垫球瞬间手臂和手型散开,这将导致球的力量分散,球的路线改变。

b. 垫重球时的缓冲:大力球的垫击需要含胸收腹以带动手臂的回缩,手臂和手型保持放松的姿态。

(3) 易犯错误与纠正方法(见表8-27)。

表8-27 正面双手垫球技术易犯错误及纠正方法一览表

易犯错误	纠正方法
击球时手型或者前臂松散	多进行重复练习,稳定动作结构
击球瞬间手臂散开	击球后身体重心向前上方跟球的方向移动,手臂也跟着移动
击球时手臂弯曲	判断来球位置,提前移动、跳起或前扑垫球

(4) 正面双手垫球技术的练习方法。

a. 重复练习:抛垫或对墙垫球,抛垫是由一位同学抛固定几个位置的球,让练习者跑动垫球,可以训练练习者对球的判断能力和巩固垫球技术的动作结构;对墙垫球则是在墙上划定练习范围,限定垫进范围内球的数量,这可以训练练习者对来球击球力量的把握。

b. 游戏法:五人一组,五人中分开两人和三人相对站立,由三人一组先抛球后抛球者跑到两人一组,同时两人一组第一个练习者将球垫向开始的三人一组,垫完球后也跑向对面一组的最后,循环进行,练习一段时间后可以规定垫球数量,垫到一定数量后算完成一组。

c. 模拟训练法:由教练员打或吊球,练习者防守,教练员或大力扣打,或轻吊,练习者进行接防。

2. 体侧双手垫球

(1) 体侧双手垫球概述。

在身体一侧用双手垫球的动作方法称为体侧双手垫球。体侧双手垫球主要运用于队员移动不及时或者来不及移动时,其特点是控制球的范围大,准确性不如正面双手垫球高,但反应快。

体侧双手垫球的动作要领:准备姿势做好,右侧垫球时,左脚前脚掌内侧蹬地,右脚向右侧跨出一步,重心移至右脚,两膝弯曲,同时手臂向右侧伸出,做出迎球动作,迎球动作与正面双手垫球相仿,但右臂比左臂稍高,左肩向前下方稍倾;击球时运用向左转体和收腹的力量,根据来球的情况进行垫球,垫击球的中下部(图8-32)。

图 8-32　体侧垫球

(2) 体侧双手垫球技术的重点和难点。

重点:

a. 击球点:在体侧前方击球,双臂要提前准备。

b. 手臂的摆放:双臂夹紧成一个倾斜的平面,一个肩高,一个肩低。

难点:击球时手臂的用力要协调,体侧双手垫球只能由肩和身体的转动来发力,因此判断来球的力量和垫击球时用力的大小是比较难把握的。

(3) 易犯错误与纠正方法(见表8-28)。

表8-28　体侧双手垫球技术易犯错误及纠正方法一览表

易犯错误	纠正方法
跨步时重心不稳	在起动腿发力的时候,摆动腿根据来球的方向跨步,起动脚蹬地有力,摆动腿协调配合
击球瞬间手臂甩动,造成球的方向改变	击球后手臂顺球的飞行方向进行抬送,肩部控制手臂的移动

(4) 体侧双手垫球技术的练习方法。

a. 分解练习法:把动作结构分解成几个部分,对重难点部分集中练习,让一个练习者持球置于体侧固定位置,练习者对迎击球动作反复进行练习。

b. 模拟训练法:由教练员打或吊球,练习者防守,教练员或大力扣打,或轻吊,练习者进行接防。

（五）传球技术的动作分析

一场完整的排球比赛中，最精彩的往往是扣球，垫球作为比赛中最基础，也是最根本的技术，它承载了大部分防守的作用。二传手，在现代比赛中被称为队伍的"核心""灵魂"人物，他所具备的是在比赛中连接着防守与进攻的二传技术。二传技术中运用最多的是传球，传球是利用全身协调力量并通过手指手腕的弹力，将球传至一定目标的击球动作。传球具有准确性高、变化多、易控性等特点，因此比赛中传球除了主要用于二传外，还用于处理球，网前接高球和轻扣球，推攻球等。

传球按照传球的方向一般分为三类：正面传球、背向传球、侧向传球，而在学习的初级阶段，正面传球是必须具备的基本传球技术，以下对正面传球技术进行介绍。

1. 正面传球的基本概述

正面传球是传球中最基本的方法，是掌握和运用其他各种传球技术的基础。顾名思义，正面传球，就是面对目标，正对来球双手将球传向目标的方法。正面传球具有易掌握传球方向、速度、弧度和落点，准确性高的特点。

正面传球技术的动作要领：首先采用稍蹲准备姿势，观察来球，球过来时，身体提前做好迎球准备，上体稍挺起，头仰起看球，双手自然抬起，置于额头前上方，手肘弯曲；当球接近手掌时，开始蹬地，伸膝，展腰，伸臂，让力量从脚下传递至手掌；手触球时，十指微张使两手成半球状包裹住球，手腕稍后仰，以大拇指内侧，食指全部，中指的二、三指节触球的后下部，此时，拇指相对近"一"字形，无名指和小指在两侧辅助，控制球的方向；在迎击球前，手腕和手指要有前屈迎球的动作，触球后，按照前面的发力顺序最后经由手指和手腕的弹力将球击出；击球时的击球点应在额前上方约一球距离处（图8-33）。

图8-33　正面传球

2. 正面传球技术的重点和难点

重点：

（1）手指和手腕击球动作：触球前，手指和手腕应配合其他关节做一个轻微的前屈迎球动作，由手腕前屈带动手指前屈；传球时，手腕和手指应保持一定的紧张度,而且要根据来球的速度和传球的落点调整出球时的力度。

（2）击球点：初学者的击球点应保持在额头的前上方约一球距离。稳定的击球点可以让传球者易于观察传球目标,也便于传球时协调全身的力量传球,易于发力,同时这样的高度可以让手肘有一定的弯曲度,便于传球时的继续发力和控制球的方向。

（3）发力：传球的动作是从下肢开始,通过膝、腰、肩、臂传递到手腕和手指上,从下至上的发力要连贯协调。并且在协调用力的基础上提高手指和手腕控制球的能力。

难点：在发球动作中,较难掌握的部分主要是身体力的传递及手指和手腕的击球动作,力的传递主要是在由下至上中容易脱节,导致最后重心混乱,单纯以手臂和手指、手腕动作来传球;击球动作不对则容易造成击球点判断的不准确,造成发不上力或持球的问题。

3. 易犯错误与纠正方法(见表8-29)

表8-29　正面传球技术易犯错误及纠正方法一览表

易犯错误	纠正方法
传球时大拇指前伸,容易受伤而且传球也没有力量	多练习自传,大拇指和食指成八字形
传球时经常出现拨球的状况	这是由于没有用到手指和手腕的弹力,可以通过自传练习或者传篮球等来找弹球的感觉

4. 正面传球技术的练习方法

（1）模拟练习法：在球场四号位置放置一个高架圆框,练习者在三米线外与三米线垂直站成一排,有两个练习者先站到网前传球位置等待,由三米线外队员抛球,抛球后站到传球位置队员后面,传球队员尽量保持动作的同时把球传到框内。

（2）高远球练习：练习者两两配对,相隔两米(水平渐高后可加长距离)相对站立,两两传球,练习对手指手腕的调控,以及身体的协调发力。

（六）扣球技术的动作分析(以右手扣球为例)

扣球是指队员在场上跳起,将本方场区内高于网的球用手臂挥击进入对方场区的击球方法。扣球技术在排球中的作用就像是战场上的先锋军,它是排球技术中攻击性最强的一项技术,也是排球运动中最主要的得分手段,在比赛中占据十分重要的地位。扣球技术开始主要只有正面扣球和勾手扣球,扣球方法比较单调。20世纪70年代,扣球方法得到了迅速的发展,先后出现了短平快、背平快、时间差等扣球方法,后来我国在此基础上又进行了创造,如前飞、背飞等。发展到今天,扣球技术已经有了明确的特点,表现在:打破了场上队员位置分工的限制,立体进攻成为主流,可以充分利用网长和纵深,运用更多的扣球技术,整合了高度、速度、力量及各种起跳动作,使扣球技术向更全面的方向发展。

扣球技术按动作分类可以划为正面扣球和单脚起跳扣球两种,而正面扣球对于不论是初学者或是专业运动员来说都是必须掌握的,下面对正面扣球的基本知识、学习方法、技术要点及易犯错误和改正方法进行介绍。

1. 正面扣球概述

正面扣球是扣球技术中最基本的一种方法,是组织进攻时各种战术配合的最终目的。正面扣球具有准确性高,易于观察场上情况的特点,而且正面扣球挥臂动作较为灵活,可以随时根据场上情况对球做出控制。以下以一步助跑起跳,右手扣球为例来分析正面扣球技术。

正面扣球技术的动作要领:扣球动作一般采用稍蹲姿势,两臂自然下垂,助跑前,在球场四号位置站立,左脚在前,身体重心落在两脚中间;助跑开始时,左脚迈出一小步,右脚蹬地快速向前跨出一大步,左脚及时跟上,落在右脚之前,两脚间距约与肩同宽,注意两脚落地时脚尖稍向右转,在跨步时两臂同时从体前向后摆,经由体侧向上引摆;在跨步结束左脚并上踏地制动的同时,两臂继续积极摆动,双腿蹬地起跳,起跳后,两臂经由胸前展开,右臂以肩为轴向后引动,上体稍向右转,肘部弯曲,高于肩,同时挺胸展腹,身体成反弓形;挥臂时,以腰腹部的转动收缩发力,依次传递带动肩、肘、手腕、手掌各个部位向前上方成鞭状挥动,击球点在手臂挥出伸直的最高点,击球时,五指微张,以指跟部位为主,全掌包球,同时用力屈腕向前推压,使扣出的球呈上旋状;空中击球动作结束后,顺扣球动作含胸收腹,屈膝落地缓冲冲力,落地时注意左脚脚尖内扣以制动,为下面的比赛做准备(图8-34)。

图8-34 正面扣球

2. 扣球技术动作的重点和难点

重点：

（1）助跑：助跑可以选择恰当的起跳点接近球，也可以利用助跑的速度配合起跳，增加起跳的高度。在助跑时需注意最后一个跨步必须要大，而且跨步的同时左脚的跟进要快，这样利于重心的把握以及力量的集中；助跑必须把握住时机，根据自己助跑的速度，来球的高度等判断，过早或过晚的助跑都会影响扣球的质量；助跑最后一步既是制动步，又是起跳步，可根据球速的变化选择由脚跟过渡到脚尖的落地方式，这种方式制动稳定，可以增加起跳高度，还可以只前脚掌落地快速起跳扣打快球，在选择制动方式时要因球而定。

（2）起跳：起跳的步法通常有两种：跨步起跳和并步起跳，跨步起跳是一只脚跨出，另一只脚也要跨出，两脚同时着地以增加起跳的动力，不利于快攻起跳；并步起跳是一只脚跨出后，另一只脚迅速向前并步后直接起跳，这种起跳制动性好，重心稳定，但对起跳高度有一定影响。起跳的位置一般选择在距离球一臂的位置，起跳后的挥臂动作要连贯，用力协调，最后有一个甩动的动作。

（3）空中击球：空中击球由挥臂、击球动作和击球后的动作三部分组成，而其中击球动作是较为重要的。击球动作要求击球的手要有力量和速度，这就必须要协调全身的用力，引臂后的鞭打式甩臂也是非常重要的，它可以通过手腕最后的甩动和加速把全身的力量作用到球体，因此在鞭打动作中注意全掌的包球，可以更好地传递力量。

3. 易犯错误与纠正方法（见表8-30）

表8-30　正面扣球技术易犯错误及纠正方法一览表

易犯错误	纠正方法
助跑起跳位置不合适	掌握先小步，最后大步的助跑方法，这有利于在提前的移动中更好地判断来球的方位，找到合适的起跳点
空中击球动作甩臂不充分，不能运用全身的力量击球	甩臂不充分的原因是对球的高度判断不够，起跳时机的把握不好，多进行实战练习提高扣球感觉；在空中发力的控制要把起跳的用力、转体收腹及手臂的甩动协调起来
空中击球落地后的制动性不够	注意两点：一是助跑起跳时的脚尖右移，二是落地时左脚脚尖的内扣

4. 扣球技术动作的练习方法

（1）分解练习法：将扣球的整体动作分解成助跑起跳、空中击球动作两块,分别练习,巩固基本的动作结构。

(2) 模拟练习法:在空中悬挂一个固定球,将扣球动作分解成准备姿势、助跑起跳、空中击球、落地准备四个步骤,按照口令进行模拟扣球练习。

第四节　足球运动的技能学习分析

一、足球运动简介

足球运动是以脚支配球为主,两个队在一块场地上进行攻守对抗的一项体育运动项目。这项运动最早起源于中国,其渊源可追溯至五千年前的黄帝时代,《十六经》中记载了黄帝与蚩尤之战"擒蚩尤,充其胃以为鞠,使人执之,多中者赏"。现代足球的起源可追溯至公元前3世纪流传于古希腊和古罗马一种野蛮的手脚并用的游戏——哈帕斯托姆。在公元10世纪前后,这项运动流传到英格兰,与当地的原始足球混杂在一起,形成了形式各异的早期足球游戏。1863年10月26日,英格兰足球协会成立,与此同时第一部统一的足球规则在英国的剑桥大学产生,这一天被全世界公认为现代足球的诞生日。19世纪下半叶,足球比赛越来越激烈,看球的观众也越来越多,一些俱乐部出于经济利益开始收取门票,足球比赛开始进入商业化阶段,走向职业化。国际足联成立于1904年5月21日,是由七个国家在巴黎发起成立的,其宗旨是促进国家足球运动发展,发展各国足球协会之间的友好关系,目前,国际足联协会会员已发展到208个国家和地区。

足球技能教学按足球技术的不同性质、不同作用以及不同表现形式,划分为六大模块,包括球感教法,运控球技术教法,传、射类技术教法,接(停)球类技术教法,抢截球类技术教法和组合式技术教法。

足球基本技术教学一般是从运控球技术开始,运控球技术是把运球、运球过人和假动作等技术综合起来。实际上运控球技术教学的前期仍然是球感教学的延伸,但此时已经带有技术动作教学的成分,比球感教学更贴近于技术教学。在这一模块中,既有脚的各部位多种线路、方向、速度的运球,又有主要的运球过人和常用假动作的技术教法,这些教学方法的内容基本涵盖了足球运动中运控球主要技术的种类。传、射类技术教法主要包括脚的各部位传球和射门技术教法。接(停)球类技术教法含有脚的各部位接(停)不同方向、不同角度、不同高度、不同距离、不同力量和反弹与非反弹球以及原地与跑动中接(停)球的技能。

二、足球运动的基本技术

（一）踢球技术

踢球技术的重点与难点：掌握助跑后准确的支撑脚站位，协调有序的踢摆发力，正确的击球部位、击球脚型及击球时间。

1. 脚内侧踢定位球

（1）脚内侧踢定位球概述。

特点：脚与球接触面积大，出球准确平稳易于掌握。但由于踢球是要求大腿前摆到一定程度时需要外展，所以大腿与小腿的摆动受到限制，因此出球力量相对较小。

动作要领：直线助跑，支撑前的最后一步稍大些，支撑脚站在球的侧面约15厘米处，脚尖正对出球方向，支撑腿膝关节微屈。在支撑脚着地时，踢球腿大腿带动小腿由后向前摆动，在前摆的过程中大腿外展，当膝关节的摆动线接近球的上方时小腿做爆发式摆动，在触球前将脚跟送出使得脚内侧部位所形成的平面与出球方向垂直，踢球脚脚底与地面平行，脚尖微微翘起，踝关节功能性地紧张使脚型固定，触（击）球后身体跟随移动，髋关节前送（图8-35，图8-36）。

图8-35 脚内侧踢球脚型

图8-36 脚内侧踢定位球

（2）易犯错误与纠正方法（见表8-31）。

表8-31 脚内侧踢定位球易犯错误与纠正方法一览表

易犯错误	纠正方法
踢球腿击球脚型不正确，影响击球效果	可进行分解练习或无球模仿练习，也可结合固定球进行体会动作的练习
踢球腿直腿摆击球，出球乏力	在练习中增大支撑腿最后一步跨出的距离，使腿后摆充分伸展，膝关节放松
支撑脚位置靠后，击球刹那，脚型不固定，出球不顺畅	踢定位球时，确定支撑脚的支撑点，运用敲击的方式固定脚型

（3）练习方法。

① 模仿练习：先做无球的模仿练习，然后将球放在前方，做助跑预摆触球练习（不要将球击出），注意低重心及触球前踢球腿预摆时的膝关节外展和翘脚尖。

② 两人一球，一人脚踩住球，另一人助跑踢球。注意助跑最后一步支撑脚与球之间的距离不要太小。

③ 两人相距15米，一人助跑踢球，一人挡球，相互进行练习。

2. 脚背正面踢定位球

（1）脚背正面踢球概述。

① 特点：脚背正面踢球摆幅相对较大，并且用脚背踢球，脚与球的接触面较大，因而踢球力量大，其准确性较强，但出球方向变化相对较小。

② 动作要领：直线助跑，最后一步稍大些，支撑脚积极着地支撑，在球的侧面10-12厘米处，脚尖正对击球方向，膝关节微屈，踢球腿随跑动向后摆动，小腿弯曲、支撑的同时踢球腿以髋关节为轴，大腿带动小腿由后向前摆动；当膝关节摆动接近球的正上方时，小腿做爆发式的摆动，以脚背正面部位击球的后中部；击球后身体及踢球腿随球前移（图8-37）。

图8-37 脚背正面踢球

（2）易犯错误与纠正方法（见表8-32）。

表8-32 脚背正面踢球易犯错误与纠正方法一览表

易犯错误	纠正方法
支撑脚选位不当，影响摆踢发力和击球效果	进行徒手模仿练习，在强调支撑脚位置的同时，采用分解动作和踢固定球，进行体会动作的练习
击球刹那，脚型不稳，影响出球力量和方向	在练习中固定脚型，稳定脚的击球部位，增大支撑腿最后一步跨出的距离，使后腿摆腿充分伸展，膝关节放松
踢球腿摆踢路线不直，身体后仰，出球方向不正	强调用中等以下力量击球，控制击球点，运用敲击的方式固定脚型，使踢出的球低、平、直

(3)练习方法。

① 原地轻轻地将球踢出然后再用脚尖拉回,注意控制脚的方向,准确把握击球部位。

② 踢定位球模仿练习:将球放在前方做助跑预摆触球练习(不要将球击出),体会各环节动作的连贯性。

③ 两人一球,一人助跑踢球,一人用脚挡球。注意助跑最后一步支撑脚与球之间的距离,掌握协调有序的踢摆发力。

3. 脚背内侧踢球

(1)脚背内侧踢球概述。

① 特点:踢球力量大,出球方向变化较多。

② 动作要领:斜线助跑,助跑方向与出球方向约成45°,最后稍大,以支撑脚底积极着地,脚尖指向出球方向,距球内侧后方20-25厘米,膝关节微屈;在支撑同时,踢球腿已完成后摆,并开始以髋关节为轴大腿带动小腿由后向前摆动,当大腿摆至与支撑腿接近同一平面时,小腿做爆发式摆动,此时脚尖外转、脚背绷直,脚背内侧踢球以脚背内侧部位触击球;击球后踢球腿及身体继续随球向前(图8-38,图8-39,图8-40)。

图8-38 脚背内侧踢球脚型

图8-39 脚背内侧踢球(正面)

图8-40 脚背内侧踢球(背面)

(2)易犯错误与纠正方法(见表8-33)。

表 8-33　脚背内侧踢球易犯错误与纠正方法一览表

易犯错误	纠正方法
支撑脚选位不当,脚尖没有对准出球方向	进行助跑后的模仿踢球练习,体会支撑脚的位置,注意身体的协调配合
击球刹那,膝关节没有向前顶送,而是顺势内拐,球侧内旋	在练习中,增加支撑腿最后一步跨出的距离,使后摆腿充分伸展,膝关节前顶,放松做向前跟的动作
踢球腿后摆动作紧张,影响前摆速度,击球发力不足	强调后腿摆动时放松,击球顺势发力,强调触球的正确部位,踢球脚翘起,向出球方向顺势前摆

（3）练习方法。

① 踢定位球模仿练习:原地做摆腿动作,找准脚的触球部位,然后加助跑做整套动作的模仿练习。

② 对墙踢球练习:注意开始练习时离墙近一些,用力小一些,然后再加大离墙距离和踢球力量。

③ 踢远练习:学生站成一排,加助跑用力将球踢出,注意控制出去方向和全身的协调用力。

④ 踢准练习:教师在操场中央画一个直径 5 米的圈,让学生在离圈 30 米处瞄圈踢球。

4. 脚背外侧踢球

（1）脚背外侧踢球概述。

① 特点:由于踢这种球的脚踝灵活性较大,摆腿方向变化较多,并且助跑时又是正常的跑动姿势,所以出球隐蔽性强。

② 动作要领:斜线助跑,助跑方向与出球方向约成 45°角,支撑脚先以脚掌外沿积极着地,踏在球的侧后方 20 — 25 厘米左右处,膝关节微屈,脚尖指向出球方向,身体稍向支撑脚一侧倾斜,在支撑脚着地的同时踢球腿以髋关节为轴,大腿带动小腿由后向前摆;当身体转向出球方向,膝盖摆至接近球的内侧上方的刹那,小腿做爆发式前摆,脚尖稍外转,绷直脚背,脚趾扣紧,脚尖指向斜下方,以脚背内侧踢球的后中下部,踢球腿随球继续前摆（图 8-41,图 8-42）。

图 8-41　脚背外侧踢球脚型

图 8-42 脚背外侧踢球

（2）易犯错误与纠正方法（见表 8-34）。

表 8-34 脚背外侧踢球易犯错误与纠正方法一览表

易犯错误	纠正方法
支撑脚选位不当，影响踢摆发力	进行模仿踢球练习，确定支撑脚的位置，或击固定球练习，注意体会触球点和脚的触球部位
摆腿时髋关节内转或直腿击球，击球发力不足	在练习中，身体伸展，重心前移，使后摆腿充分伸展，强调击球后膝关节和踝关节固定
膝、踝关节内旋不够，击球刹那脚型不稳，影响击球的准确性和前摆速度，出球不稳，发力不足	强调触球的正确部位，踢球脚向前摆动时脚尖稍向内旋，膝关节前顶向支撑腿一侧内旋，并放上做前随动作

（3）练习方法。

① 模仿练习：先进行原地模仿练习，找准触球部位，然后加助跑做整套动作的模仿练习，注意控制击球脚型。

② 两人一球，一人做助跑踢球，另一人用脚挡球。注意踢球不要用太大力量，主要练习助跑、支撑脚的站位和踢球腿的协调有序的踢摆发力。

（二）接球技术

接球技术的重点与难点：掌握合理的接球动作，准确地判断来球路线、落点、速度，利用合理的移动选位占据有利接球位置，接球时缓冲动作要协调，准确掌握接球部位。

1. 脚内侧接地滚球

（1）脚内侧接地滚球概述。

① 特点：由于脚触球面积大，动作简单，容易掌握，这种技术在比赛中经常使用。

② 动作要领：支撑脚脚尖正对来球，膝关节微屈，同侧肩正对来球。接球腿提膝大腿外展，脚尖微翘，脚底基本与地面平行，脚内侧正对来球并前迎，当脚内侧与球接触的同时迅速后撤，把球接在脚下。若需将球接

在侧面时,支撑脚脚尖应向同侧斜指,脚内侧与来球方向成一定角度触球,同时支撑脚提踵,以前脚掌为轴做适当转动,身体移动。当来球力量不大时,只需将脚提到一定的高度,并使脚内侧与地面形成锐角轻触球。也可在触球时用下切动作使球前进的力部分转变为旋转力,而将球接在脚下。(图8-43)

图8-43　脚内侧接地滚球

(2) 易犯错误与纠正方法(见表8-35)。

表8-35　脚内侧接地滚球易犯错误与纠正方法一览表

易犯错误	纠正方法
判断启动慢,不能选择正确的迎球位置,影响下面动作完成	在练习中注意力集中,反应快、起动快,抢占最佳接球的位置,体会主动接球的动作顺序
接球腿的膝、踝外展不够,影响触球角度,导致控球不稳	进行无球模仿练习,提高动作的协调性,强调接球腿的膝、踝关节外展
接球时机控制不好,缓冲效果差	接球时确定好支撑脚的支撑点,要求由慢到快迎撤接球,从而达到最佳的缓冲效果

(3) 练习方法。

① 模仿练习:将球置于地上,做原地接球动作,体会膝关节外旋带动踝关节外旋及脚跟顺势下压的整个过程,注意脚与球的接触面。

② 两人一球,相聚15米,一人踢地滚球,一人做接球动作。

③ 跑上去接对墙踢球反弹回来的地滚球。

④ 练习者分成甲、乙两组,两组相距20米左右,分别成"一"字纵队。甲组第一名练习者踢地滚球给乙组第一名练习者,然后跑回本组排尾,乙组第一名练习者跑上去停球,然后再踢给甲组的下一名练习者,依次循环。

2. 脚内侧接反弹球

(1) 脚内侧接反弹球概述。

① 特点:反弹球在比赛中经常会出现,高球落点产生反弹,接反弹球在比赛过程中运用非常频繁。

② 动作要领:根据来球落点,及时移动到位,支撑脚踏在球落点的侧

前方,支撑腿的膝关节微屈,上体稍前倾,同时停球脚的踝关节放松,脚内侧对着球的反弹路线,当球落地反弹刚离地时,用脚内侧挡压球的中上部(图8-44)。

(2) 易犯错误与纠正方法(见表8-36)。

图 8-44　脚内侧接反弹球

表 8-36　脚内侧接反弹球易犯错误与纠正方法一览表

易犯错误	纠正方法
接球时机控制不好	用手接反弹球,体会接球的时机是在球离地面的瞬间
接球腿动作僵硬,直腿接球,难以控制	进行分解动作和无球模仿练习,提高动作的协调性并强调接球腿迎球时放松然后顺势下压

(3) 练习方法。

① 把球放在地上,练习者做接反弹球的模仿练习。

② 自抛自接反弹球,自己向上抛球,待球落地时接反弹球。

③ 两人一球,相聚15-20米,一人踢起球,一人做停反弹球练习。

④ 两人一球,一人从不同方向踢起球,另一人做停反弹球练习。

(三) 运球技术

运球技术的重点与难点:提高学生熟练地控制球、支配球和保护球的能力,以及掌握在移动中控制身体重心及身体平衡。

1. 脚背外侧运球技术

(1) 脚背外侧运球技术概述。

① 特点:脚背外侧运球时,身体姿势与正常跑动时相同,因而可以发挥出较快的速度。另外,利用脚腕的动作可以很快改变脚背外侧面正对的方向,故在运球脚一侧改变方向时也多采用这种运球方法。这种方法能用身体将对手与球隔开,故掩护时也常使用。

② 动作要领:运球时身体持正常跑动姿势,上体稍前倾,步幅不宜过大,运球腿提起,膝关节稍屈,髋关节前送,脚跟踢球,脚尖稍内转,使脚背外侧正对球方向,在运球脚落地前用脚背外侧推拨球的后中部(图8-45)。

图 8-45　脚背外侧运球

（2）易犯错误与纠正方法（见表 8-37）。

表 8-37　脚背外侧运球技术易犯错误与纠正方法一览表

易犯错误	纠正方法
运球脚膝踝关节僵硬，直腿前摆，难以控制推拨力量	在练习中，确定支撑脚的位置和触球部位，进行走步式练习，体会动作要领及推拨的动作顺序
身体重心偏高或后坐，影响重心跟进	在练习中，强调低重心身体微前倾，也可变化运球的方向，练习重心的灵活跟进

（3）练习方法。

① 首先在原地做模仿练习，找准触球部位，然后让练习者站成一排在慢速中用单脚推拨球前进。

② 练习者每人一球排成一路纵队，中间相隔两米，排尾的同学蛇形将球运到排头同学的前面两米处，这样依次进行，注意在运球过程中一定不要一直低头看球，因为蛇形跑重心一直在移动，所以能够锻炼下肢和脚的灵活性。

③ 两人一球，一个练习者做运球进攻练习，另一个练习者消极防守。

2. 脚背正面运球

（1）脚背正面运球概述。

① 特点：脚背正面运球时身体是正常跑动的姿势，所以运球速度较快，这种技术多用于运球前方一定距离无人阻拦的直线快速运球。

② 动作要领：运球时身体持正常跑动姿势，身体稍前倾，步幅适中，运球脚提起，膝关节微曲，脚跟提起，脚尖向下，在着地前脚背正面部位触球后中部将球推送前进。

（2）易犯错误与纠正方法（见表 8-38）。

表 8-38　脚背正面运球易犯错误与纠正方法一览表

易犯错误	纠正方法
运球脚触球时送的不稳定,难以控制运球的力量和方向	可采取放慢运球速度的方法,固定触球脚的稳定性,反复练习,步幅可小些,固定脚踝,掌握好蹬、摆用力的方向
膝、踝关节僵硬,变推拨为捅击动作,控制不住球	在练习过程中语言提示膝、踝关节放松,脚背触球
支撑脚离球过远,推球后重心滞后,人球分离	放慢运球速度,要求按照蹬、摆、推拨的顺序做完一次,向前慢跑两步,再做一次,反复练习并体会

（3）练习方法。

① 开始做原地模仿练习,找准触球部位,然后让练习者站成一排做慢速用单脚推拨球前进,换另一只脚练习运球,依次进行。

② 三人一球,甲方两人,乙方一人,甲方站在前面的练习者做脚背正面运球运给乙方的练习者,然后站定,乙方练习者再将球运回给甲方另一个练习者,依次进行。

③ 练习者排成一路纵队,由排头开始从起点线运球绕过对面的标志物,然后折回到起点将球传给下一个人。

3. 脚背内侧运球

（1）脚背内侧运球概述。

① 特点:脚背内侧运球由于身体稍侧转,不能采用正常跑动姿势,因而不适用于高速运球。但由于运球时球多向异侧脚方向运动,所以有掩护作用。

② 动作要领:运球跑动身体稍前倾,步幅稍小,膝关节微曲外转,脚跟提起,脚尖外转,使脚背内侧正对运球方向,在运球脚落地前用脚背内侧推拨球,使球随身体前进(图 8-46)。

（2）易犯错误与纠正方法(见表 8-39)。

图 8-46　脚背内侧运球

表 8-39　脚背内侧运球易犯错误与纠正方法一览表

易犯错误	纠正方法
身体重心过高或侧倾不够,影响运球方向的控制	采用固定球练习,确定支撑脚的位置,进行反复练习,体会重心前移的动作要领
触球时脚型不稳,影响控制效果	在练习中,可放慢运球速度,固定脚型,强调推拨的动作顺序,体会如何控制运球方向

(3）练习方法。

① 在慢速中用单脚推拨球前进，初步掌握之后进行双脚交替推拨球前进练习。

② 练习者每人一球做"8"字运球。

③ 练习者分成两组比赛，每人一球排成两路纵队，每组两人中间相隔两米，排尾的同学蛇形将球运到排头同学的前面两米处，这样依次进行。

（四）头顶球技术

头顶球技术的重点与难点：正确判断来球方向、速度及路线选择合适的位置，指导学生合理地完成顶击发力动作，掌握身体的发力顺序，准确把握击球时机及击球部位。

1. 原地前额正面顶球

（1）原地前额正面顶球。

① 特点：由额肌覆盖的额骨正面部分去击球，接触部位面积比较大，因为是正面迎球所以出球方向比较好控制。头顶球技术是处理高空球的重要手段。

② 动作要领：根据球的运行路线及时移动到位，身体正对来球，两脚前后或左右开立，膝关节微屈，上体稍后仰，重心放在后脚上，两臂微屈自然张开，眼睛注视来球；在球运行到身体垂直部位前的刹那，后脚用力蹬地，身体重心由后脚移向前脚的同时，迅速向前摆体，收下颌，颈部紧张，快速甩头，用前额正面顶球的后中部，上体随球继续前摆（图8-47，图8-48）。

图8-47　原地前额正面　　　图8-48　原地前额正面顶球
　　　　顶球头部触球部位

（2）易犯错误与纠正方法（见表8-40）。

表 8-40　原地前额正面顶球易犯错误与纠正方法一览表

易犯错误	纠正方法
击球刹那闭眼缩颈，不是主动用前额击球，而是被动地让球打到头部	采取自己持球，做主动击球练习，要求击球刹那不闭眼，找准前额的击球部位
击球时机把握不准，影响顶球的发力效果	自抛自顶，掌握击球时机，体会顶球发力的效果
上、下肢与身体配合不协调，发力动作出现脱节和停顿	进行徒手模仿练习，体会上、下肢与身体的配合发力动作

（3）练习方法。

① 做顶球的模仿练习，注意体会全身是怎样协调用力的。

② 两人一组相对站立，一人举球至另一人面前与头同高，另一人做原地摆体用前额正面、前额侧面顶球，以体会顶球部位和顶球动作。顶球时要睁着双眼。

③ 自抛自顶，开始抛的高度稍低一些，重点体会触球部位，注意不要闭眼，克服不敢主动顶球的心理障碍。

④ 两人一组相对站立，一人抛球，一人顶球，抛球人开始抛固定球，后来可以抛各个方向的球，让练习者注意脚下移动，感受跑到位后顶球的用力顺序。

（五）球感教学

所谓球感，是学生身体的有效部位对球的感觉。这种感觉越灵敏、越细致，就越有利于学生对球的控制与驾驭，球感直接关系到学生技术动作的完成质量，因此，球感练习是足球技术教学的基础，是每个学习踢足球的人的必经之路。

颠球练习是我们最常用、最有效的球感练习手段之一，也是足球游戏娱乐的主要方法。颠球练习可以放在教学课的准备活动部分，也可以作为休息调整内容放在每个练习项目之间。最常用的颠球部位有头、双肩、胸部、大腿、脚背正面、脚内侧、脚外侧。

在练习颠球技术时，如有可能尽量保证每个学生有一球，教师的讲授位置和学生的队形要保证每一个人都能清楚地听到讲解和看到示范动作。教师首先应该讲明颠球的重要性与作用，对动作要领的表述要简单明了、重点突出，在做示范时动作要轻松协调，必要时某些动作要领要通过改变示范动作的节奏或者球的速度、高低、旋转等来突出显示。

在学生具有一定的技术水平之后，教师要鼓励他们自己创造颠球的方法与花样，使他们在颠球练习中感到有兴趣，体会到快乐。

第五节　乒乓球运动的技能学习分析

一、乒乓球运动简介

乒乓球运动 19 世纪末起源于英国,是由网球运动派生而来的。起初,乒乓球仅仅只是一种被称为"弗利姆—弗拉姆"(Flim-Flam)或"高希马"(Goossime)的宫廷游戏,活跃于英格兰上层社会。后来,大约在 1890 年,一位名叫詹姆斯·吉布(James Gibb)的英格兰越野跑运动员将赛璐珞球从美国带回,其重量轻、弹性好,取代了原先的软木塞。由于这种材质的球打起来会发出"乒乓"的声音,所以,人们就将这项运动命名为"乒乓球"。从此,乒乓球运动凭借其独特的魅力开始风靡在欧洲的各个角落,最终走向世界。

1904 年,中国上海一家文具店经理去日本采购物品,看到了乒乓球表演并购买了 10 套乒乓球器材带回国内,由此乒乓球运动逐渐在中国发展开来。1923 年,全国乒乓球联合会在上海成立;1952 年,中国加入国际乒乓球联合会;1959 年,荣国团在第 25 届世乒赛上为中国获得了第一枚男子单打冠军;1961 年,中国首次举办世乒赛(第 26 届),共获得 3 项冠军、4 项亚军和 8 项季军;自 1988 年汉城奥运会乒乓球被首次列为正式项目起,中国乒乓球队共获得了 28 枚奥运金牌。这些傲人的成绩一次又一次地捍卫了我国在乒乓球项目上的霸主地位。

二、乒乓球运动的基本技术

(一)握拍技术的动作分析

握拍技术是乒乓球运动中最基本的技术之一,它与击球动作有着密切的关系,正确的握拍方法是提高技术的一个重要部分,也是提高击球质量的保证。乒乓球运动中一般有两种握拍方法:一是直拍握法,二是横拍握法。不同的握拍方法都存在不同的优缺点,学习乒乓球时可根据自己的喜好和习惯,选择合适的握拍法。

1. 握拍种类

(1)直拍握法:大拇指和食指握住球拍,拍柄压住虎口,拇指与食指之间空出适当的距离;其余三指自然弯曲放于球拍背面,中指第一指节顶住球拍的后上部(图 8-49)。

图 8-49

优点:攻球快而有力;攻斜、直线时,拍型变化小,对手不易判断;能从速度、球路和力量上取得主动;手腕动作灵活,发球可做较多变化。

缺点:反手击球时,受身体阻碍,不易起板快攻;防守时,照顾面较小。

(2)横拍握法:中指、无名指和小拇指自然弯曲握住拍柄,虎口贴住拍肩;大拇指放于球拍正面并轻贴于中指旁,食指自然伸直,斜放于球拍背面(图 8-50)。

 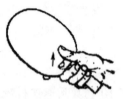

图 8-50

优点:正反手的防守横截面积较大,攻球和削球手法变化不大;反手攻球不受身体阻碍,便于发力和拉弧圈球;削球时用力方便,易发挥手臂的力量和掌握旋转变化。

缺点:在还击左右两面来球时,需要转动拍面,动作大,影响摆臂速度;攻直线球动作变化明显,易被对方识破;台内正手攻球较难掌握。

2. 握拍练习方法

(1)教师示范领做,使学生看清正、背面。

(2)学生握拍,按动作要领相互纠正,教师提示要点。

(3)原地向上托球,体会手腕手指用力动作,熟悉球性。

(4)移动托球或两排相距 2 米对托击球。

3. 握拍易犯错误及纠正方法(见表 8-41)

表 8-41 握拍易犯错误及纠正方法一览表

易犯错误	纠正方法
握拍过紧、过远或过深,手腕僵硬	根据动作要领,正确握拍,手指手腕放松
直拍握法:中指、无名指和小拇指之间分得太开	练习时有意识地将三根手指自然弯曲且并拢
横拍握法:食指直放于球拍背面	练习时有意识地将食指斜放于球拍背面

(二)准备姿势的动作分析

在乒乓球运动的实践中,由于击球者的身体条件和技术特点的不同,其准备姿势并没有一个统一的标准,只是一个参考动作。但无论何种姿势,都应包括以下三个方面。

1. 下肢:两脚开立略比肩宽,两脚尖自然朝前,两膝弯曲,身体重心位于两脚之间,稍保持在前脚掌上,以便于快速起动。

2. 躯干:上体稍前倾,适度含胸收腹。背部既不能挺得过直,也不能完全松散,以免降低动作的灵活性,影响击球效果。

3. 上肢:两肩自然放松,基本保持同高,避免耸肩,两眼目视前方注意来球;持拍手与非持拍手自然弯曲放于身体两侧,球拍位于台面水平面之上。

(三)移动步法的动作分析

从开始起动到制动的这一过程叫作移动。移动的目的是为了及时接近球,将球与人的位置调整到最佳距离,以便于更好地击球。运动员在场上的移动能力直接关系到每一板球的质量和战术的执行。移动的主要步法有:并步、交叉步、跨步。

1. 并步

(1)并步是一种救球、应急时常用的步法。其特点是节省体力、稳定重心,有利于再起动。

(2)并步的动作要领(以向右移动为例):稍蹲准备姿势开始,左脚先向右脚并半步或一小步,在左脚落地之后,右脚迅速往右侧移动一步。

(3)并步学习的重点和难点。

重点是在并步移动中移步速度快,重心始终保持稳定状态,对来球方向判断要准确。

难点是在追求速度的时候身体重心的控制。

(4)并步动作易犯错误及纠正方法(见表8-42)。

表8-42 并步动作易犯错误及纠正方法一览表

易犯错误	纠正方法
重心不稳	开始练习时不能单纯追求快速,而要兼顾稳定性
两腿之间的距离控制不好	多做并步步法练习,教练员需时常提醒此问题
膝关节过直	以准备姿势为起始状态开始练习,充分发挥腿部肌肉力量

（5）并步的练习方法。

① 重复练习法：把并步动作分解为三个部分，准备、移动、准备，练习时在老师口令下做分解动作，重复进行以强化动作结构。

② 有球练习：在初步掌握乒乓球基本技能之后，两人进行对练。一人先站在固定位置将球打至另一人的正手位，再将球打至反手位，让接球员边击球边来回移动进行并步练习，可依次进行单个球练习，也可依次进行单个球连续练习。

2. 跨步

（1）跨步适用于离身体较远、速度较快、力量较大的来球，特点是动作简单，实用性较强，有利于应急、借力还击。

（2）跨步的动作要领（以向右移动为例）：稍蹲准备姿势，左脚用力蹬地，右脚向移动方向跨出一大步，左脚随后跟上半步或一小步，以保持身体平衡。

（3）跨步学习的重点和难点。

① 重点是跨步大小要根据来球情况而定，确保击球时手臂与身体的距离适中。

② 难点是跨步过程中身体重心的迅速转移。

（4）跨步动作易犯错误及纠正方法。

跨步动作由于速度快，步幅大，容易造成身体重心的晃动，影响身体的稳定性，从而对击球时的手臂动作造成一定影响。因此，在跨步时手臂和腰部要与下肢协调配合，重心跟着跨步的腿走。

（5）跨步的练习方法。

① 重复练习法：把跨步动作分解为三个部分，准备、移动、准备，练习时在老师口令下做分解动作，重复进行以强化动作结构。

② 米字练习法：运动员以站立点为中心，向前后、左右、左前、右前、左后、右后八个方向依次或无序跨步移动，此处可有人辅助，在旁边喊方向，听到口令后再移动。

③ 有球练习：两人对练，一人将球快速发至另一人身体的一侧，接球员边击球边进行跨步练习，熟练之后可加快练习频率。

（四）发球技术的动作分析（以右手握拍为例）

发球技术主要由抛球和挥拍击球两个动作组成。抛球可分高抛球和低抛球两种方式。挥拍方向和击球部位是决定发球性质的关键，用力大小和第一落点的远近是发球变化的条件。发球，一是以快为目的。它的特点是出手动作快，落点刁钻。二是以旋转为目的。它的特点是以近乎相同的发球动作，发出不同旋转的球以达到迷惑对方的目的。如转与不转、上旋或下旋、侧上旋或侧下旋等。在实际教学中,以正反手发平击球和正反手发转与不转球为主。

1. 正手发平击球

（1）技术特点:速度一般,不带或稍带上旋,是最基本的发球技术,也是掌握其他复杂发球技术的基础。

（2）动作要领:两脚开立,左脚稍前,身体稍微右转,左手掌心托球放于身体右侧(球台端线外且略高于球台平面高度),右手持拍放于球的后方。左手将球垂直向上抛起,同时右臂稍向后引拍;当球被抛出时,持拍手由身体的右后方向前方挥拍;当球从最高点下落至接近球网的高度时,将拍形稍前倾,击球的中上部。击球结束后,身体重心顺势回到两脚中间。

2. 反手发平击球

（1）技术特点:与正手发平击球相同,通常在基本技术练习中使用。

（2）动作要领:在球台的左半台站立,两脚开立,右脚在前,身体稍微左转,左手掌心托球放于身体前方偏左侧(球台端线外且略高于球台平面高度),右手持拍放于球的后方。左手将球垂直向上抛起,同时右臂向身体左侧后方引拍;当球被抛出时,持拍手由身体的左侧后方向前方挥拍,拍形稍向前倾;当球从最高点下落至接近球网的高度时,击球的中上部,同时向右前方发力。击球结束后,身体重心顺势回到两脚中间。

3. 正手发转与不转球

（1）技术特点:发球动作难以辨别,易造成对方判断失误,从而得分或为自己进攻创造机会。

（2）动作要领:在球台的左半台站立,身体面向右边,两脚开立,左脚在前,右脚在侧后,向上抛球的同时持拍手向后上方引拍;要求腰带着手臂随之右转,拍面后仰,手腕适当外展;当球从最高点下落至接近球网的高度时,持拍手迅速用力往前挥拍触球中下部(转球)或迅速用力往下挥拍触球中部(不转球);发完球后,身体快速还原至准备姿势（图 8-51）。

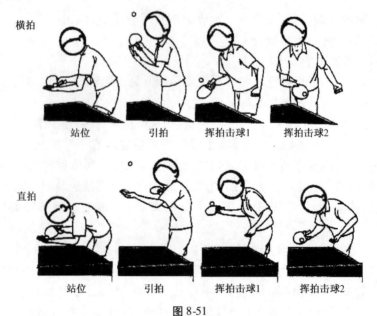

图 8-51

4. 反手发转与不转球

（1）技术特点：与正手发转与不转球相同。

（2）动作要领：在球台的左半台站立，身体正对球台，两脚开立，右脚稍在前，向上抛球的同时持拍手向左后上方引拍；要求腰带着手臂随之左转，拍面后仰；当球从最高点下落至接近球网的高度时，持拍手自左上方向右下方挥拍，触球中下部（转球）或中部（不转球）；发完球后，身体快速还原至准备姿势（图 8-52）。

图 8-52

5. 发球技术的重点和难点

（1）抛球要稳定,包括抛球的高度和抛球后球上升与回落的线路要稳定。

（2）触球点的高度要适当,当球回落至与网的高度接近时再触球。

（3）球在本方台面第一跳的着台点要适当,发长球时第一跳在球台的端线附近,发短球时则在台中位置。

（4）握拍时虎口不宜过死,以保证手腕和手指的灵活性。

（5）球拍摩擦球的部位和用力方向要准确,尽量用相似的动作发出不同旋转的球。

（6）以前臂、手腕发力为主,但应注意腰部的协调配合,以提高发球的质量。

6. 发球技术练习方法

（1）徒手模仿抛球和引拍及挥拍击球的协调配合,体会前臂和手腕的发力动作。

（2）在台前用多球进行发球练习。

（3）先练习发斜线球,后练习发直线球；先练习发不定点球,后练习发定点球。

（4）练习同一手法发不同旋转和落点的球。

（5）两人台上练习,一人做各种发球练习,一人做接发球练习。

7. 发球技术易犯错误及纠正方法（见表8-43）

表8-43　发球技术易犯错误及纠正方法一览表

易犯错误	纠正方法
球向上抛起高度不够	明确要领,反复地练习向上抛球动作
击球点过高或过低	强调按动作要点掌握正确恰当的击球点
拍面前倾过多或不够,击球时向前力量过大或过小,落点过远或过近	用正确的拍面击悬空球,在台上画出第一落点的范围

（五）反手推挡球技术的动作分析

1. 反手推挡球技术概述

推挡球技术是推球和挡球技术的总称。推挡是我国直拍快攻打法的基本技术之一,特别是左推右攻打法中占有极其重要的地位。由于推挡站位近、动作小、落点多变、速度快并具有一定的力量,所以在比赛中能主动调动和压制对方,为正手进攻和侧身进攻创造有利时机。另外,在相持时还可以起到积极防守和从被动变主动的作用。推挡球技术是乒乓球入门技术,初学者应当熟练掌握这项技术。

2. 反手推挡球技术

（1）快推。

① 技术特点：回球速度快、力量较轻、落点变化多，是学习其他推挡技术的基础。在双方相持中运用此技术可突袭对方空当，争取时间和机会。

② 动作要领：手臂自然弯曲并作外旋，拍面角度稍前倾，上臂和肘关节自然靠近身体，将球拍引至身体前方；当来球跳至上升期时，前臂和手腕迅速向前推出去，拍面稍前倾击球中上部；以前臂和手腕发力为主，并适当借力（图8-53）。

图8-53

（2）挡球。

① 技术特点：球速慢、力量轻、动作简单易掌握。

② 动作要领：击球前手臂外旋，球拍稍前倾，在球的高点期借助来球的力量，触球中上部，将球推出。推出时，上臂带动前臂前伸，触球瞬间手腕稍外展。

3. 反手推挡球技术学习的重点和难点

（1）推挡时，因引拍受身体阻碍，在准备击球时一定要收腹加大引拍的距离，以利于前向前推出发力。

（2）推挡时，肘关节始终应保持自然贴近身体，才有利于前臂向前发力。

（3）推挡时，应拇指放松，食指用力压拍，才能有效地控制拍面的前倾角度。

（4）推挡时，手臂向前推幅度不宜过大，以免影响还原速度。

（5）推挡时，虽主要由上肢完成，但只有协调利用腰部和腿部的力量，才能更好地增加推挡的力量。

4. 反手推挡球技术练习方法

（1）徒手模仿推挡球动作，体会动作要点。

（2）反手在半台内做两人之间的推挡练习，不限落点，只要求动作正确。

(3) 练习推挡球时,先慢速推,再快速推。
(4) 一人加力推,一人用正常力量挡,两人轮换练习。
(5) 一人从推一点到推两点,另一人可练习左推右攻,两人轮换练习。

5. 反手推挡球技术易犯错误及纠正方法(见表8-44)

表8-44 反手推挡球技术易犯错误及纠正方法一览表

易犯错误	纠正方法
引拍不充分	多进行徒手练习,体会上臂引拍和向前推的肌肉感觉并在实际练习中打出来
手臂外旋不够	体会前臂外旋和手腕外展时的肌肉感觉,先做徒手练习后再用球体会
全身不能协调用力	体会腰、髋及下肢力量的协调发力,从徒手动作到用球练习,都要着重体会身体重心的转换

(六) 正手攻球技术的动作分析

1. 正手攻球技术概述

攻球是现代乒乓球运动中争取主动和获得胜利的进攻性技术,是最主要的得分手段。无论练习者采用哪一种打法或是哪一种技术风格,最具威力和最被看重的依然是攻球技术。其特点是速度快、力量大,能体现积极主动进攻的指导思想。

2. 正手攻球技术

(1) 正手快攻。

① 技术特点:站位近、动作小、速度快;与落点变化相结合,可以调动对方为扣杀创造条件;是近台快攻打法的一项主要技术。

② 动作要领(以右手握拍为例):两脚开立,双膝微屈,左脚稍前,含胸收腹,手臂自然弯曲并作内旋使拍面稍前倾,前臂横摆引至身体右侧后方;右脚稍用力蹬地,腰向左转,上臂带动前臂快速向左前方挥动迎球;当来球跳至最高点时,拍面稍前倾击球中上部,触球瞬间前臂迅速收缩,向前为主、略带摩擦,手腕辅助发力;并可借助手腕调节拍面角度、改变击球部位来变化回球的落点(图8-54)。

图 8-54

③ 重点和难点:

a. 引拍时应以肘关节为轴,而不是将整个肘部甚至连同上臂向后拉,否则会造成肘高、肩高的"架肘"状,影响发力和命中率。

b. 若拍型后仰,击球时有翻腕动作,攻打来球时容易出界。

c. 击球时不能只有手臂动作而无腰、腿的配合,必须注意体会重心转换的感觉。

(2) 侧身正手攻球。

① 技术特点:侧身正手攻球是用正手技术还击反手位来球的技术,可增加反手位的进攻能力,也是每一位练习者必备的技术之一。所谓侧身,就是用步法的移动把正手的位子让开,使全身的力量完全用于球上。这种技术常与其他技术配合使用。

② 动作要领(以右手握拍为例):根据来球落点,迅速移动脚步、使身体侧向球台,左脚在前,上体稍前倾,含胸收腹;移动脚步的同时,手臂顺势向身体右侧引拍;拍型稍前倾,击球中上部。

③ 重点和难点:

a. 掌握好侧身移步的时间。起动过早,易被对方察觉而突变正手空当;起动过晚,会错过最佳的击球时间。最好在对手球拍触球的瞬间判断清楚来球后立即侧身。

b. 侧身的步法要高效迅速,一般是向侧后方移动,并要具备连续进攻的能力。动作幅度应根据需要灵活调整。

c. 明确侧身攻球的战术意识,避免盲目侧身或是习惯性侧身。

3. 正手攻球技术练习方法

(1) 徒手模仿正手攻球动作,体会挥臂、腰部扭转和重心转换等动作要领。

(2) 攻一板球练习。一人发平击球,一人将球攻回对方球台,反复进行一发一攻练习。

(3) 固定路线进行一推一攻练习。先练习攻右斜线,再练习左、右直线,最后练习左斜线。

（4）两人正手对攻练习。

4. 正手攻球技术易犯错误及纠正方法（见表 8-45）

表 8-45 正手攻球技术易犯错误及纠正方法一览表

易犯错误	纠正方法
重心移动不及时	多进行徒手练习,体会动作的协调用力和左右转换,然后再用球练习
抬肘抬臂	体会正确站位,引拍时前臂移动在先,不要上臂后拉
手腕下垂,球拍与前臂垂直	强调手腕内旋、拍柄向左,先做徒手模仿练习
落点不准,引拍动作不到位	先做接平击球的练习,再做连续攻球的练习

参考文献：

[1] 李鸿江.田径[M].北京:高等教育出版社,2006.

[2] 文超.田径运动高级教程[M].北京:人民体育出版社,2003.

[3] 王家宏.球类运动 篮球[M].北京:高等教育出版社,2009.

[4] 李承维.篮球运动教学与训练[M].武汉:华中科技大学出版社,2012.

[5] 谢铁兔.篮球技术教学训练步骤与方法[M].北京:北京体育大学出版社,2003.

[6] 吴从斌.篮球两周通 图解篮球技术[M].北京:人民体育出版社,2011.

[7] 黄汉升.球类运动 排球[M].北京:高等教育出版社,2005.

[8] 孙平.现代排球技战术教学法[M].北京:北京体育大学出版社,2008.

[9] 宋元平,马建桥.排球运动技能学习分析[M].北京:北京体育大学出版社,2010.

[10] 何永超.足球[M].北京:人民体育出版社,2008.

[11] 周毅.足球[M].广州:中山大学出版社,2003.

[12] 王崇喜.球类运动 足球[M].北京:高等教育出版社,2005.

[13] 张博.乒乓球步法的技巧[M].北京:人民体育出版社,2002.

[14] 苏丕仁.乒乓球运动教程[M].北京:高等教育出版社,2006.

[15] 冯爱华,何秋华,李永平.乒乓球运动[M].北京:高等教育出版社,2010.

第九章 其 他

第一节 不同运动项目基础动作技能发展水平与评价标准案例

"基础动作技能"(Basicmotor Skill)是在人的遗传获得的运动基因基础上(即所谓的本能),经过后天的教育,建立了时空、时序等方面协同发展的一系列的条件反射,所形成的人们赖以生存、生活、工作、学习和体育专门、专项运动技能发展的一种基础性运动能力。

由教育部颁布的《体育与健康》课程标准中,提出了运动参与、运动技能、身体健康、心理健康和社会适应等五个领域学习目标,并强调运动技能学习领域是体现以身体活动为主的基本特征,学习和掌握运动技能是实现其他领域学习目标的基础。"在实践中人们评定运动技术的标准是完成动作的实效性和经济性。实效性是指完成动作时,能充分发挥人体的运动能力,从而获得最佳的运动效果;经济性则是指在运动过程中要尽量克服多余动作,在预备动作和次要动作阶段还要尽量避免消耗过多的体力,尽量在技术的主要阶段发挥最大能力从而表现出更高的运动效能,获取更好的运动成绩。"

(一) 技能发展过程评价

1. 技能发展过程评价的重要意义

过程评价是指对整个技能发展的教学过程进行较为科学、全面的评价,在20世纪70年代美国的教育家布鲁姆就提出了过程评价理论,欧美和日本学校体育课普遍采用了技能发展过程评价的方法。它的重要意义在于:(1)有利于教师控制和调动学生的学习行为,使教学的时效性得到落实。(2)重视学习过程对体育水平高的学生有激励作用,对体育水平差的,但学习努力刻苦的学生有鼓励作用。(3)使学生既能积极锻炼身体,又懂得科学锻炼身体的方法,并提高文化素养。(4)强调创新意识,培养学生创造性学习的能力,实现以培养创新意识为核心的素质教育目标。(5)实现了理论与实践、技术与能力、成绩与态度相结合,使体育课考核较为科学合理。

2. 技能发展过程评价与终结评价的权重比例

根据教材的特点,对技能发展教学过程中的诸多因素进行分析,合理确定过程评价与终结评价的权重比例。应考虑如下几点:(1)教学关键环节的落实。一些周期性运动项目教材,例如短跑、耐久跑……技能发展教学的关键是教学过程环节的落实,因此过程评价的权重比例较大。侧重了过程评价有利于控制和调动学生的学习行为,从而避免了有些学生身体素质好,但平时学习不认真努力,经过一次性终结考试即可取得好成绩的现象。(2)实现终结评价、过程评价内容与教学内容的统一。如果终结评价能使教师在较大程度上调控学生的行为,使教学的时效性得以落实,那么终结评定的权重就可大些。(3)技能发展过程评定很重要,但对教师的工作态度和工作精神有较强的依赖性,因此现阶段过程评定的比例不宜过大。

3. 技能发展过程评价的方法

(1)量化考核内容提高可操作性。量化考核内容,确定各考项内容分值。然后根据单元的大小,将过程评价的分值平均分配到每节课中,保证评价的系统性和针对性,同时使评价系统具有可操作性。例如:大一武术课16学时,将过程评价的16分平均分配到每一学时中,每次一分。在技能发展教学过程中,根据学生的表现对评价的各项内容进行随堂评分,使技能发展过程评定始终贯穿整个教学过程,期末根据其表现按规定分值进行评定。

(2)运用合理的评价方法以减少反馈误差。技能发展过程评价实质是教与学的一种反馈,通过反馈,教师可以随时调整教学内容、进度、方法,学生可以检查自己的学习情况,及时调整学习方法,以达到教学效果,掌握好过程评价的方式和时机,可以减少或避免反馈误差。评价方式以鼓励为主,充分运用评定结果来激励学生,使他们看到自己的进步。如在评价过程中对后进生、中等生只做自身纵向比较,特别是对于后进生要强调自身的发展,使他们产生继续学习的愿望。实施评定时,教师最好给予提示或强调,以引起学生的注意,重视过程评定。评定的时机要恰当,一般对行为态度的评定可随时进行,如创新意识与参与意识、努力程度、学习态度等;对技术、行为能力的评价最好在课结束或本单元学习结束前进行,如学习锻炼的方法、良好习惯的形成、技术动作掌握的情况。

总之,为了给体育学习者提供不同运动项目学习,应选择普及程度较高的不同运动项目,以及运用案例形式对不同运动项目基础动作技能发展水平与评价标准进行分析。

(二) 技能发展水平评价标准案例

案例1 中学生篮球运动基础动作技能发展水平与评价标准

篮球是我国中学生参与最多的运动项目之一,其表现在中学生每次上篮球课时打比赛都很积极。但是在这个积极的表象下,学生关于篮球的基本技术掌握却不扎实。比赛中队员间每一次传接球、跑位移动、简单的运球以及复杂的战术配合,都是以各个基础动作组合起来的,所以这足以证明篮球基本技术的重要性。但因现阶段在篮球基础动作技能的发展方面评价标准比较多样且单一,很多基础动作技能评价标准不统一,所以制定全面的中学生篮球基础动作技能评判标准迫在眉睫。

1. 技术动作方法

以右手上篮为例,右脚跨出一大步的同时接球,接着左脚跨一小步并用力蹬地起跳,右腿屈膝上抬,身体重心前移,双手向前上方举球。当身体接近最高点时,左手离球,右手外旋,掌心向上托球,并充分向球篮上方伸展,接着屈腕、食、中指用力拨球,通过指端将球投出。其技术动作可简单概括为:一跨大步接球稳,二跨小步向上跳,低手托球将臂伸,指腕上调球前旋。

2. 评价指标参照

(1) 全场综合技术。

参照《江苏省2014年普通高校招生体育专业统考考试评分标准》,全场综合技术(A 变向运球与传接球投篮或 B 传接球与变向运球投篮),满分50分(技术40分+技评10分),最终成绩=技术分+技评分。

① 技术评分标准。

男生全场综合技术评分标准(见表9-1):

表9-1 男生全场综合技术评分标准

成绩(秒)	分值	成绩(秒)	分值	成绩(秒)	分值	成绩(秒)	分值	成绩(秒)	分值
17	40	17.3	39.1	17.6	38.2	17.9	37.3	18.2	36.2
17.1	39.7	17.4	38.8	17.7	37.9	18	37	18.3	35.8
17.2	39.4	17.5	38.5	17.8	37.6	18.1	36.6	18.4	35.4

续表

成绩(秒)	分值	成绩(秒)	分值	成绩(秒)	分值	成绩(秒)	分值	成绩(秒)	分值
18.5	35	19.6	30.6	20.7	25.5	22.6	18.2	26	8
18.6	34.6	19.7	30.2	20.8	25	22.8	17.6	26.5	6.5
18.7	34.2	19.8	29.8	20.9	24.5	23	17	27	5
18.8	33.8	19.9	29.4	21	24	23.2	16.4	27.5	3.5
18.9	33.4	20	29	21.2	23.2	23.4	15.8	28	2
19	33	20.1	28.5	21.4	22.4	23.6	15.2	28.5	0.5
19.1	32.6	20.2	28	21.6	21.6	23.8	14.6	29	0
19.2	32.2	20.3	27.5	21.8	20.8	24	14		
19.3	31.8	20.4	27	22	20	24.5	12.5		
19.4	31.4	20.5	26.5	22.2	19.4	25	11		
19.5	31	20.6	26	22.4	18.8	25.5	9.5		

女生全场综合技术评分标准(见表9-2):

表9-2 女生全场综合技术评分标准

成绩(秒)	分值	成绩(秒)	分值	成绩(秒)	分值	成绩(秒)	分值	成绩(秒)	分值
19	40	20.4	35.4	21.8	29.8	23.4	22.4	26.5	12.5
19.1	39.7	20.5	35	21.9	29.4	23.6	21.6	27	11
19.2	39.4	20.6	34.6	22	29	23.8	20.8	27.5	9.5
19.3	39.1	20.7	34.2	22.1	28.5	24	20	28	8
19.4	38.8	20.8	33.8	22.2	28	24.2	19.4	28.5	6.5
19.5	38.5	20.9	33.4	22.3	27.5	24.4	18.8	29	5
19.6	38.2	21	33	22.4	27	24.6	18.2	29.5	3.5
19.7	37.9	21.1	32.6	22.5	26.5	24.8	17.6	30	2
19.8	37.6	21.2	32.2	22.6	26	25	17	30.5	0.5
19.9	37.3	21.3	31.8	22.7	25.5	25.2	16.4	31	0
20	37	21.4	31.4	22.8	25	25.4	15.8		
20.1	36.6	21.5	31	22.9	24.5	25.6	15.2		
20.2	36.2	21.6	30.6	23	24	25.8	14.6		
20.3	35.8	21.7	30.2	23.2	23.2	26	14		

② 技评评分标准：技评分为优、良、中、较差、差五个档次。（见表9-3）

表9-3　男女生技评评分标准

等级	优	良	中	较差	差
分值	10-8.1	8.0-6.1	6.0-4.1	4.0-2.1	2.0-0
标准	运球技术动作熟练快速；运球变向时身体重心平稳，手脚配合协调；传球技术运用合理，落点准确；投篮技术动作规范协调，空中动作舒展。各技术动作之间衔接自如流畅。无失误，投篮命中率高	运球技术动作较熟练快速；运球变向时身体重心较平稳，手脚配合较协调；传球技术运用合理，落点较准确；投篮技术动作规范协调。各动作之间能衔接自如。无动作失误，有一次投篮不中现象	运球及运球变向时技术动作不够熟练流畅，并有不按规定换手运球现象；传球技术运用较合理，落点不够准确；投篮技术动作较规范协调，有一或二次投篮不中现象	运球过程中身体重心偏高，有换手和违例现象，传球时手部动作较僵硬；投篮技术动作不够规范协调，有三次投篮不中现象	运球时身体重心高，无前进速度；运球变向过程中有失误或违例；传球落点不准确；投篮技术动作不规范。各动作之间衔接不连贯，并有多次补篮不中

(2) 投篮。

① 一分钟篮下投篮（单手肩上投篮）评分标准（见表9-4）：

表9-4　一分钟篮下投篮评分标准

得分		60	65	70	75	80	85	90	95	100
进球数	男	12	13	14	15	16	17	18	19	20
	女	10	11	12	13	14	15	16	17	18

② 原地单手投篮（女子可换双手胸前投篮）10次（罚球线处）评分标准。（见表9-5）

表9-5　原地单手投篮评分标准

得分		60	70	80	90	95	100
进球数	男	2	3	4	5	6	7
	女	1	2	3	4	5	6

③ 全场往返两次运球上篮（计时给分）评分标准（见表9-6）：

表9-6　全场往返两次运球上篮评分标准

得分		60	65	70	75	80	85	90	95	100
进球数	男	50″	45″	43″	40″	38″	35″	33″	30″	28″
	女	60″	55″	53″	50″	48″	45″	43″	40″	38″

④ 两人行进间传接球上篮（全场）评分标准（见表9-7）：

表9-7　两人行进间传接球上篮评分标准

得分	60	70	80	90	100
中篮数	2	3	4	5	6

案例2　中学生足球基础动作技能发展的评价标准探析

足球运动是当今世界上最受欢迎、开展项目最广泛的运动之一，激烈的比赛总是能够吸引数以亿计人的眼球去关注它。面对我国校园足球发展的严峻形势，如何才能够更快地促进校园足球的健康发展，中学生足球基础动作技能发展的评价标准又是什么呢？

1. 中学生足球基础动作技能发展的评价标准选用

（1）踢球动作。

踢球动作在足球项目中较多，脚内侧踢球是足球比赛中运用较多的踢球技术，由于脚内侧接触球的面积大，容易控制出球的方向，故准确性较强。

动作要领：踢球时，支撑脚踏在球的侧后方15厘米左右处，膝盖稍弯曲，踢球脚稍向后提起，膝盖外转，脚尖稍翘起，前摆时小腿加速，脚迅速外转90°，脚掌与地面平行，脚腕要用力，用脚内侧（踝骨下面、跟骨前面）触球的后中部，将球向正前方踢出。

（2）运球动作。

运球技术动作是指在有球情况下，为了摆脱防守队员抢断或更快的向前推进完成战术配合而采取的基础动作。

① 脚背正面运球。运球时身体保持正常跑动姿势，上体稍前倾，步幅不宜过大，运球腿提起，膝关节稍屈，髋关节前送，提踵，脚尖下指，在着

地前用脚背正面部位触球后中部将球推送前进。由于脚背正面运球时身体保持正常跑动姿势,故可以发挥出较快的速度,因而这种技术多用在运球前方一定距离内无对手阻拦时。

② 脚背外侧运球。运球时身体持正常跑动姿势,上体稍前倾,步幅不宜过大,运球腿提起,膝关节稍屈,髋关节前送,提踵,脚尖绕矢状轴向内旋转,使脚背外侧正对运球方向,在运球脚落地前用脚背外侧推拨球的后中部。

③ 脚背内侧运球。身体稍侧转并自然协调放松,步幅小,上体前倾,运球腿提起外展,膝微屈外转,提踵,脚尖外转,使脚背内侧正对运球方向,在运球脚落地前用脚背内侧推拨球,使球随身体前进。

(3) 停球动作。

停球动作是指在有球情况下,为完成摆脱防守完成射门或传球动作,以及在无球情况下,用脚、腿或胸部来使皮球停在自己控制范围之内的动作。

① 脚掌停反弹球。停反弹球时,支撑脚踏在球落点的侧后方。当球着地一刹那,用脚前掌对准球的反弹路线,触球的后上部。如需要把球停到身后时,在脚掌接触球的刹那,脚尖稍大压并做回拉,并以支撑脚为轴快速转身。

② 脚掌停地滚球。支撑脚站在球的侧后方,膝关节微屈,脚尖正对球,同时停球脚提起,膝关节自然弯曲,脚尖翘起高过脚跟(脚跟离地面稍低于球),踝关节放松,用脚前掌触球的中上部。

③ 胸部停球。准备停球时,面对来球,两脚前后开立,两臂自然张开,重心前移,挺胸迎球。当球运行到与胸部接触前的刹那,重心迅速后移,收胸、收腹挡住球,以缓冲来球力量,把球停在身前。如果要把球停向左(右)侧时,则应在接触球前的刹那向左(右)侧转体,并用同侧胸部触球。

(4) 射门技术。

① 正脚背射门。起跑点,皮球和目标应成一直线,膝向目标轻松助跑,立足脚站在皮球右后侧20厘米,自然向后提起小腿,眼望皮球顶部,绷直脚尖,大腿主动用力向前摆动继而拉动小腿抽向皮球中央点,击球后身体顺势向前摆动完成整个射门动作。

② 脚外侧弯射。正对足球斜线碎步助跑,当立足脚站在皮球侧近20厘米的时候,提腿扭摆身体,紧锁脚踝,利用脚外侧抽击皮球偏外三分之一处,射球后顺势收膝完成射门动作。

2. 中学生足球基础动作技能发展的评价标准的制作

(1) 脚背内测长传球,共 25 分。学生连续踢 3 个球。

① 踢远：共 20 分。12 分/22 米、13 分/25 米、15 分/28 米、16 分/31 米、18 分/33 米、20 分/35 米。

② 技评：共 5 分。根据学生掌握技术动作情况由教师评定,但第一落点必须达到 22 米。

(2) 脚内侧连续传球,共 25 分。两人一球,相距 5 米,30 秒连续传球。

12 个球/人—15 分、14 个球/人—18 分、16 个球/人—21 分、18 个球/人—25 分。

(3) 运球(30 米折回),共 15 分。

9 分/17″0、10 分/15″0、11 分/13″0、13 分/12″0、15 分/11″3。

(4) 运球绕杆,共 15 分。15 米共 5 根杆折回。

9 分/17″0、10 分/15″0、11 分/13″0、13 分/12″0、15 分/11″30。

(5) 定位球射门(含技评),共 25 分。要求 6 球射门,罚球区线外球必须离地入门。

① 进门：共 15 分。9 分/2 球、10 分/3 球、11 分/4 球、13 分/5 球、15 分/6 球。

② 技评：共 10 分。根据射门的角度、力量以及学生掌握技术动作情况由教师评定,但 6 球中必须射进 2 球。

(6) 运球绕杆射门,共 25 分。自门前罚球区线每 3 米一杆,共 5 杆,学生运球绕杆(动作不限)射门,球进表停。根据射门的角度、力量、掌握技术动作情况和从接控球到射门完成整个动作的连贯性及合理性由教师做出评定。

7″6—15 分、7″4—16 分、7″2—17 分、7″0—18 分、6″8—19 分、6″7—20 分、6″6—21 分、6″5—23 分、6″4—25 分。

(7) 接控球,共 25 分。场地上两条相距 4 米的标志线,受测者从起点线向外抛球,球的落点必须在另一条线外,接着快速跑向落点接空中或反弹球后转身带回起点线,然后再抛、再接、再带,往返 6 次结束。用双脚脚内侧、脚外侧、脚背正面、脚掌接控,不受部位限制。

15 分/50″、17 分/47″、19 分/43″、21 分/40″、23 分/37″、25 分/35″。

案例3　中学生田径基础动作技能发展水平与评价标准

由教育部颁布的《体育与健康课程标准》设置了课程目标体系以及运动参与、运动技能、身体健康、心理健康与社会适应四个方面的课程内容。中学生主要对应的是水平四,因此"在运动技能方面特别是掌握运动技能和方法上,规定了学生需要掌握一些田径类运动项目的技术,如短跑、中长跑、定向越野、跨栏跑、接力跑、跳远、跳高和投掷实心球等项目的技术"。本书以2011版《体育与健康课程标准》为依据,将田径基础动作技能项目的范围缩小,以50米跑、蹲踞式跳远、正面双手掷实心球项目为例作为跑、跳、投运动水平的评价项目。

1. 相关概念

（1）田径运动：是由走、跑、跳、投掷与全能所组成的运动项目。

（2）基础动作技能：是在人的遗传获得的运动基因基础上（即所谓的本能）,通过后天的培养,构建了时序、空间等方面协同发展的一系列的条件反射,所形成的人们赖以生存、活动、学习、工作和体育专项运动技能发展的一种基础性运动能力。

（3）评定田径基础动作技能的标准：实效性（在完成动作时能充分发挥人体的运动能力,从而获得最佳的运动效果）;经济性（在运动过程中要尽量克服多余动作,尽量在技术的主要阶段发挥最大能力从而表现出更高的运动效能）。

2. 中学生跑、跳、投基础动作技能的评价标准的选用

中学生指年龄为12—18岁的青少年,一般为初中生和高中生。

初中阶段是少年跑跳投基础动作技能发展的最敏感时期,同时也是动作技能协调性发展的最佳时期。绝大多数的初中生进入青春发育期,身高增长、肌肉增长、体重增加,心肺功能发育加快,脑部结构不断完善,第二信号系统逐渐占主导地位,以抽象逻辑思维为主,这为学生比较系统、深刻地学习体育知识与动作技能提供了物质前提。高中生身体结构和机能已经达到成人水平,智力也接近成熟,抽象逻辑思维已从"经验型"向"理论型"转化,能较容易地学习和掌握基础动作技能。

学习评价是检验教师教学和学生学习成果最常用的方法和手段,在田径教学中,应用最广泛的是对学生运动能力方面的评价,即跑的时间,跳的远度以及投的距离。

（1）50米跑。

跑是单脚支撑与腾空相交替、蹬与摆相配合、动作协调连贯的周期性

运动。

短跑全程技术分为起跑、起跑后的加速跑、途中跑和终点跑四个部分，其中途中跑是全程跑中速度最快、距离最长的跑段，要求高重心、协调、直线、向前和平稳。

① 动作质量评分标准：蹬地是否充分、摆动腿时大小腿是否充分折叠、摆臂是否正确、重心是否稳定等。

② 成绩得分表（见表9-8，表9-9）：

表9-8　男生50米跑单项评分表　　　　　　　　　　（单位：秒）

级	单项得分	初一	初二	初三	高一	高二	高三
优秀	100	7.8	7.5	7.3	7.1	7	6.8
	95	7.9	7.6	7.4	7.2	7.1	6.9
	90	8	7.7	7.5	7.3	7.2	7
良好	85	8.1	7.8	7.6	7.4	7.3	7.1
	80	8.2	7.9	7.7	7.5	7.4	7.2
及格	78	8.4	8.1	7.9	7.7	7.6	7.4
	76	8.6	8.3	8.1	7.9	7.8	7.6
	74	8.8	8.5	8.3	8.1	8	7.8
	72	9	8.7	8.5	8.3	8.2	8
	70	9.2	8.9	8.7	8.5	8.4	8.2
	68	9.4	9.1	8.9	8.7	8.6	8.4
	66	9.6	9.3	9.1	8.9	8.8	8.6
	64	9.8	9.5	9.3	9.1	9	8.8
	62	10	9.7	9.5	9.3	9.2	9
	60	10.2	9.9	9.7	9.5	9.4	9.2

表9-9　女生50米跑单项评分表　　　　　　　　　　（单位：秒）

级	单项得分	初一	初二	初三	高一	高二	高三
优秀	100	8.1	8	7.9	7.8	7.7	7.6
	95	8.2	8.1	8	7.9	7.8	7.7
	90	8.3	8.2	8.1	8	7.9	7.8

续表

级	单项得分	初一	初二	初三	高一	高二	高三
良好	85	8.6	8.5	8.4	8.3	8.2	8.1
	80	8.9	8.8	8.7	8.6	8.5	8.4
及格	78	9.1	9	8.9	8.8	8.7	8.6
	76	9.3	9.2	9.1	9	8.9	8.8
	74	9.5	9.4	9.3	9.2	9.1	9
	72	9.7	9.6	9.5	9.4	9.3	9.2
	70	9.9	9.8	9.7	9.6	9.5	9.4
	68	10.1	10	9.9	9.8	9.7	9.6
	66	10.3	10.2	10.1	10	9.9	9.8
	64	10.5	10.4	10.3	10.2	10.1	10
	62	10.7	10.6	10.5	10.4	10.3	10.2
	60	10.9	10.8	10.7	10.6	10.5	10.4

（2）蹲踞式跳远。

蹲踞式跳远由助跑、起跳、腾空和落地四个部分组成，助跑的任务是为了获得较快的水平速度并为准确踏板和快速有力起跳做好准备，起跳的任务是充分利用助跑所获得的速度，在较短时间内，创造尽可能大的腾起初速度和适宜的腾起角，空中的动作目的是维持身体平衡，并为着地动作创造有利的条件。其中最重要的是助跑与起跳的衔接，要求充分起跳做好腾空步，在空中完成蹲踞姿势，该项目有助于评价学生的弹跳力以及协调能力。

动作质量评分标准：

① 助跑：动作放松自然，均匀加速，节奏明显。

② 起跳：起跳积极迈脚，及时缓冲，蹬伸有力，两臂协调上摆。

③ 腾空：腾空步后，起跳腿屈膝提举靠向摆动腿。

④ 落地：两臂经体侧向后摆动，向前伸小腿落地。

（3）正面双手掷实心球。

投掷是指投掷者取得较长的工作距离并在最短的时间内爆发性地将器械掷出的用力过程。

正面双手掷实心球要求正对投掷方向，两脚前后开立，手臂挥动时，先由下体向上做弧线运动，手臂前悬，蹬地充分，动作连贯。

① 动作质量评分标准。

a. 握球和持球：在动作过程中能控制好球，充分发挥两臂、手指和手腕的力量。

b. 预备姿势：两脚前后开立，前脚掌离起掷线20—30厘米，两手持球自然，身体肌肉放松，重心落在两脚中间偏前，眼睛看前下方。

c. 预摆：球依次是从前下方经过胸前至头后上方，加速球的摆速，上体后仰，身体形成反弓形，同时吸气。

d. 最后用力：蹬腿、送髋、腰腹急振用力，两臂用力前摆并向前拨指和腕，提高手臂的鞭打速度。

② 成绩得分表（见表9-10）：

表9-10 初中生双手正面投掷实心球成绩得分表

得分	男	女
2	6.0	3.6
3	6.5	4.2
4	6.6	4.3
5	6.8	4.5
6	6.9	4.8
7	7.1	4.9
8	7.4	5.1
9	8.1	5.7
10	8.9	6.0

三、评价标准的制作

根据国家学生体质健康标准和国家制定的有关中学生田径测试的评分表为依据进行评价基础动作技能掌握的情况，通过查阅相关资料来了解中学生相关田径运动的技术动作评分表，以及根据教学的实际需求来确定评价跑、跳、投的田径运动项目。

案例5 中学生健美操基础动作
技能发展水平与评价标准

健美操是在音乐伴奏下，以身体练习为基本手段，以有氧运动为基础，以达到增进健康、塑造形体和娱乐目的的一项体育运动。它作为一项体现形体美与健身的新型项目，以其自身固有的价值和魅力，近年来已经受到越来越多的中学生的喜爱。

健美操的成套动作是建立在基本动作的基础之上的，因此掌握牢固的健美操的基本技术动作是学习成套动作的先决条件。对中学生而言，一方面健美操基础动作较为简单，能吸引他们的学习兴趣；另一方面基础动作的学习可以使他们尽快建立正确的动作技术概念，为以后长期进行健美操锻炼提供牢固基础。而教学评价可以促进学生真正快乐地学习健美操，学会健美操，并把学习热情真正贯穿于健美操学习的课内外。因此，在中学生学习健美操过程中，对健美操的基础动作技能制定评价标准是必不可少的。

1. 健美操的基础动作技能

（1）基本技术。

健美操基本技术包括核心控制技术、落地技术、弹动技术、下蹲技术四种。落地技术为落地时，由脚跟过渡到全脚掌或由前脚掌过渡到全脚掌，然后迅速屈膝、屈髋缓冲。弹动技术主要是依靠踝关节、膝关节、髋关节的屈伸来完成的，它的主要作用是减少运动对关节的冲击力，从而减少运动对人体造成的损伤。下蹲技术是在半蹲时，身体重心下降，臀部向后下45°方向用力，膝关节不应超过脚尖，腰腹、臀部和大腿肌肉收缩，上体保持正直，重心在两腿之间，起落要有控制。核心控制技术是在整个非特殊条件下的运动过程中，身体应该保持自然挺拔，头部稍稍昂起的姿态，颈椎、胸椎、腰椎处于正常生理曲线的位置，并始终保持腰腹和背部肌肉收缩，避免因腰腹部位的摆动和无控制而可能引起的腰部损伤。

（2）基本步伐。

健美操基本步伐按人体运动时对地面的冲击力大小分为无冲击力动作，低冲击力动作以及高冲击力动作三种；按动作完成形式分为交替类，抬腿类、迈步类、双腿类、点地类五类。具体有踏步、曼波、一字步、交叉步、开合跳、弓步跳、吸腿跳等。

（3）上肢基本动作。

上肢动作是由手臂的自然摆动、力量练习以及基本体操的徒手动作和舞蹈组成，其目的是丰富健美操动作内容。常用手型包括掌型中花掌、开掌、并掌、立掌四种以及拳中立拳、平拳两种。

2. 中学生健美操基础动作技能发展的评价标准选用

健美操技术动作视其完成情况进行评价，在健美操教学及比赛中常用评价标准包括下面几点：

（1）动作准确性：包括身体姿态舒展、动作技术规范、准确到位。

（2）动作熟练性：要求动作熟练、流畅连贯。

（3）动作的弹性：注意肌肉的收缩与放松要有控制，使动作轻松有弹性，节奏均匀，避免动作过分僵硬和关节的过度伸展。

（4）动作的幅度：动作的幅度就是从动作开始到动作结束时的移动范围，幅度的大小直接影响到健身和表演的效果。

（5）身体的协调性：包括全身协调运动，动作清晰无多余动作、避免过分松弛和过分紧张。

（6）动作和音乐：动作要充分表现音乐的情绪，动作和音乐节奏配合要准确。

（7）表现力和热情：动作要展示内心的激情，体现一种健康和向上的情绪。

3．中学生健美操基础动作技能评价标准的制定

（1）基础动作的选择。

通过查阅相关资料，结合中学生的心理、生理特点，以踏步、交叉步、后屈腿跳、开合跳、吸腿跳、弹踢腿跳六种基本步伐为例。

（2）技术评价标准的选用。

根据所查阅资料以及寻访有教学经验的健美操教师，对于中学生而言，健美操基础动作技能的评价标准选用为动作的准确性、动作的熟练性、身体的协调性、动作和音乐以及表现力和热情五个方面。

（3）中学生健美操基础动作技能评价标准的制定。

健美操的任何组合动作都是以基本动作为元素进行编排的，它的内容丰富，动作相对其他舞种而言较为简单，中学生易于联系和掌握。而健美操教学评价能够有效地反映学生的学习情况，使中学生可以尽快掌握正确的动作规格，也是培养良好基本姿态的有效方法。健美操基础动作技能评价标准如表9-11所示。

表9-11 健美操基础动作技能评价标准

内容	分数	评价标准
踏步 交叉步 开合跳 吸腿跳 后屈腿跳 弹踢腿跳	优 秀 （90－100）	动作准确性非常好；动作熟练性非常好；身体协调性非常好；动作和音乐配合非常好；表现力非常强富有热情
	良 好 （80－89）	动作准确性非常好；动作熟练性非常好；身体协调性非常好；动作和音乐配合较好；表现力较强较有热情
	中 等 （70－79）	动作准确性较好；动作熟练性较好；身体协调性较好；动作和音乐配合一般；表现力和热情一般
	及 格 （60－69）	动作准确性一般；动作熟练性一般；身体协调性一般；动作和音乐配合一般；表现力和热情一般
	不及格 （0－59）	动作准确性一般好；动作熟练性一般好；身体协调性较差；动作和音乐配合较差；表现力和热情较差

案例6 中小学生羽毛球基础动作技能发展水平与评价标准

1. 中学生羽毛球基础动作技能评价标准的选用

羽毛球是一项可以促进身心全面发展的运动,既能够锻炼学生的身体素质,又能够增长学生的知识,发展智力。所以,在羽毛球评价标准的选择上就更富有灵活性,我们可以运用过程评价和结果评价相结合以及自身评价。在过程评价中,过程评价主要关心和检查用于达到目标的方法和手段。我们针对所有同学的具体情况,确定每个被测学生在同学中所处的相对位置,注重对学生学习过程中的检查与评价。同时,我们也可以选择结果评价,即在学期末对学生一学期的学习与训练的具体状况进行评价,通过确立具体的客观评价标准,将评价对象与客观标准进行比较,从而判断学生学习训练的优劣,而此评价标准一般是通过教学大纲来确定评分细则。

但是,如果对学生进行客观评价的话,我们也可以利用自身评价的方式来确定学生学习状况。只是在评价过程中,标准的确定不再依靠外在的标准,而是以自身为参照物,将自己的过去与现状进行纵向比较,或者对学生的若干侧面进行比较。例如某学生在刚开始训练的时候每次能够完成10次正手击高远球,但是随着训练的进行,学生能够高质量地完成50次甚至更多次的击球。这就充分地说明了他的进步。在自身评价中,我们能够充分尊重个性特点,照顾到学生的个体差异,通过对个体内部的各个方面进行纵横的比较,判断学生学习训练的现状和趋势。但此评价方法的缺点是学生没有经过与具有相同条件的其他学生进行比较,所以,只能说明他进步了,但不能充分地说明他与其他同学的差距和其实际的水平,对其自身的激励程度不够。

2. 羽毛球基础动作技能发展评价标准的制作

在羽毛球运动中,既需要脚步的协调、快速的移动,又需要握拍方式及手法的灵活多变。所以,在对具体的羽毛球基础动作技能进行评价时,就要充分考虑其技术特点,注重双重性。下面,以部分羽毛球基础动作技能为例,就具体的动作做出具体的评分细则。

(1) 正手发后场高远球(10分)评分标准(见表9-12)：

表9-12 正手发后场高远球评分标准

评分标准	分数
动作协调、手法正确、击球质量高、落点到位	8-10分
动作较协调、手法较正确、击球质量较高、落点较合理	6-7分
动作基本协调、手法基本正确、击球质量一般、落点基本合理	3-5分
动作不协调、手法不正确、击球质量差、落点不到位	1-2分

(2) 杀球(10分)评分标准(见表9-13)：

表9-13 杀球评分标准

评分标准	分数
动作协调、手法正确、杀球质量高、球速快、脚步移动快	8-10分
动作较协调、手法较正确、杀球质量较高、球速较快、脚步移动较快	6-7分
动作基本协调、手法基本正确、杀球质量一般、球速一般、脚步移动一般	3-5分
动作不协调、手法不正确、杀球质量不高、球速不快、脚步移动慢	1-2分

(3) 吊球(10分)评分标准(见表9-14)：

表9-14 吊球评分标准

评分标准	分数
动作协调、手法正确、步法移动迅速、吊球质量高、落点准确到位	8-10分
动作较协调、手法较正确、步法移动较迅速、吊球质量较高、落点较准确到位	6-7分
动作基本协调、手法基本正确、步法移动一般、吊球质量一般、落点基本合理	3-5分
动作不协调、手法不正确、步法移动较慢、吊球质量差、落点不到位	1-2分

(4) 正手击后场高远球(10分)评分标准(见表9-15):

表9-15 正手击后场高远球评分标准

评分标准	分 数
动作协调、手法正确、步法移动迅速、落点准确到位	8-10分
动作较协调、手法较正确、步法移动较迅速、回球落点较到位	6-8分
动作基本协调、手法基本正确、步法移动一般、落点基本合理	3-5分
动作不协调、手法不正确、步法移动比较慢、落点不到位	1-2分

(5) 实战能力(40分)评分标准(见表9-16):

表9-16 实战能力评分标准

比赛心理表现	8分
战术运用	8分
技术发挥	8分
步法移动	8分
比赛结果	8分

运动技能学习最终的评定就要考虑学生在实战中对技能的运用,即所谓的学以致用。所以,在对羽毛球基础动作技能发展评价中,不应该只局限于对基本动作的掌握,而是要通过对基础动作技能的掌握,来发展学生的实战能力。可以以比赛的形式进行,看测试者是否有一定的进攻和防守能力,能够运用一些高级技术,如假动作、勾对角、劈杀等方式;是否能够通过对基础动作的掌握,能够有自己独立的战术意思,知道如何调动对手,以此来控制比赛的场面;是否知道通过调整自我在比赛中出现的不良心态,获得成功等。在此基础上,还要有提高与同伴配合的能力。

案例7 中小学生艺术体操(形体练习)基础动作技能发展水平与评价标准

艺术体操是一项在音乐伴奏下,以徒手或手持轻器械进行练习的、以自然性和韵律性为基础的体育运动。艺术体操动作自然、协调,通过练习能有效地提高练习者的柔韧、协调、灵敏、力量等身体素质,提高练习者对美的理解和表现能力,有助于树立正确的审美观,提高艺术修养,并能有效促使练习者形成健美的形体、高雅的气质和端庄的仪表;艺术体操动作活泼,具有浓郁的现代气息,练习者在锻炼中能够陶冶情操、产生愉快的情绪,使心理状态得到调节。中小学生艺术体操(形体练习)动作技能评价标准如表9-17所示。

表9-17 中小学生艺术体操(形体练习)动作技能水平评价标准

项目	年级水平	性别	等级		
			优秀	良好	及格
艺术体操	水平二(3—4年级)	女生	1. 柔韧	1. 柔韧	1. 柔韧
			(1)劈叉(左、右腿的纵叉、横叉)	(1)劈叉(左、右腿的纵叉、横叉)	(1)劈叉(左、右腿的纵叉、横叉)
			标准:姿态准确,两腿伸直,腿与臀部、髋部离地5厘米以内(三项的平均值)	标准:姿态准确,两腿伸直,腿与臀部、髋部离地6-10厘米之间(三项的平均值)	标准:姿态准确,两腿伸直,腿与臀部、髋部离地11-15厘米之间(三项的平均值)
			(2)转肩	(2)转肩	(2)转肩
			标准:上体直立,两手握住体操棍或绳,两臂伸直,同时向后、向前转肩一次,两手同肩宽	标准:上体直立,两手握住体操棍或绳,两臂伸直,同时向后、向前转肩一次,两手大于肩宽5厘米以内	标准:上体直立,两手握住体操棍或绳,两臂伸直,同时向后、向前转肩一次,两手大于肩宽6-10厘米之间
			(3)顶桥	(3)顶桥	(3)顶桥
			标准:两腿与肩同宽,两臂伸直,髋充分向上顶起,手指与脚跟间的距离50厘米以内	标准:两腿与肩同宽,两臂伸直,髋充分向上顶起,手指与脚跟间的距离51-55厘米之间	标准:两腿与肩同宽,两臂伸直,髋充分向上顶起,手指与脚跟间的距离56-60厘米之间
			(4)踢腿(前、侧、后)	(4)踢腿(前、侧、后)	(4)踢腿(前、侧、后)
			标准:上体正直,髋正,两腿伸直,有节奏地连续踢腿4次,腿的高度在90°以上	标准:上体稍含胸,髋正,腿稍屈,有节奏地连续踢腿4次,腿的高度在90°以上	标准:上体稍含胸,髋正,腿稍屈,有节奏地连续踢腿4次,腿的高度在70°以上

续表

项目	年级水平	性别	等级		
			优秀	良好	及格
艺术体操	水平二（3—4年级）	女生	2. 双脚起踵立 标准：上体正直，起踵高，双腿夹紧，保持4秒	2. 双脚起踵立 标准：上体正直，起踵高，双腿夹紧，保持3秒	2. 双脚起踵立 标准：上体正直，起踵高，双腿夹紧，保持2秒
			3. 连续踏跳步4次 标准：腾空高，空中身体姿态好，两腿伸直，两腿开度45°以上，落地缓冲	3. 连续踏跳步4次 标准：腾空不够高，空中身体姿态不够好，腿稍屈，两腿开度45°以上，落地缓冲不够	3. 连续踏跳步4次 标准：腾空不高，空中身体姿态不够好，腿稍屈，两腿开度30°以上，落地缓冲不够
			4. 俯卧支撑 标准：俯撑时，两腿并拢，支撑臂同肩宽，手指向前，身体自然平直，头颈以背延长姿态前伸，保持30秒	4. 俯卧支撑 标准：俯撑时，两腿并拢，支撑臂同肩宽，手指向前，身体自然平直，头颈以背延长姿态前伸，保持25秒	4. 俯卧支撑 标准：俯撑时，两腿并拢，支撑臂同肩宽，手指向前，身体自然平直，头颈以背延长姿态前伸，保持20秒
			5. 配合音乐，完成四个八拍的徒手组合动作（组合包括基本手位和脚位、上肢的摆动和绕环、下肢的弹动和原地移重心等动作） 标准：①动作协调、连贯；②动作优美，幅度大；③动作和音乐节奏吻合；④有一定的表现力	5. 配合音乐，完成四个八拍的徒手组合动作（组合包括基本手位和脚位、上肢的摆动和绕环、下肢的弹动和原地移重心等动作） 标准：①动作协调、连贯；②动作优美，幅度大；③动作和音乐节奏有一个八拍不吻合；④表现力不够	5. 配合音乐，完成四个八拍的徒手组合动作（组合包括基本手位和脚位、上肢的摆动和绕环、下肢的弹动和原地移重心等动作） 标准：①动作较协调、连贯；②动作不够优美，幅度较小；③动作和音乐节奏有二个八拍不吻合；④表现力不够

续表

项目	年级水平	性别	等级		
			优秀	良好	及格
艺术体操	水平三（5—6年级）	女生	1. 柔韧	1. 柔韧	1. 柔韧
			（1）劈叉（左、右腿的纵叉,横叉）	（1）劈叉（左、右腿的纵叉,横叉）	（1）劈叉（左、右腿的纵叉,横叉）
			标准:同水平二(3－4年级)	标准:同水平二(3－4年级)	标准:同水平二(3－4年级)
			（2）转肩	（2）转肩	（2）转肩
			标准:同水平二(3－4年级)	标准:同水平二(3－4年级)	标准:同水平二(3－4年级)
			（3）下桥	（3）下桥	（3）下桥
			标准:站立开始下桥,两腿与肩同宽,两臂伸直,髋充分向上顶起,手指与脚跟间的距离50厘米以内,能独立完成	标准:站立开始下桥,两腿与肩同宽,两臂伸直,髋充分向上顶起,手指与脚跟间的距离51－55厘米之间,能独立下,不能独立起	标准:站立开始下桥,两腿与肩同宽,两臂伸直,髋充分向上顶起,手指与脚跟间的距离56－60厘米之间,借助外力能完成
			（4）踢腿（前、侧、后）	（4）踢腿（前、侧、后）	（4）踢腿（前、侧、后）
			标准:上体正直,髋正,两腿伸直,有节奏地连续踢腿4次,前、侧腿的高度在135°以上,后腿的高度在90°以上	标准:上体稍含胸,髋正,腿稍屈,有节奏地连续踢腿4次,前、侧腿的高度在115°以上,后腿的高度在90°以上	标准:上体稍含胸,髋正,腿稍屈,有节奏地连续踢腿4次,前、侧腿的高度在95°以上,后腿的高度在70°以上
			2. 单脚起踵立（左、右）	2. 单脚起踵立（左、右）	2. 单脚起踵立（左、右）
			标准:上体正直,起踵高,保持4秒	标准:上体正直,起踵高,保持4秒	标准:上体正直,起踵高,保持4秒
			3. 连续3次直腿跨跳	3. 连续3次直腿跨跳	3. 连续3次直腿跨跳
			标准:腾空高,空中身体姿态好,两腿伸直,两腿开度90°以上,落地缓冲充分	标准:腾空不够高,空中身体姿态不够好,腿稍屈,两腿开度90°以上,落地缓冲不够	标准:腾空不高,空中身体姿态不够好,腿稍屈,两腿开度70°以上,落地缓冲不够

续表

项目	年级水平	性别	等级		
			优秀	良好	及格
艺术体操	水平三(5—6年级)	女生	4. 单手扶把搬腿平衡(左、右)	4. 单手扶把搬腿平衡(左、右)	4. 单手扶把搬腿平衡(左、右)
			标准:上体正直,两腿伸直,腿的高度135°以上,保持2秒	标准:上体稍含胸,腿稍屈,腿的高度115°以上,保持2秒	标准:上体稍含胸,腿稍屈,腿的高度95°以上,保持2秒
			5. 斜面俯卧支撑	5. 斜面俯卧支撑	5. 斜面俯卧支撑
			标准:俯撑时,两腿搭在肋木上并拢,支撑臂同肩宽,手指向前,身体自然平直,头颈以背延长姿态前伸,保持30秒	标准:俯撑时,两腿搭在肋木上并拢,支撑臂同肩宽,手指向前,稍塌腰,头颈以背延长姿态前伸,保持25秒	标准:俯撑时,两腿搭在肋木上并拢,支撑臂同肩宽,手指向前,稍塌腰,头颈以背延长姿态前伸,保持20秒
			6. 配合音乐,完成四个八拍的徒手组合动作(组合包括基本手位和脚位、上肢的摆动和绕环、手臂波浪、下肢的弹动和移动移重心等动作)	6. 配合音乐,完成四个八拍的徒手组合动作(组合包括基本手位和脚位、上肢的摆动和绕环、手臂波浪、下肢的弹动和移动移重心等动作)	6. 配合音乐,完成四个八拍的徒手组合动作(组合包括基本手位和脚位、上肢的摆动和绕环、手臂波浪、下肢的弹动和移动移重心等动作)
			标准:同水平二(3—4年级)	标准:同水平二(3—4年级)	标准:同水平二(3—4年级)
	水平三(7—9年级)	女生	1. 柔韧	1. 柔韧	1. 柔韧
			(1) 劈叉(左、右腿的纵叉,横叉)	(1) 劈叉(左、右腿的纵叉,横叉)	(1) 劈叉(左、右腿的纵叉,横叉)
			标准:同水平三(5—6年级)	标准:同水平三(5—6年级)	标准:同水平三(5—6年级)
			(2) 转肩	(2) 转肩	(2) 转肩
			标准:同水平三(5—6年级)	标准:同水平三(5—6年级)	标准:同水平三(5—6年级)
			(3) 下桥	(3) 下桥	(3) 下桥
			标准:同水平三(5—6年级)	标准:同水平三(5—6年级)	标准:同水平三(5—6年级)

续表

项目	年级水平	性别	等级		
			优 秀	良 好	及 格
艺术体操	水平二（7—9年级）	女生	（4）踢腿（前、侧、后）	（4）踢腿（前、侧、后）	（4）踢腿（前、侧、后）
			标准：同水平三（5－6年级）	标准：同水平三（5－6年级）	标准：同水平三（5－6年级）
			2. 单脚转体360°（左或右）	2. 单脚转体360°（左或右）	2. 单脚转体360°（左或右）
			标准：上体正直，起踵高，转体度数准确	标准：上体不够直，起踵不够高，转体度数在270°以上	标准：上体不够直，起踵不够高，转体度数在180°以上
			3. 直腿跨跳	3. 直腿跨跳	3. 直腿跨跳
			标准：腾空高，空中身体姿态好，两腿伸直，两腿开度135°以上，落地缓冲充分	标准：腾空不够高，空中身体姿态不够好，腿稍屈，两腿开度135°以上，落地缓冲不够	标准：腾空不高，空中身体姿态不够好，腿稍屈，两腿开度100°以上，落地缓冲不够
			4. 搬腿平衡（左、右）	4. 搬腿平衡（左、右）	4. 搬腿平衡（左、右）
			标准：同水平三（5－6年级）单手扶把搬腿平衡	标准：同水平三（5－6年级）单手扶把搬腿平衡	标准：同水平三（5－6年级）单手扶把搬腿平衡
			5. 靠倒立	5. 靠倒立	5. 靠倒立
			标准：两臂同肩宽，顶肩，身体直，保持30秒	标准：两臂同肩宽，顶肩，身体不够直，保持25秒	标准：两臂同肩宽，顶肩，身体不够直，保持20秒
			6. 配合音乐，完成四个八拍的徒手组合动作（组合包括基本手位和脚位、上肢的摆动和绕环、手臂波浪、身体波浪、下肢的弹动和移动移重心等动作）	6. 配合音乐，完成四个八拍的徒手组合动作（组合包括基本手位和脚位、上肢的摆动和绕环、手臂波浪、身体波浪、下肢的弹动和移动移重心等动作）	6. 配合音乐，完成四个八拍的徒手组合动作（组合包括基本手位和脚位、上肢的摆动和绕环、手臂波浪、身体波浪、下肢的弹动和移动移重心等动作）
			标准：同水平三（5－6年级）	标准：同水平三（5－6年级）	标准：同水平三（5－6年级）

案例 8　中小学生排球基础动作技能发展水平与评价标准

排球运动的学习是很有趣的,人们在观看排球比赛获得视觉享受之余,也想亲自体验该运动的乐趣。但排球运动自身的高难度技巧性使得很多喜欢这项运动的人因完不成难度动作,如扣球等而放弃参与此运动,往往出现"少数人参与,多数人旁观凑热闹"的现象。排球运动作为集体性的球类项目,它能调动人们的积极性,也需要很强的团队精神和个人技巧及个人的拼搏精神。学校排球队工作成效关系到学校教育与基础排球发展的方方面面,让大众支持排球、关心排球、看排球、打排球,这对促进全民健身运动深入开展,扩大我国"排球人口",培养和激发青少年对排球运动的兴趣,使排球运动的人才"塔基"更加宽厚都具有重要的意义。

表 9-18　中小学生排球基础动作技能水平评价标准

项目	水平年级	性别	技术指标	评价等级			测试要求和方法
				优秀	良好	及格	
排球	水平四年级	男生	发球(个)	5	4-3	2	每人在排球场地端线后连续发球五次,取成绩次数
			传球(个)	6以上	5-4	3-2	两人一组间距五米,进行上手传球三分钟,按连续完成次数计算,取最多一次的完成值
			垫球(个)	6以上	5-4	3-2	两人一组间距五米,进行垫球三分钟,按连续完成次数计算,取最多一次的完成值
			扣球(个)	5	4-3	2	教师将球向球网(网高2)上方传起,受测者经判断起跳将球扣向对面场区内,每人进行5次,取累积成功的次数
		女生	发球(个)	4以上	3	2	每人在排球场地端线后连续发球五次,取成绩次数
			传球(个)	5以上	4	3	两人一组间距五米,进行上手传球三分钟,按连续完成次数计算,取最多一次的完成值
			发球(个)	4以上	3	2	每人在排球场地端线后连续发球五次,取成绩次数

续表

项目	水平年级	性别	技术指标	评价等级			测试要求和方法
				优秀	良好	及格	
排球	水平四年级	女生	传球（个）	5以上	4	2	两人一组间距五米，进行上手传球三分钟，按连续完成次数计算，取最多一次的完成值
			垫球（个）	5以上	4-3	2	两人一组间距五米，进行垫球三分钟，按连续完成次数计算，取最多一次的完成值
			扣球（个）	4以上	3	2	教师将球向球网（网高2）上方传起，受测者经判断起跳将球扣向对面场区内，每人进行5次，取累积成功的次数

专栏11　参加全国排球联赛的运动员必测项目分析

从1996年开始，中国排协在每年全国排球联赛前对参赛的运动员设定了"助跑摸高""20秒连续5次助跑摸高""6米×16次网下穿越移动"和"800米跑"4个测试项目，规定不达标准者不得参加比赛，这对提高运动员的体能起到了积极的促进作用。

"助跑摸高"是评价排球运动员弹跳力的指标。"20秒连续5次助跑摸高"是评价运动员弹跳耐力的指标，它反映出运动员腿部连续多次爆发力的能力和快速、变速、变向和充分伸展身体的能力。由于"20米连续5次助跑摸高"的完成时间限定在20秒内，主要能源物质是ATP-CP，而连续的起跳用力和撤步助跑与排球比赛实战紧密结合，因此也突出反映了运动员的脚步灵活性，两者都是反映垂直位移上ATP-CP系统功能能力，但各有所侧重。

"6米×16次网下穿越移动"是评价运动员起动、快速变向以及突然改变动作的灵活性和快速移动的能力，反映的是运动员在水平位移上的无氧能力。

"800米跑"的供能特点是ATP-CP系统供能占30%，有氧供能占5%，无氧酵解供能占65%，主要测量运动员水平位移上的无氧酵解供能能力，反映排球运动员的呼吸系统和心血管理系统的耐力水平。

另外,2004年5月由人民体育出版社出版的《中国青少年排球教学训练大纲》较详细地规定了青少年体能测试的内容和标准,可供在教学和训练时参考。

第二节 运动技能学名词汇

1. 运动技术:身体练习的技术,是指那些能充分发挥人体机能潜力的、合理有效的完成动作的方法①,或是能充分发挥人体机能能力,合理有效地完成动作的方法②。

2. 运动技巧:指随运动技能的巩固与发展,形成牢固的动力定型,达到娴熟的境地,并出现自动化的现象③。

3. 技能:① 为实现特定目标而操作的动作或任务;② 易操作质量为表征④。

4. 运动技能:按照一定的技术要求,完成某种动作的能力,也称动作技能⑤。

+ 运动技能学习:指个体因练习或经历而使反应能力(或潜在反应能力)发生相对持久改变的过程⑥。

+ 心理技能:是通过练习形成的能影响个体心理过程和心理状态的心理操作系统,是一种与人类的生活、学习、工作、劳动、身心健康以及调节与提高人体身心潜能相关的,在人脑内部进行与形成的内隐技能⑦。

5. 周期性运动技能:基本动作环节是千篇一律的,重复的,基本不受外界环境影响的技能⑧。

6. 非周期性运动技能:完成动作时刻受外界环境的影响,基本动作

---

① 体育理论教材小组.体育概论[M].北京:人民体育出版社,1989:193.
② 体育概论教材编写组.体育概论[M].北京:高等教育出版社,1995:102.
③ 中国体育科学学会,香港体育学院.体育科学词典[M].北京:高等教育出版社,2000:40.
④ [美]Richard A. Magill 著,张忠秋译.运动技能学习与控制[M].北京:中国轻工业出版社,2006:4.
⑤ 中国体育科学学会编.体育科学词典[M].北京:高等教育出版社,2000.400.
⑥ Schmidt R. A. Motor Control and Learning: A Behavioral Emphasis (2nd ed.) [M]. Champaign,IL: Human Kinetics,1988:345–348.
⑦ 季浏.体育心理学[M].北京:高等教育出版社,2006:178.
⑧ 杨锡让.实用运动技能学[M].北京:高等教育出版社,2004.

环节是多种多样的①。

  7. 混合型运动技能：是周期性与非周期性结合的运动技能②。

  8. 连续性技能：指没有明显开始和结束界限的运动技能，一般由重复性技能构成③。

  9. 不连续性技能：技能有明显的起点和终点，有明显的开始和结束，动作流畅、不停顿、快速，在很短时间内完成的④。

  10. 系列性技能：介乎不连续性和连续性技能之间，是由单个按不连续动作组成连续的，但是这个凑合在一起，则成为一套完整动作⑤。

  + 低策略性技能：指动作操作成功的决定因素是动作本身的质量，对该做什么动作的知觉和决策作用几乎可以忽略⑥。

  + 高策略性技能：指这类技能的本身并不重要，重要的是在某种情况下做何种动作，即决策做什么动作是最关键的⑦。

  11. 内在暗示技能：按照心理计划而实施动作之技能，谓之内在暗示技能⑧。

  12. 外在暗示技能：是指无法按照自己计划实施，需依对手或队友的动作而实施动作，谓之外在暗示技能⑨。

  13. 开放式技能：指操作环境不稳定、无法预知，操作对象或操作背景处于运动状态，并且动作开始时间由外界条件决定的运动技能⑩。

  14. 闭锁式技能：指操作环境稳定或者可以预知，操作者可以控制动作开始时间的动作技能⑪。

  15. 小肌肉群活动机能：指需要小肌肉群参与动作控制才能实现操

---

① 杨锡让. 实用运动技能学[M]. 北京：高等教育出版社，2004.
② 杨锡让. 实用运动技能学[M]. 北京：高等教育出版社，2004.
③ 【美】Richard A. Magill 著，张忠秋译. 运动技能学习与控制[M]. 北京：中国轻工业出版社，2006：8.
④ 杨锡让. 实用运动技能学[M]. 北京：高等教育出版社，2004.
⑤ 杨锡让. 实用运动技能学[M]. 北京：高等教育出版社，2004.
⑥ 季浏. 体育心理学[M]. 北京：高等教育出版社，2006：284.
⑦ 季浏. 体育心理学[M]. 北京：高等教育出版社，2006：284.
⑧ 杨锡让. 实用运动技能学[M]. 北京：高等教育出版社，2004.
⑨ 杨锡让. 实用运动技能学[M]. 北京：高等教育出版社，2004.
⑩ 【美】Richard A. Magill 著，张忠秋译. 运动技能学习与控制[M]. 北京：中国轻工业出版社，2006：10.
⑪ 【美】Richard A. Magill 著，张忠秋译. 运动技能学习与控制[M]. 北京：中国轻工业出版社，2006：10.

作目标的动作技能,包括手眼协调动作和高度精确性的手指、手腕动作①。

16. 大肌肉群活动技能:指需要大肌肉系统参与工作才能实现操作目标的动作技能②。

17. 运动感知觉:是在大脑中把有关的运动感觉组合在一起而形成的整体的感性形象,它是比运动感觉高一级的认识形式③。

18. 动机:指对所追求目标的选择和为完成这一目标所付出努力的程度④。

+学习动机:指在自我调节的作用下,个体使自身的内在要求与学习行为的外在诱因相协调,从而形成激发、维持学习行为的动力因素⑤。

+运动动机:是指推动学生参与体育学习与身体锻炼活动的内部心理动因⑥。

19. 直接动机:是与体育活动直接相联系的动机,它是以自己直接感兴趣的东西作为学习的动力⑦。

20. 间接动机:是由自己的意志和社会的需要所产生的,是以达到一定的目的作为其学习动机的⑧。

21. 抱负水平:也称志向水平,指个体欲将自己的工作达到某种质量标准的心理需求⑨。

22. 心理不应期:一段延迟阶段,在此期间,人在实施前一个已经开始的动作时,似乎会将计划好的动作"放置"不做⑩。

23. 反应时:指从信号(刺激)发出到反应产生之间的时间间隔,(如

---

① 【美】Richard A. Magill 著,张忠秋译. 运动技能学习与控制[M]. 北京:中国轻工业出版社,2006:8.
② 【美】Richard A. Magill 著,张忠秋译. 运动技能学习与控制[M]. 北京:中国轻工业出版社,2006:8.
③ 杨锡让. 实用运动技能学[M]. 北京:高等教育出版社,2004.
④ Brown, H. D. Teaching by Principles [M]. Englewood Cliffs, N. J. : Prentice Hall Regents, 1994.
⑤ 张亚玲. 学习动机与学习策略的实验研究[D]:[硕士学位论文]. 北京:首都师范大学,2000.
⑥ 季浏. 体育心理学[M]. 北京:高等教育出版社,2006:47.
⑦ 孙海波,刘国鹏. 运用心理活动规律提高学生运动积极性[J]. 华章,2006,4:108.
⑧ 孙海波,刘国鹏. 运用心理活动规律提高学生运动积极性[J]. 华章,2006,4:108.
⑨ 时蓉华. 社会心理学词典[M]. 成都:四川人民出版社,1988.
⑩ 【美】Richard A. Magill 著,张忠秋译. 运动技能学习与控制[M]. 北京:中国轻工业出版社,2006:125.

在短距离游泳比赛中,从发令枪枪响到运动员的脚蹬离跳台的时间间隔)①。

+简单反应时:指测试情境中只包含一个单一刺激并只要求做出单一反应动作时,所得到的反应时被称为简单反应时②。

+选择反应时:指测试中包含两个或两个以上的刺激信号,每个信号需要特定的反映形式,这时测得的反应时为选择反应时③。

+辨别反应时:指测试情景中包含两个或两个以上的信号,但被试者只需对其中一个做出反应,对其他信号不做反应。这时测得的反应时为辨别反应时④。

24. 动作时:指从动作开始到动作结束持续的时间长短⑤。

25. 应答时:是从刺激开始出现到应答动作结束为止⑥。

+响应时:指反应时和动作时的时间总和,也就是指从信号(刺激)发出到动作结束持续的时间长度⑦。

26. 运动技能迁移:已经形成的运动技能对掌握另一种技能的影响⑧。

27. 设立目标:为将来运动动作的学习表现水平所设立的目标过程⑨。

+目标定向:是指个体参与某一活动时所依据的成就目标取向⑩。

28. 结果目标:指运动员或教练员将注意力集中于最终是否能够获胜的结果上⑪。

---

① 【美】Richard A. Magill 著,张忠秋译.运动技能学习与控制[M].北京:中国轻工业出版社,2006:20.

② 【美】Richard A. Magill 著,张忠秋译.运动技能学习与控制[M].北京:中国轻工业出版社,2006:22.

③ 【美】Richard A. Magill 著,张忠秋译.运动技能学习与控制[M].北京:中国轻工业出版社,2006:22.

④ 【美】Richard A. Magill 著,张忠秋译.运动技能学习与控制[M].北京:中国轻工业出版社,2006:22.

⑤ 【美】Richard A. Magill 著,张忠秋译.运动技能学习与控制[M].北京:中国轻工业出版社,2006:23.

⑥ 杨锡让.实用运动技能学[M].北京:高等教育出版社,2004.

⑦ 【美】Richard A. Magill.运动技能学习与控制[M].张忠秋译.北京:中国轻工业出版社,2006:23.

⑧ 季浏.体育心理学[M].北京:高等教育出版社,2006:302.

⑨ 杨锡让.实用运动技能学[M].北京:高等教育出版社,2004:299.

⑩ 祝蓓里,季浏.体育心理学[M].北京:高等教育出版社,2000.

⑪ 梁添祥.试论运动心理学中的目标设置[J].体育科技,2001,(22)3:57.

29. 行为目标：指一个运动员要完成的技术动作的标准①。
30. 表现目标：与自己过去水平相比较，所提高的结果②。
31. 阳性迁移：即正迁移，指先前已经练习或操作过的某项技能，将会影响新技能的学习或在新的环境中操作该项技能③。
32. 阴性迁移：即负迁移，指先前已经练习或操作过的某项技能经历阻碍新技能的学习或在新的环境中操作该技能④。
　　+学习的迁移：指先前已经练习或操作过的某项技能，将会影响新技能的学习或在新的环境中操作该项技能⑤。
　　+前摄迁移：指已学技能对新技能学习的影响；后摄迁移指后学技能对先前技能保持的影响⑥。
33. 零迁移：指已经掌握的技能对将要学习的新技能没有产生积极影响和副作用⑦。
34. 近迁移：指执行两种非常相似动作任务或情景之间发生的一种学习迁移⑧。
35. 远迁移：指执行两种非常不同动作任务或情景之间发生的一种学习迁移⑨。
36. 一般迁移：又称非特殊迁移，是指有关原理、态度和学习方法的迁移，它是一种重要的迁移，是教育过程的核心⑩。
37. 特殊迁移：指学生学习某一内容后对相似材料有特殊的适用性⑪。运动技能的迁移大都属于特殊迁移。
38. 直接迁移：掌握一种运动技能，可以直接引起另一种运动技能学

---

① 梁添祥.试论运动心理学中的目标设置[J].体育科技,2001,(22)3:57.
② 杨锡让.实用运动技能学[M].北京:高等教育出版社,2004.
③ [美]Richard A. Magill 著,张忠秋译.运动技能学习与控制[M].北京:中国轻工业出版社,2006:227.
④ [美]Richard A. Magill 著,张忠秋译.运动技能学习与控制[M].北京:中国轻工业出版社,2006:227.
⑤ [美]Richard A. Magill 著,张忠秋译.运动技能学习与控制[M].北京:中国轻工业出版社,2006:227.
⑥ 季浏.体育心理学[M].北京:高等教育出版社,2006.
⑦ 龚亮华.网球与羽毛球技术动作相互迁移的研究[D]:[硕士学位论文].北京:北京体育大学,2012.
⑧ 霍凯.运动项目迁移的项群特征研究[D]:[硕士学位论文].兰州:西北师范大学,2010.
⑨ 霍凯.运动项目迁移的项群特征研究[D]:[硕士学位论文].兰州:西北师范大学,2010.
⑩ 韩夫答.高校体育教育专业体操普修课相关动作教材体系及其教法的研究[D]:[硕士学位论文].济南市:山东师范大学,2000.
⑪ 韩夫答.高校体育教育专业体操普修课相关动作教材体系及其教法的研究[D]:[硕士学位论文].济南市:山东师范大学,2000.

习成绩好或者坏的改变①。

39. 间接迁移：掌握一种运动技能，可以间接引起另一种运动技能学习成绩好或者坏的改变②。

+ 两侧迁移：发生在两侧肢体间的学习迁移③。

+ 非对称性两侧迁移：指锻炼某侧肢体会带来比锻炼另一侧肢体更大的两侧迁移量④。

+ 对称性两侧迁移：指锻炼任何一侧肢体都带来大致相同的两侧迁移量⑤。

40. 人体的侧化优势性：是指人在作动作时由于经常使用身体的某侧，以致某侧肢体的工作能力较另一侧强。从一侧肢体到另一侧肢体是否有更多的双侧传递发生（成为不对称传递），还是从一侧到另一侧肢体有相同的双侧传递（成为对称传递）⑥。

41. 反馈：来自感觉系统的信息，为中枢神经系统指明某一运动的状态；在闭环控制系统中，反馈用于对正在进行的运动做出修正⑦。

42. 正反馈：是使系统输出偏离控制目标的反馈⑧。

43. 负反馈：是使系统输出趋近于控制目标的反馈⑨。

44. 固有反馈：指所要进行的练习本身提供的反馈，如单杠下法必须落在垫子上，这是落地本身所要求的固有反馈⑩。

45. 非固有的反馈：是指教师的讲解、示范指导、调整、改进学生的姿势⑪。

46. 同步反馈：从时间上说明这种反馈发生在练习的整个过程中，参

---

① 杨锡让.实用运动技能学[M].北京:高等教育出版社,2004.
② 杨锡让.实用运动技能学[M].北京:高等教育出版社,2004.
③ 【美】Richard A. Magill 著,张忠秋译.运动技能学习与控制[M].北京:中国轻工业出版社,2006:234.
④ 【美】Richard A. Magill 著,张忠秋译.运动技能学习与控制[M].北京:中国轻工业出版社,2006:235.
⑤ 【美】Richard A. Magill 著,张忠秋译.运动技能学习与控制[M].北京:中国轻工业出版社,2006:235.
⑥ 杨锡让.实用运动技能学[M].北京:高等教育出版社,2004.
⑦ 【美】Richard A. Magill 著,张忠秋译.运动技能学习与控制[M].北京:中国轻工业出版社,2006:58.
⑧ 车济戈,林德宏主编.新知识词典[M].南京大学出版社,1987: 948－949.
⑨ 车济戈,林德宏主编.新知识词典[M].南京大学出版社,1987: 948－949.
⑩ 舒贵江,陈俊玺.反馈原理在体操技能教学中的应用[J].贵州体育科技,1990,3:10.
⑪ 舒贵江,陈俊玺.反馈原理在体操技能教学中的应用[J].贵州体育科技,1990,3:10.

加者要根据反馈的信息来决定自己的动作,这种反馈时刻与动作共存①。

47. 终末反馈:从时间上看是在动作结束后即刻产生的反馈。如纵马分腿腾越,从上板的那一刹那,就能分析该动作的成功与否,从而找出原因②。

48. 描述反馈:描述反馈是描述人在执行一项动作技能时所出现错误的反馈③。

49. 指示反馈:是提示在随后练习中纠正错误的信息④。

50. 程序反馈:向学生提供的关于他们的基本动作形式(如基本动作程序)中存在错误的信息反馈⑤。

51. 参量反馈:向学生提供的关于他们为了使动作适合环境需要,所选择的动作参量值(如动作的幅度、速度、力量等)中存在错误的信息反馈⑥。

52. 绝对反馈频度:指在一次训练课中对学生提供反馈的绝对数量⑦。

53. 相对反馈频度:指提供反馈数量占动作练习数量的百分比⑧。

54. 即刻反馈:指给被试呈现刺激,被试做出反应后,立即给被试反馈其正确与否⑨。

55. 延迟反馈:指给被试呈现刺激,被试做出反应后,延迟一段时间给被试反馈其正确与否⑩。

---

① 舒贵江,陈俊玺.反馈原理在体操技能教学中的应用[J].贵州体育科技,1990,3:10.
② 舒贵江,陈俊玺.反馈原理在体操技能教学中的应用[J].贵州体育科技,1990,3:10.
③ 查春华,吴维铭,张宝华.体操动作教学中反馈技术运用效果的影响因素分析[J].运动,2012,39:63－64.
④ 查春华,吴维铭,张宝华.体操动作教学中反馈技术运用效果的影响因素分析[J].运动,2012,39:63－64.
⑤ 查春华,吴维铭,张宝华.体操动作教学中反馈技术运用效果的影响因素分析[J].运动,2012,39:63－64.
⑥ 查春华,吴维铭,张宝华.体操动作教学中反馈技术运用效果的影响因素分析[J].运动,2012,39:63－64.
⑦ 查春华,吴维铭,张宝华.体操动作教学中反馈技术运用效果的影响因素分析[J].运动,2012,39:63－64.
⑧ 查春华,吴维铭,张宝华.体操动作教学中反馈技术运用效果的影响因素分析[J].运动,2012,39:63－64.
⑨ 张玉娜.不同类别条件下反馈类型和学习任务对大学生推理学习的影响[D]:[硕士学位论文].开封:河南大学,2010.
⑩ 张玉娜.不同类别条件下反馈类型和学习任务对大学生推理学习的影响[D]:[硕士学位论文].开封:河南大学,2010.

56. 渐退反馈：在学习过程中,逐渐减少再提供的反馈①。

57. 放大反馈：第一类称结果认识反馈,通常是在动作完成以后提供的语言信息,指出练习者所达到的动作结果或者环境目标的理想程度,被称为 KR。KR 是从外部提供的关于动作结果的信息;第二类称操作认识反馈,提供关于练习者完成动作质量的反馈,被称为 KP。比如通过录像方式,给练习者播放其完成动作的录像来实现②。

+外部反馈：指个体所接收到的除内部反馈外的一些与操作相关的信息③,故又称为追加反馈。

+绩效反馈：追加反馈的一种,提供与运动相关的运动特征信息④。

+绩效带宽：在提供追加反馈的情境中,指可以接受的操作错误范围;只有当操作错误超过这一范围时,才提供追加反馈⑤。

+同步追加反馈：是在个体操作技能或运动过程中提供的追加反馈⑥。

+末端追加反馈：是在个体完成技能操作或运动后提供的追加反馈⑦。

+内部反馈：指个体在运动过程中或运动结束后,自身感知到的信息⑧。

58. 结果认识 KR：通常是在动作完成以后提供的语言信息,指练习者所达到的动作结果或者环境目标的理想程度,被称为 KR⑨。

59. 操作认识 KP：是提供关于人完成动作质量的反馈成为 KP⑩。

60. 理想目标：理想目标是最终目标,是人们在练习后所欲达到的客

---

① 杨锡让.实用运动技能学[M].北京:高等教育出版社,2004.

② Gentkle. A. M. ,Nacson,J. Q . Organizational processes inmotor contro,lIn. j Keogh and R. S. Hotton. Exercise and sportscience review[C]. San－ta Barbara. CA：Journal Publishing Affiliates,1976;138－156.

③ 周亚琴,杨剑.追加反馈呈现频率的研究(综述)[J].成都体育学院学报,2002(6);55－57.

④ 【美】Richard A. Magil。zl 著,张忠秋译.运动技能学习与控制[M].北京:中国轻工业出版社,2006;264.

⑤ 【美】Richard A. Magill 著,张忠秋译.运动技能学习与控制[M].北京:中国轻工业出版社,2006;271.

⑥ 【美】Richard A. Magill 著,张忠秋译.运动技能学习与控制[M].北京:中国轻工业出版社,2006;280.

⑦ 【美】Richard A. Magill 著,张忠秋译.运动技能学习与控制[M].北京:中国轻工业出版社,2006;280.

⑧ 徐立彬,刘晓茹.追加反馈的研究及展望[J].沈阳体育学院学报,2005,(24)2;55.

⑨ 杨锡让.实用运动技能学[M].北京:高等教育出版社,2004.

⑩ 杨锡让.实用运动技能学[M].北京:高等教育出版社,2004.

观目标①。

61. 掌握性目标：是将焦点集中于发挥所学技能的最高水平②。

62. 竞争性目标：是仅以取得名次的先后为目的③。

63. 群组练习：人们不断重复地执行同一动作任务的练习方式④。

64. 随机练习：人不按一定顺序随机地执行不同动作任务的练习方式⑤。

65. 遗忘或间隙加大假说：尽管时间无疑影响了长时记忆信息的遗忘，但是遗忘更有可能是由于信息的错位，而不是衰退或退化。

66. 目标技能：指对学生所形成怎样运动技能的预期⑥。

67. 目标情境：练习者自己希望发挥动作技能的情景⑦。

68. 学习专门性：即目标技能和目标情景在大体上最为接近的动作要素和环境条件⑧。

69. 语言认知阶段：动作学习过程的初级阶段，这时语言信号和认知过程占主导地位⑨。

70. 固定练习：是让学生重复练习单一动作⑩。

+变异练习：指对许多可能产生变化的技能种类加以演练，以便建立全方位的能力⑪。

71. 变化练习：如果联系是在同一类动作的基础上体现多种动作方式，这种练习就叫作变化练习⑫。

+归因训练：指通过一定的训练程序，使个体掌握某种归因技能，形成比较积极的归因风格⑬。

---

① 杨锡让.实用运动技能学[M].北京：高等教育出版社，2004.
② 杨锡让.实用运动技能学[M].北京：高等教育出版社，2004.
③ 杨锡让.实用运动技能学[M].北京：高等教育出版社，2004.
④ 朱栋栋.高校健美操课练习结构改进的实验研究[D]：[硕士学位论文].北京：北京体育大学，2012.
⑤ 朱栋栋.高校健美操课练习结构改进的实验研究[D]：[硕士学位论文].北京：北京体育大学，2012.
⑥ 贾齐，李百炼，杨俊茹.运动技能初步形成阶段运动指导的方法论考察——以身体练习的选择为中心[J].体育与科学，2009，(30)1：79.
⑦ 杨锡让.实用运动技能学[M].北京：高等教育出版社，2004.
⑧ 杨锡让.实用运动技能学[M].北京：高等教育出版社，2004.
⑨ 杨锡让.实用运动技能学[M].北京：高等教育出版社，2004.
⑩ 张洁，仲宇.体育教学中各种练习对运动技术学习的影响[J].价值工程，2010：294.
⑪ 张洁，仲宇.体育教学中各种练习对运动技术学习的影响[J].价值工程，2010：294.
⑫ 杨锡让.实用运动技能学[M].北京：高等教育出版社，2004.
⑬ 季浏.体育心理学[M].北京：高等教育出版社，2006：92.

72. 固定联系模式：对于一种刺激形式总是做出相同的反应①。

73. 变化联系模式：对于每一种特种的刺激形式，在不同的时机或条件下需要做出不同的反应②。

74. 先天能力：

75. 运动：为了娱乐和健身的身体活动，通常在户外进行的比赛③。

76. 正迁移：指一种学习对另一种学习产生积极影响和促进作用④。

77. 负迁移：指一种学习对另一种学习有消极影响和阻碍作用⑤。

78. 结果反馈：关于动作后表现结果的信息，就是向学习者提供动作结果或提供与设定目标相关的成功表现的信息⑥。

79. 追加反馈：指采用人工手段提供与技能操作相关的附加信息，是任务内在反馈的补充与完善⑦。

+绩效曲线：是用来描述一系列特定的时段或绩效后不同绩效水平的折线图（这里的时段可能是几秒钟、几分钟或几天）；绩效水平总是表示在 Y 轴（竖轴），而测量绩效所用的时间表示在 X 轴（横轴）上⑧。

第三节 体育教师教学技能比赛说课（教案）内容及相关要求

目　录

Ⅰ. 体育教师教学技能比赛说课内容及相关要求。
Ⅱ. 体育教师教学技能比赛身体素质比赛内容、办法及评分标准。
Ⅲ. 体育教师教学技能比赛运动技能比赛内容、办法及评分标准。

---

① 杨锡让. 实用运动技能学[M]. 北京：高等教育出版社，2004.
② 杨锡让. 实用运动技能学[M]. 北京：高等教育出版社，2004.
③ 李北达. 牛津高级英汉双解词典[M]. 北京：商务印书馆，1997：1469 – 1470.
④ 瑞珍. 教育心理学[Ml. 上海：上海教育出版社，1983，10.
⑤ 瑞珍. 教育心理学[Ml. 上海：上海教育出版社，1983，10.
⑥ 嘉辉. 足球运动技能学习中注意焦点的追加反馈实验研究[D]. 北京：北京体育大学，2012.
⑦ Swirmen, S. P. Information feed back for motor skilllear ning: A review. In N. Zelaznik (Ed). Advance in motor learning and Control. Cham Paign, TL: Human Kineties, 37 – 66.
⑧ 【美】Richard A. Magill. 运动技能学习与控制[M]. 张忠秋译. 北京：中国轻工业出版社，2006：190.

Ⅰ. 体育教师教学技能比赛说课内容及相关要求

一、说课内容

1. 篮球
(1) 行进间运球　　　　　　　　(2) 双手胸前传接球
(3) 原地单手肩上投篮　　　　　(4) 行进间单手低手上篮

2. 足球
(1) 脚背正面颠球　　　　　　　(2) 脚内侧传接球
(3) 脚背内侧踢球　　　　　　　(4) 前额正面顶球

3. 排球
(1) 正面上手发球　　　　　　　(2) 正面双手垫球
(3) 正面双手传球　　　　　　　(4) 扣球

4. 乒乓球
(1) 正手发平击球　　　　　　　(2) 推挡球
(3) 正手攻球　　　　　　　　　(4) 弧圈球

5. 羽毛球
(1) 正手发高远球　　　　　　　(2) 正手击高远球
(3) 反手搓网前球　　　　　　　(4) 头顶滑板吊球

6. 网球
(1) 底线正手上旋球　　　　　　(2) 反手切削球
(3) 正手截击　　　　　　　　　(4) 上旋发球

7. 健美操
(1) 第三套健美操大众锻炼标准二级组合一第 3×8 拍
(2) 第三套健美操大众锻炼标准二级组合二第 1×8 拍
(3) 第三套健美操大众锻炼标准二级组合三第 1×8 拍
(4) 第三套健美操大众锻炼标准二级组合四第 4×8 拍

8. 武术
(1) 大跃步前穿(初级长拳)　　　(2) 白鹤亮翅(24 式太极拳)
(3) 左右冲拳加后鞭腿(武术散打)　(4) 缠头裹脑刀法(刀术)

9. 跆拳道
(1) 前踢　　　　　　　　　　　(2) 横踢
(3) 下劈　　　　　　　　　　　(4) 后旋踢

10. 田径
(1) 蹲踞式起跑　　　　　　　　(2) 跳远助跑起跳
(3) 铅球侧向滑步　　　　　　　(4) 弯道跑技术

11. 游泳

(1) 蛙泳腿技术　　　　　　(2) 蛙泳呼吸技术

(3) 自由泳手臂技术　　　　(4) 自由泳手腿配合

二、确定方式

说课内容(教案)采用抽签方式确定。每类专项项目设四个技术动作供抽取。评委在赛前任意抽取确定一个项目的技术动作,各项目组所有选手根据专家确定的抽签技术动作作为新授内容撰写教案,并准备说课。

三、教案要求

1. 教案应符合基本规范,总时长为90分钟。教案须在说课前发至××××××@qq.com邮箱,供专家评分。

2. 除抽签所定的技术动作为新授教学内容外,开始部分、准备部分、复习内容、素质练习等方面的内容可自行编排。素质练习为必需编写内容。

四、说课要求

说课只需说专家确定的技术动作,时间控制在10分钟以内。8分钟时评委提醒参赛选手,超过10分钟,选手即终止说课。说课参考要点:教学目标、教学组织、教材分析、重难点解决、教学方法和手段、练习步骤、教师动作徒手示范等。不得使用PPT和其它电子设备。迟到5分钟,视为放弃比赛。

Ⅱ. 体育教师教学技能比赛身体素质比赛内容、办法、要求及评分标准

一、比赛项目和顺序

身体素质比赛共分两项,分别是1分30秒跳绳和立定跳远。参赛选手按照抽签顺序先测试立定跳远,再测试跳绳。

二、比赛方法

1. 1分30秒跳绳(绳子型号:ALTUS极速跳绳)动作规格:单摇跳绳。测试场地:地面平整、干净的场地。

测试方法:跳绳由赛事承办方统一提供,选手赛前可适应性调节跳绳。听到开始信号后开始快速跳绳,听到结束信号后停止。测试员报数并记录受试者所跳次数。

测试单位:个/1分30秒。

测试器材:秒表、发令哨、各种长度的跳绳。

2. 立定跳远动作规格:原地双脚立定于起跳线后,脚尖不得触及起

跳线。可以赤足,但不得穿钉鞋、皮鞋、塑料凉鞋测试。测试场地:地面平坦,不得有凹坑。从塑胶场地向平整沙坑里跳。

测试方法:每人连续跳 2 次,取最好成绩记录。测试员丈量起跳线后缘至最近着地点后缘的垂直距离。

测试单位:米。

测试器材:皮尺、粉笔、平耙、插钎。

三、评分标准

表 9-19 男子(20-55 岁)1 分 30 秒跳绳(个)

年龄	1分	2分	3分	4分	5分	6分	7分	8分	9分	10分
20-30	135-153	154-167	168-183	184-203	204-217	218-237	238-246	247-262	263-275	276以上
31-35	128-134	135-153	154-167	168-183	184-203	204-217	218-237	238-246	247-262	263以上
36-40	108-117	128-134	135-153	154-167	168-183	184-203	204-217	218-237	238-246	247以上
41-45	99-117	118-127	128-134	135-153	154-167	168-183	184-203	204-217	218-237	238以上
46-50	90-98	99-117	118-127	128-134	135-153	154-167	168-183	184-203	204-217	228以上
51-55	80-89	90-98	99-117	118-127	128-134	135-153	154-167	168-183	184-203	204以上

表 9-20 女子(20-55 岁)1 分 30 秒跳绳(个)

年龄	1分	2分	3分	4分	5分	6分	7分	8分	9分	10分
20-30	136-147	148-161	162-179	180-201	202-215	216-233	234-247	248-260	261-271	272以上
31-35	120-135	136-147	148-161	162-179	180-201	202-215	216-233	234-244	244-260	261以上
36-40	109-119	120-135	136-147	148-161	162-179	180-201	202-215	216-233	234-244	245以上
41-45	94-108	109-119	120-135	136-147	148-161	162-179	180-201	202-215	216-233	234以上
46-50	85-93	94-108	109-119	120-135	136-147	148-161	162-179	180-201	202-215	216以上
51-55	80-84	85-93	94-108	109-119	120-135	136-147	148-161	162-179	180-201	202以上

表9-21 男子(20-55岁)立定跳远(米)

年龄	1分	2分	3分	4分	5分	6分	7分	8分	9分	10分
20-30	2.09-2.13	2.14-2.25	2.26-2.34	2.35-2.42	2.43-2.51	2.52-2.57	2.58-2.61	2.62-2.63	2.64-2.70	2.71以上
31-35	2.06-2.08	2.09-2.13	2.14-2.25	2.26-2.34	2.35-2.42	2.43-2.51	2.52-2.57	2.58-2.61	2.62-2.63	2.64以上
36-40	2.03-2.05	2.06-2.08	2.09-2.13	2.14-2.25	2.26-2.34	2.35-2.42	2.43-2.51	2.52-2.57	2.58-2.61	2.62以上
41-45	2.00-2.02	2.03-2.05	2.06-2.08	2.09-2.13	2.14-2.25	2.26-2.34	2.35-2.42	2.43-2.51	2.52-2.57	2.58以上
46-50	1.98-1.99	2.00-2.02	2.03-2.05	2.06-2.08	2.09-2.13	2.14-2.25	2.26-2.34	2.35-2.42	2.43-2.51	2.52以上
51-55	1.96-1.97	1.98-1.99	2.00-2.02	2.03-2.05	2.06-2.08	2.09-2.13	2.14-2.25	2.26-2.34	2.35-2.42	2.43以上

表9-22 女子(20-55岁)立定跳远(米)

年龄	1分	2分	3分	4分	5分	6分	7分	8分	9分	10分
20-30	1.58-1.68	1.69-1.75	1.76-1.83	1.84-1.92	1.93-1.98	1.99-2.02	2.03-2.06	2.07-2.14	2.15-2.18	2.19以上
31-35	1.53-1.57	1.58-1.68	1.69-1.75	1.76-1.83	1.84-1.92	1.93-1.98	1.99-2.02	2.03-2.06	2.07-2.14	2.15以上
36-40	1.46-1.52	1.53-1.57	1.58-1.68	1.69-1.75	1.76-1.83	1.84-1.92	1.93-1.98	1.99-2.02	2.03-2.06	2.07以上
41-45	1.44-1.45	1.46-1.52	1.53-1.57	1.58-1.68	1.69-1.75	1.76-1.83	1.84-1.92	1.93-1.98	1.99-2.02	2.03以上
46-50	1.42-1.43	1.44-1.45	1.46-1.52	1.53-1.57	1.58-1.68	1.69-1.75	1.76-1.83	1.84-1.92	1.93-1.98	1.99以上
51-55	1.40-1.41	1.42-1.43	1.44-1.45	1.46-1.52	1.53-1.57	1.58-1.68	1.69-1.75	1.76-1.83	1.84-1.92	1.93以上

Ⅲ. 体育教师教学技能比赛运动技能比赛内容、办法、要求及评分标准

一、篮球(型号:摩腾 GM7)

1. 定点投篮:(达标 10 分;技评 10 分)

在规定的 5 个区域内,投篮 10 个,每个区域投篮 2 次(可每个区域连投 2 次,也可每个区域依次投篮一次,轮转一个来回),球离手前踩线投中无效。男子用 7 号球,女子可用 6 号球或者 7 号球。投中 1 球得 1 分,满分为 10 分。

距离:男子三分线外,女子 5 米线外(与三分线为同心圆)。每人 1 次机会。

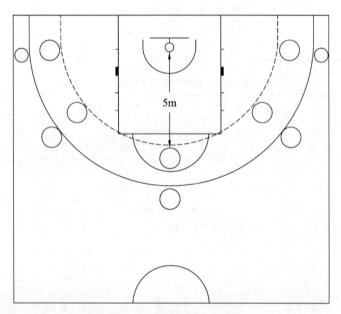

图 9-1　定点投篮区域示意图

技术评分:

表 9-23　定点投篮评分标准

得分	10–9	8–7	6–5	4–3	2–0
技术动作判定	投篮动作标准,身体发力协调,整个动作连贯	投篮动作标准,身体发力协调,整个动作较为连贯	投篮动作较为标准,身体发力较为协调,整个动作较为连贯	投篮动作比较标准,身体发力较为协调,整个动作较为连贯	投篮动作不标准,身体发力不协调,整个动作不连贯

2. 半场往返运球投篮(达标10分;技评10分)

选手站在球场端线的规定点(起点),快速运球至中线右侧边线处,绕杆折返运球上篮,在运球上篮途中必须完成一次后转身运球技术,且球要求投中篮,若球投不中篮,则必须补投中篮(以下各次投篮与此相同);

球中篮后,快速运往左侧中线的边线处,绕杆折返快速运球上篮,在运球上篮途中必须完成一次背后运球技术。球中篮后,重复做一遍上述过程,一共往返两个来回,投中篮4个球。从起点运球开始计时,到第4个球投中篮后,则计时结束,时间越短成绩越好,每人二次机会。

测试要求:

(1)选手在做后转身运球上篮和背后运球上篮时,可以左右两侧任意选择使用,但两侧不能做相同动作,否则成绩无效;

(2)运球过程中,不得向前抛球和抱球跑动,不得运球违例,否则成绩无效。路线示意图9-2。

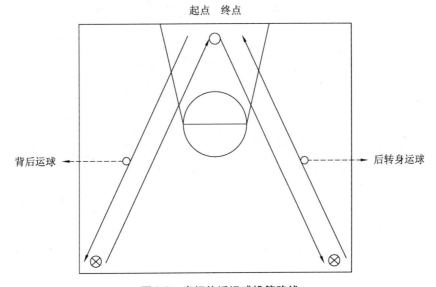

图9-2 半场往返运球投篮路线

评分标准:

此评分标准适用于30岁以下参赛选手。31至35岁减1秒计算成绩;36至40岁减2秒计算成绩;41至45岁减3秒计算成绩;46至50岁减4秒计算成绩;51至55岁减5秒计算成绩。

表 9-24　半场往返运球投篮评分标准（男子）

时间(秒)	35.0	35.1	35.2	35.3	35.4	35.5	35.6	35.7	35.8	35.9
得分	10.0	9.9	9.8	9.7	9.6	9.5	9.4	9.3	9.2	9.1
时间(秒)	36.0	36.1	36.2	36.3	36.4	36.5	36.6	36.7	36.8	36.9
得分	9.0	8.9	8.8	8.7	8.6	8.5	8.4	8.3	8.2	8.1
时间(秒)	37.0	37.1	37.2	37.3	37.4	37.5	37.6	37.7	37.8	37.9
得分	8.0	7.9	7.8	7.7	7.6	7.5	7.4	7.3	7.2	7.1
时间(秒)	38.0	38.1	38.2	38.3	38.4	38.5	38.6	38.7	38.8	38.9
得分	7.0	6.9	6.8	6.7	6.6	6.5	6.4	6.3	6.2	6.1
时间(秒)	39.0	39.1	39.2	39.3	39.4	39.5	39.6	39.7	39.8	39.9
得分	6.0	5.9	5.8	5.7	5.6	5.5	5.4	5.3	5.2	5.1
时间(秒)	40.0	40.1	40.2	40.3	40.4	40.5	40.6	40.7	40.8	40.9
得分	5.0	4.9	4.8	4.7	4.6	4.5	4.4	4.3	4.2	4.1
时间(秒)	41.0	41.1	41.2	41.3	41.4	41.5	41.6	41.7	41.8	41.9
得分	4.0	3.9	3.8	3.7	3.6	3.5	3.4	3.3	3.2	3.1
时间(秒)	42.0	42.1	42.2	42.3	42.4	42.5	42.6	42.7	42.8	42.9
得分	3.0	2.9	2.8	2.7	2.6	2.5	2.4	2.3	2.2	2.1
时间(秒)	43.0	43.1	43.2	43.3	43.4	43.5	43.6	43.7	43.8	43.9
得分	2.0	1.9	1.8	1.7	1.6	1.5	1.4	1.3	1.2	1.1
时间(秒)	44.0	44.1	44.2	44.3	44.4	44.5	44.6	44.7	44.8	44.9
得分	1.0	0.9	0.8	0.7	0.6	0.5	0.4	0.3	0.2	0.1
时间(秒)	45.0									
得分	0.0									

表 9-25　半场往返运球时间评分标准（女子）

时间(秒)	38.0	38.1	38.2	38.3	38.4	38.5	38.6	38.7	38.8	38.9
得分	10.0	9.9	9.8	9.7	9.6	9.5	9.4	9.3	9.2	9.1
时间(秒)	39.0	39.1	39.2	39.3	39.4	39.5	39.6	39.7	39.8	39.9
得分	9.0	8.9	8.8	8.7	8.6	8.5	8.4	8.3	8.2	8.1
时间(秒)	40.0	40.1	40.2	40.3	40.4	40.5	40.6	40.7	40.8	40.9
得分	8.0	7.9	7.8	7.7	7.6	7.5	7.4	7.3	7.2	7.1
时间(秒)	41.0	41.1	41.2	41.3	41.4	41.5	41.6	41.7	41.8	41.9
得分	7.0	6.9	6.8	6.7	6.6	6.5	6.4	6.3	6.2	6.1
时间(秒)	42.0	42.1	42.2	42.3	42.4	42.5	42.6	42.7	42.8	42.9
得分	6.0	5.9	5.8	5.7	5.6	5.5	5.4	5.3	5.2	5.1
时间(秒)	43.0	43.1	43.2	43.3	43.4	43.5	43.6	43.7	43.8	43.9
得分	5.0	4.9	4.8	4.7	4.6	4.5	4.4	4.3	4.2	4.1
时间(秒)	44.0	44.1	44.2	44.3	44.4	44.5	44.6	44.7	44.8	44.9
得分	4.0	3.9	3.8	3.7	3.6	3.5	3.4	3.3	3.2	3.1
时间(秒)	45.0	45.1	45.2	45.3	45.4	45.5	45.6	45.7	45.8	45.9
得分	3.0	2.9	2.8	2.7	2.6	2.5	2.4	2.3	2.2	2.1
时间(秒)	46.0	46.1	46.2	46.3	46.4	46.5	46.6	46.7	46.8	46.9
得分	2.0	1.9	1.8	1.7	1.6	1.5	1.4	1.3	1.2	1.1
时间(秒)	47.0	47.1	47.2	47.3	47.4	47.5	47.6	47.7	47.8	47.9
得分	1.0	0.9	0.8	0.7	0.6	0.5	0.4	0.3	0.2	0.1
时间(秒)	50.0									
得分	0.0									

技术评分：

表9-26　半场往返运球投篮技术评分标准

得分	10－9	8－7	6－5	4－3	2－0
技术评定	没有违例、技动作运用合理每次上篮都是一次性完成的	技术没有违例、动作运用基本合理、上篮有一次是补进的	技术没有违例、动作运用基本合理、上篮有两次是补进的	偶尔违例、基本动作合理、上篮两次以上是补进的	技术违例较多、基本动作运用不合理、上篮两次以上是补进的

二、足球(型号：摩腾VG－4000)

1. 定位球踢准(达标10分；技评10分)

以"O"为圆心(圆心处放一锥形标志桶作为标记)，分别画半径为3米和2米的两个同心圆(线的宽度不超过12厘米，下同)。以25米为半径从圆心向任何方向划一条5米长的弧，作为踢准的限制线。(图9-3)参赛选手必须将球放在限制线上或线后向圈里踢球，否则踢中无效。球的第一落点落在圈内或线上为有效(各圆的线为该圆的有效区)。将球踢进内圈得2分，踢进外圈得1分，踢到圈外得零分，每人连续5次，满分为10分。

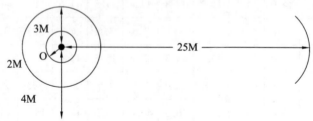

图9-3　定位球踢准示意图

技术评分：

表9-26　定位球踢准技术评分标准

得分	10－8	7－4	3－0
技术评定	踢球动作规范、标准、协调、连贯，落点准确	踢球动作较标准，身体发力较为协调，动作较为连贯，落点基本准确	踢球动作不太标准，身体发力不太协调，整个动作不太连贯，落点不太准确

2. 运球绕标射门(达标10分；技评10分)

在距罚球区线中点20米处，画一条长5米的线平行于罚球区线，作为起点线，起点线到球门线的距离为36.5米。距起点线4米处起，沿20

米垂线放置标志物 8 个,女子起点线到球门线距离为 32.5 米,标志物为 6 个,间距为 2 米。标志物固定垂直放在地面上,以参赛选手碰不倒为宜。(图 9-4)参赛选手按足球竞赛规则允许的动作运球,否则视为犯规。参测选手从起点线开始运球,球向前滚动即开表计时,运球逐个绕过标杆后,在球未进入罚球区前射门,球整体越过球门线即停表。射门不限脚法,球射入球门内成绩有效。球未进门则无有效成绩(球打在球门横梁或立柱加 1 秒计算)。运球绕标时不得漏标,如有漏标需重绕,不绕或漏绕均为成绩无效。评分方法:所有参赛选手第一轮测试后再进行第二轮测试,两次均记成绩(测试成绩四舍五入取小数点后一位。例:7 秒 11 则为 7 秒 1;7 秒 15 则为 7 秒 2)。该项目的最终得分为两次测试中最好成绩得分,满分为 10 分。评分标准见《运球绕杆射门评分表》。其中 31 至 35 岁减 0.6 秒计算成绩;36 至 40 岁减 1.2 秒计算成绩;41 岁至 45 岁减 1.8 秒计算成绩;45 岁至 50 岁减 2.4 秒计算成绩。50 岁以上减 3 秒计算成绩。

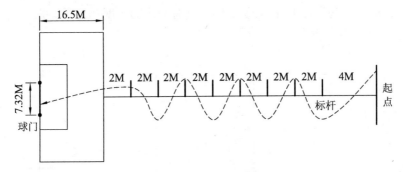

图 9-4　运球绕标射门示意图

表 9-27　运球绕杆射门评分表

分值	成绩(秒)	分值	成绩(秒)
10.0	7	5.0	8.0
9.5	7.2	4.5	9.2
9.0	7.4	4.0	9.4
8.5	7.6	3.5	9.6
8.0	7.8	3.0	9.8
7.5	8.0	2.5	10.0
7.0	8.2	2.0	10.2
6.5	8.4	1.5	10.4
6.0	8.6	1.0	10.6
5.5	8.8	0.5	10.8

技术评分:

表9-28 运球绕标射门技术评分

得分	10-8	7-4	3-0
技术评定	运球脚法合理,动作连贯协调,无停滞;人或球不触及障碍物;人球结合度好;过杆迅速;射门有力	运球脚法较合理,动作较为连贯协调,有停滞;人或球触及障碍物;人球结合度一般;过杆较迅速,射门较为有力	运球脚法不合理,动作不连贯、不协调,有停滞。人或球多次触及障碍物,人球结合度差,过杆速度缓慢,射门无力

三、排球(型号:摩腾V5M5000)

1. 发球(达标10分;技评10分)

选手在发球区(发球区固定)内可采用:上手发球、勾手发球、跳发球中的任一种,按照逆时针顺序将球发至各个指定区域(1-5区),每个区域发球2次,共发球10次。发出的球具有一定的速度和力量。发成功一次得1分。见图9-5。

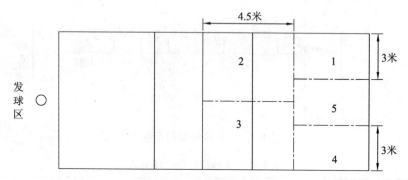

图9-5 排球发球指定区域

技术评分:

表9-29 排球发球技术评分

得分	10-8	7-4	3-0
技术判定	发球动作标准,身体协调用力,整个动作连贯	发球动作比较标准,身体用力比较协调,整个动作比较连贯	发球动作不标准,身体没有协调用力,整个动作不连贯

2. 自传自垫(达标10分;技评10分)

选手站在A区,采用双手传球技术将球传出,再跑到B区,采用双手垫球技术将球垫起,以此类推,一传一垫算一组。时间为1分钟。A、B区域用两条直线分开,中间间隔2米。球落地可重新从A区开始。完成动作时不在指定区域或者踩线均不计算组数。

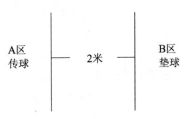

图9-6 排球自传自垫示意图

评分标准:

图9-30 自传自垫评分标准

分值	男子组数	女子组数
10	13	11
9	12	10
8	11	9
7	10	8
6	9	7
5	8	6
4	7	5
3	6	4
2	5	3
1	4	2

技术评分:

表9-31 自传自垫技术评分

得分	10-7	6-4	3-0
技术判定	对球判断很准确,传垫球动作标准,身体用力协调	对球判断较准确。传垫球动作较标准,身体用力较协调	对球判断不准确。传垫球动作不标准,身体用力不协调

四、乒乓球(型号:红双喜三星40+)

1. 左推右攻(达标10分;技评10分)

参赛选手3次发球的机会,选手发球后,陪考员在球台正手位推挡陪练,并将球推到选手正、反手各1次,循环进行。选手左右各击球1次,1

个循环计1次,必须跑动到台面的两个直线,并将球送还到陪练的正手位台区,否则不予计数,球掉在地上算失败1次,测3次取最好成绩记分。(陪练失误不影响成绩)1次0.5分,最高10分。

2. 发球抢攻(达标10分;技评10分)

发球抢攻考核办法:10次发球机会,必须在第三板抢攻到直线和斜线各5个,抢攻不到线不予计数,自主选择在正手位或在侧身位抢攻。(陪考失误不影响成绩)。一次1分,最高10分。

技术评定:

表9-32 发球抢功技术评分

得分	10-7	6-4	3-0
技术判定	动作正确、动作协调连贯、球速快、力量大,落点稳、准,节奏感强,无失误	步法基本正确,动作协调,球速稍慢、落点较稳,节奏感一般,成功率稍低	步法不正确、动作不协调、勉强完成,球速慢、弧线高,落点零乱,节奏感差,成功率低

五、羽毛球(型号:威克多金黄一号)

1. 发球(达标10分;技评10分)

选手从单打场地的右发球区内分别发5个高远球和5个网前球。高远球应以较高的弧线飞行,垂直下落到斜对角发球区的双打后发球线到端线之间的区域;网前球的落点在前发球线和向前70厘米所作平行线及距中线和单打边线各60厘米所作平行线所构成的区域内,过网高度在20厘米以下。每个1分,最高10分。

2. 后场高远球和吊球(达标10分;技评10分)

参赛选手站在中线中心位置,由陪考员向左右各发球区连续发球,总10个高球,参赛选手移动至后场正手击高远球和吊球交替进行。正手击高远球须将球击到对方场地的双打后发球线到端线之间的对角线区域内;吊球落点在发球线和球网之间的对角线区域内。每个球达标满分为1分,10分。

技术评分:

表9-33 后场高远球和吊球技术评分

得分	10-7	6-4	3-0
技术判定	跑动到位、动作协调连贯且规范、球速快、落点准	跑动基本到位,动作基本协调且较规范,球速较快、落点较准	动不到位、动作不协调、球速慢、落点不太准

六、网球(型号:Slazenger WIMBLEDON 3TIN)

1. 上手发球(达标10分;技评10分)

测试者从单打场地的一区(平分区)、二区(占先区)底线分别发2个球至相应发球区的内角和外角(将发球区等分为左、中、右三块区域,左右两侧为内、外角,压线判定有效),顺序为一区内角、一区外角、二区内角、二区外角,另测试者可自选2球发至内角或外角,擦网有进则重发该球,共计10个球,每发到指定有效区域得1分,共计10分。

示意图:

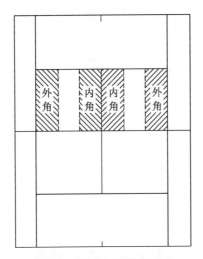

图9-7 网球上手发球区域

技术评分:

表9-34 上手发球技术评分

得分	10-8	7-4	3-0
技术判定(女测试者适当降低力量和速度标准)	1. 动作连贯协调,发力自然流畅; 2. 发球速度快,控制球能力强; 3. 抛球稳定,随挥完整	1. 动作基本连贯协调,发力基本自然流畅; 2. 发球速度一般,控制球能力一般; 3. 抛球较稳定、随挥较完整	1. 动作不连贯协调,发力不自然流畅; 2. 击球速度慢,控制球能力差; 3. 抛球不稳定、随挥不完整

2. 底线正反手抽球(达标10分;技评10分)

测试者站在底线中点附近,发球机在场地对侧底线中点位置供球到测试者正、反手半场位置,要求测试者正、反手各打5个斜线和5个直线球至对面底线有效区域(底线有效区域为发球线至底线区域与单打边线

2米以内区域的交叉部分,如图9-8所示),顺序为正手斜线、正手直线、反手斜线、反手直线,测试者每次击球完应回到底线中点位置附近准备下一次击球,共计20个球,每打到指定半场内一球得0.5分,正反手各5分,共计10分。

示意图:

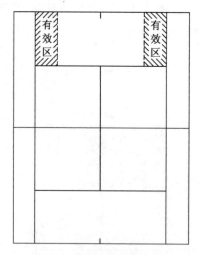

图9-8 底线反手抽球区域

技术评分:

表9-35 底线正反手抽球技术评分

得分	10-8	7-4	3-0
技术判定（女测试者适当降低力量和速度标准）	1. 动作连贯协调、随挥完整,发力自然流畅; 2. 击球速度快,控制球的能力强; 3. 步法移动快,重心稳定; 4. 每次击球后能够回到底线中点位置	1. 动作基本连贯协调、随挥较完整,发力基本自然流畅; 2. 击球速度一般且有上旋,控制球能力一般; 3. 步法移动较慢,重心稳定性一般; 4. 每次击球后基本能够回到底线中点位置	1. 动作不连贯协调,随挥不完整,发力不自然流畅; 2. 击球速度慢且没有上旋,控制球能力差; 3. 步法移动慢,重心稳定性差; 4. 每次击球后不能够回到底线中点位置

七、健美操

1. 规定套路

全国第三套大众健身操三级(不包括地上动作)。

评分标准:

表 9-36　健美操规定套路评分标准

评判类别	评判内容	分数
正确性	身体姿态的舒展程度	20 分
	动作技术的正确程度	
	动作范围的确当程度	
流畅性	动作之间连接的自然、流畅程度	
	动作转换及方向变化的利落、无多余动作程度	
协调性	全身运动的协调程度	20 分
	动作的清晰度、弹性度	
表现力	动作展示内心的激情,体现健康向上的情绪	
	个人风格的体现程度	
节奏感	动作表现音乐的情绪	
	动作和音乐节奏配合的协调程度	
	一连串动作节奏的准确程度	

2. 自编动作

通过连续的操化动作,结合一定的难度动作,展示自身对七种脚下步伐多样性的运用以及柔韧、力量等的能力。时间 1′30″±5″,5 个规定难度动作(具体见评分标准"难度"类),不建议增加难度动作个数。

评分标准:

表 9-37　健美操自编动作评分标准

评判类别	评判内容	分数	备注
艺术	音乐和乐感(音乐的选择、音乐的运用)	6 分	音乐时间不符合要求扣 2 分。服饰不符合要求扣 2 分
	主体内容(复杂多样性、创新性、强度和流畅性)		
	空间利用(路线、空间的分配与均衡)		
	艺术性(质量和表现力)		
完成	形态(身体姿态、身体控制)	6 分	
	准确性(动作的标准与清晰度)		
	力量、爆发力、柔韧		

续表

评判类别	评判内容	分数	备注
难度	A类:动力性力量 (男:单臂俯卧撑,女:单腿俯卧撑) B类:静力性力量 (男:直角支撑,女:一手前一手后分腿支撑) C类:跳与跃 (男:转180°团身跳,女:团身跳) D类:平衡与柔韧 (劈腿类:男:垂地劈腿,女:无支撑垂地劈腿) (转体组:男、女:单足转体360°)	8分	每多一个、少一个或失误一个扣2分,扣完为止

音乐:

1. 规定动作音乐大会提供。

2. 自编动作音乐自带,转换成mp3格式刻成光盘,光盘内仅有参赛音乐。比赛时音乐不能正常播放,算放弃这项比赛。

八、武术

1. 规定动作:初级长拳第三路;24式太极拳各10分,共20分。

2. 自选动作:自编器械套路20分。

3. 时间:男:1分10秒以上,女:1分以上。时间不足不予评分。

4. 难度动作要求:

(1) 腾空飞脚+侧手翻(空翻);

(2) 旋风脚转体450°+马步;

(3) 腾空外摆莲450°+马步;

(4) 旋子以上至少选一种难度动作,没有则扣5分。

评分标准:

表9-38 武术动作评分标准

评判类别		评判内容	分值
动作规格	正确性	动作技术的正确性	20%
		身体姿态的舒展程度	10%
		动作范围的确当程度	10%
	流畅性	动作之间连接的自然、流畅程度	10%
		动作转换及方向变化的利落、无多余动作程度	10%

续表

评判类别		评判内容	分值
演练水平	协调性	全身运动的协调程度	10%
		动作的清晰度、弹性度	10%
	表现力	个人风格的体现程度	10%
	节奏感	一连串动作的节奏把握	10%

九、田径

1. 比赛项目

比赛项目包括：100 米跑、跳远、铅球。每位参赛选手可选择一个项目作为主项，一个项目作为副项参加比赛。主项占 70%，为 28 分（达标技评各占 50%）；副项占 30%，为 12 分（达标技评各占 50%）。

2. 比赛办法

100 米跑参照中国田径协会《2014—2015 年田径竞赛规则》，抢跑第三次（含三次）以上者取消比赛资格。每人跑 1 次。跳远按照中国田径协会《2014—2015 年田径竞赛规则》和跳远比赛的裁判方法执行。跳远起跳板距沙坑 3 米，每人按抽签顺序跳 3 次。铅球按照中国田径协会《2014—2015 年田径竞赛规则》和铅球比赛的裁判方法执行。男子用球 7.26KG，女子用球 4KG，每人按抽签顺序投 3 次。

3. 评分标准

表 9-39　男子 100 米（秒）评分标准

得分年龄	1	2	3	4	5	6	7	8	9	10
20—30	16.2	16.0	15.8	15.6	15.4	15.2	15.0	14.8	14.6	14.4
31—35	16.4	16.2	16.0	15.8	15.6	15.4	15.2	15.0	14.8	14.6
36—40	16.8	16.6	16.4	16.2	16.0	15.8	15.6	15.4	15.2	15.0
41—45	17.2	17.0	16.8	16.6	16.4	16.2	16.0	15.8	15.6	15.4
46—50	17.6	17.4	17.2	17.0	16.8	16.6	16.4	16.2	16.0	15.8
51—55	18.0	17.8	17.6	17.4	17.2	17.0	16.8	16.6	16.4	16.2
得分年龄	11	12	13	14	15	16	17	18	19	20
20—30	14.2	14.0	13.8	13.6	13.4	13.2	13.0	12.8	12.6	12.4
31—35	14.4	14.2	14.0	13.8	13.6	13.4	13.2	13.0	12.8	12.6
36—40	14.8	14.6	14.4	14.2	14.0	13.8	13.6	13.4	13.2	13.0
41—45	15.2	15.0	14.8	14.6	14.4	14.2	14.0	13.8	13.6	13.4
46—50	15.6	15.4	15.2	15.0	14.8	14.6	14.4	14.2	14.0	13.8
51—55	16.0	15.8	15.6	15.4	15.2	15.0	14.8	14.6	14.4	14.2

表 9-40　女子 100 米(秒)评分标准

得分年龄	1	2	3	4	5	6	7	8	9	10
20—30	17.6	17.4	17.2	17.0	16.8	16.6	16.4	16.2	16.0	15.8
31—35	18.2	18.0	17.8	17.6	17.4	17.2	17.0	16.8	16.6	16.4
36—40	19.0	18.8	18.6	18.4	18.2	18.0	17.8	17.6	17.4	17.2
41—45	19.8	19.6	19.4	19.2	19.0	18.8	18.6	18.4	18.2	18.0
46—50	20.6	20.4	20.2	20.0	19.8	19.6	19.4	19.2	19.0	18.8
51—55	21.6	21.4	21.2	21.0	20.8	20.6	20.4	20.2	20.0	19.8
得分年龄	11	12	13	14	15	16	17	18	19	20
20—30	15.6	15.4	15.2	15.0	14.8	14.6	14.4	14.2	14.0	13.8
31—35	16.2	16.0	15.8	15.6	15.4	15.2	15.0	14.8	14.6	14.4
36—40	17.0	16.8	16.6	16.4	16.2	16.0	15.8	15.6	15.4	15.2
41—45	17.8	17.6	17.4	17.2	17.0	16.8	16.6	16.4	16.2	16.0
46—50	18.6	18.4	18.2	18.0	17.8	17.6	17.4	17.2	17.0	16.8
51—55	19.6	19.4	19.2	19.0	18.8	18.6	18.4	18.2	18.0	17.8

表 9-41　男子跳远(米)评分标准

得分年龄	1	2	3	4	5	6	7	8	9	10
20—30	4.65	4.70	4.75	4.80	4.85	4.90	4.95	5.00	5.05	5.10
31—35	4.55	4.60	4.65	4.70	4.75	4.80	4.85	4.90	4.95	5.00
36—40	4.45	4.50	4.55	4.60	4.65	4.70	4.75	4.80	4.85	4.90
41—45	4.35	4.40	4.45	4.50	4.55	4.60	4.65	4.70	4.75	4.80
46—50	4.25	4.30	4.35	4.40	4.45	4.50	4.55	4.60	4.65	4.70
51—55	4.15	4.20	4.25	4.30	4.35	4.40	4.45	4.50	4.55	4.60
得分年龄	11	12	13	14	15	16	17	18	19	20
20—30	5.15	5.20	5.25	5.30	5.35	5.40	5.45	5.50	5.55	5.60
31—35	5.05	5.10	5.15	5.20	5.25	5.30	5.35	5.40	5.45	5.50
36—40	4.95	5.00	5.05	5.10	5.15	5.20	5.25	5.30	5.35	5.40
41—45	4.85	4.90	4.95	5.00	5.05	5.10	5.15	5.20	5.25	5.30
46—50	4.75	4.80	4.85	4.90	4.95	5.00	5.05	5.10	5.15	5.20
51—55	4.65	4.70	4.75	4.80	4.85	4.90	4.95	5.00	5.05	5.10

表 9-42 女子跳远(米)评分标准

得分年龄	1	2	3	4	5	6	7	8	9	10
20—30	3.50	3.55	3.60	3.65	3.70	3.75	3.80	3.85	3.90	3.95
31—35	3.40	3.45	3.50	3.55	3.60	3.60	3.65	3.75	3.80	3.85
36—40	3.20	3.25	3.30	3.35	3.40	3.40	3.45	3.50	3.55	3.60
41—45	3.10	3.15	3.20	3.25	3.30	3.30	3.35	3.40	3.45	3.50
46—50	2.95	3.00	3.05	3.10	3.15	3.20	3.20	3.25	3.30	3.35
51—55	2.85	2.90	2.95	3.00	3.05	3.10	3.15	3.20	3.20	3.25
得分年龄	11	12	13	14	15	16	17	18	19	20
20—30	4.00	4.10	4.15	4.20	4.25	4.30	4.35	4.40	4.45	4.50
31—35	3.90	3.95	4.00	4.10	4.15	4.20	4.25	4.30	4.35	4.40
36—40	3.65	3.75	3.80	3.85	3.90	3.95	4.00	4.10	4.15	4.20
41—45	3.55	3.60	3.65	3.75	3.80	3.85	3.90	3.95	4.00	4.10
46—50	3.40	3.45	3.50	3.55	3.60	3.65	3.75	3.80	3.85	3.90
51—55	3.30	3.35	3.40	3.45	3.50	3.55	3.60	3.65	3.75	3.80

表 9-43 铅球(米)评分标准(男女通用)

得分年龄	1	2	3	4	5	6	7	8	9	10
20—30	8.1	8.2	8.3	8.4	8.5	8.6	8.7	8.8	8.9	9.0
31—35	7.9	8.0	8.1	8.2	8.3	8.4	8.5	8.6	8.7	8.8
36—40	7.7	7.8	7.9	8.0	8.1	8.2	8.3	8.4	8.5	8.6
41—45	7.5	7.6	7.7	7.8	7.9	8.0	8.1	8.2	8.3	8.4
46—50	7.3	7.4	7.5	7.6	7.7	7.8	7.9	8.0	8.1	8.2
51—55	7.1	7.2	7.3	7.4	7.5	7.6	7.7	7.8	7.9	8.0
得分年龄	11	12	13	14	15	16	17	18	19	20
20—30	9.1	9.2	9.3	9.4	9.5	9.6	9.7	9.8	9.9	10.0
31—35	8.9	9.0	9.1	9.2	9.3	9.4	9.5	9.6	9.7	9.8
36—40	8.7	8.8	8.9	9.0	9.1	9.2	9.3	9.4	9.5	9.6
41—45	8.5	8.6	8.7	8.8	8.9	9.0	9.1	9.2	9.3	9.4
46—50	8.3	8.4	8.5	8.6	8.7	8.8	8.9	9.0	9.1	9.2
51—55	8.1	8.2	8.3	8.4	8.5	8.6	8.7	8.8	8.9	9.0

表 9-44 技术评分表

得分	16－20	15－11	10－6	5－0
技术动作判定	动作标准,身体发力协调、技术连贯,熟练度高	动作较标准,身体发力较协调,技术较为连贯,熟练度较高	动作不太标准,身体发力不太协调,技术不太连贯,熟练度低	动作不太标准,身体发力不协调,技术不连贯,不熟练

十、游泳

1．比赛项目

比赛项目包括：自由泳、蛙泳、仰泳和蝶泳。每位参赛选手可选择一项作为主项，一项作为副项参加比赛。主项占70%，为28分（达标技评各占50%）；副项占30%，为12分（达标技评各占50%）。场地为25米短池。

2．比赛办法

按照中国游泳协会《2010—2014年游泳竞赛规则》和游泳裁判方法执行。每人主项和副项各游1次，距离50米。

3．评分标准

此标准在计算选手成绩时，30岁以下正常计算，为其中31至35岁加2分计算成绩；36至40岁加4分计算成绩；41岁至45岁加6分计算成绩；45岁至50岁加8分计算成绩。50岁以上加10分计算成绩。

表9-45　游泳比赛评分标准

年龄	分值	自由泳		蛙泳		仰泳		蝶泳	
		男	女	男	女	男	女	男	女
30岁以下	20	29.00	34.00	39.00	44.00	38.00	42.00	34.00	40.00
	19	29.50	35.00	39.50	45.00	38.50	43.00	34.50	41.00
	18	30.00	36.00	40.00	46.00	39.00	44.00	35.00	42.00
	17	30.50	37.00	40.50	47.00	39.50	45.00	35.50	43.00
	16	31.00	38.00	41.00	48.00	40.00	46.00	36.00	44.00
	15	31.50	39.00	41.50	49.00	40.50	47.00	36.50	45.00
	14	32.00	40.00	42.00	50.00	41.00	48.00	37.00	46.00
	13	32.50	41.00	42.50	51.00	41.50	49.00	37.50	47.00
	12	33.00	42.00	43.00	52.00	42.00	50.00	38.00	48.00
	11	33.50	43.00	43.50	53.00	42.50	51.00	38.50	49.00
	10	34.00	44.00	44.00	54.00	43.00	52.00	39.00	50.00
	9	34.50	45.00	44.50	55.00	43.50	53.00	39.50	51.00
	8	35.00	46.00	45.00	56.00	44.00	54.00	40.00	52.00
	7	35.50	47.00	45.50	57.00	44.50	55.00	40.50	53.00
	6	36.00	48.00	46.00	58.00	45.00	56.00	41.00	54.00
	5	36.50	49.00	46.50	59.00	45.50	57.00	41.50	55.00

续表

年龄	分值	自由泳		蛙泳		仰泳		蝶泳	
		男	女	男	女	男	女	男	女
	4	37.00	50.00	47.00	1′00	46.00	58.00	42.00	56.00
	3	37.50	51.00	47.50	1′01	46.50	59.00	42.50	57.00
	2	38.00	52.00	48.00	1′02	47.00	1′00	43.00	58.00
	1	38.50	53.00	48.50	1′03	47.50	1′01	43.50	59.00

技术评分：

表9-46　游泳比赛技术评分

得分	15–20	15–11	10–6	5–0
技术动作判定	泳姿正确优美，动作协调连贯规范	泳姿较正确，动作较协调且较规范	泳姿基本正确，动作基本协调规范	泳姿不正确，判定动作不协调规范

参考文献：

[1] 王家宏.球类运动——篮球(第二版)[M].北京:高等教育出版社.2009.

[2] 义务教育体育与健康课程标准(2011年版)[M].北京:北京师范大学出版社.

[3] 王崇喜,史友宽."体育、艺术2+1项目"实验中球类运动技能评价存在的问题与对策[J].成都体育学院学报,2009(8).

[4] 赵刚.南京市小学生体操类基础动作技能发展水平与评价研究[D].南京:南京师范大学,2010.

[5] 王海燕.浅谈健美操基本技术与教学方法[J].中国科技创新导刊,2011(11).

[6] 刘锋.初中生跑跳投基础动作技能发展水平与评价研究——以南京市为例[D].南京:南京师范大学,2014.

[7] 栾靖.小学生田径类基础动作技能发展水平与评价研究——以南京市为例[D].南京:南京师范大学,2012.

[8] 教育部中小学"体育、艺术2+1项目"技能标准(试行).2014.

[9] 王英.高校体育考核过程评价论[J].中国教育科学学报,2011(9).